MEDIDAS PROVISÓRIAS

CB123243

Diretora de Conteúdo e Operações Editoriais
JULIANA MAYUMI ONO

Gerente de Conteúdo
MILISA CRISTINE ROMERA

Editorial: Aline Marchesi da Silva, Diego Garcia Mendonça, Karolina de Albuquerque Araújo e Quenia Becker

Gerente de Conteúdo Tax: Vanessa Miranda de M. Pereira

Direitos Autorais: Viviane M. C. Carmezim

Assistente de Conteúdo Editorial: Juliana Menezes Drumond

Analista de Projetos: Camilla Dantara Ventura

Estagiários: Alan H. S. Moreira, Ana Amalia Strojnowski, Bárbara Baraldi e Bruna Mestriner

Produção Editorial
Coordenação
ANDRÉIA R. SCHNEIDER NUNES CARVALHAES

Especialistas Editoriais: Gabriele Lais Sant'Anna dos Santos e Maria Angélica Leite

Analista de Projetos: Larissa Gonçalves de Moura

Analistas de Operações Editoriais: Alana Fagundes Valério, Caroline Vieira, Damares Regina Felício, Danielle Castro de Morais, Mariana Plastino Andrade, Mayara Macioni Pinto e Patrícia Melhado Navarra

Analistas de Qualidade Editorial: Ana Paula Cavalcanti, Fernanda Lessa, Thaís Pereira e Victória Menezes Pereira

Designer Editorial: Lucas Kfouri

Estagiárias: Maria Carolina Ferreira, Sofia Mattos e Tainá Luz Carvalho

Capa: Linotec

Líder de Inovações de Conteúdo para Print
CAMILLA FUREGATO DA SILVA

Equipe de Conteúdo Digital
Coordenação
MARCELLO ANTONIO MASTROROSA PEDRO

Analistas: Gabriel George Martins, Jonatan Souza, Maria Cristina Lopes Araujo e Rodrigo Araujo

Gerente de Operações e Produção Gráfica
MAURICIO ALVES MONTE

Analistas de Produção Gráfica: Aline Ferrarezi Regis e Jéssica Maria Ferreira Bueno

Estagiária de Produção Gráfica: Ana Paula Evangelista

Dados Internacionais de Catalogação na Publicação (CIP)
(Câmara Brasileira do Livro, SP, Brasil)

Clève, Clèmerson Merlin

Medidas provisórias / Clèmerson Merlin Clève. -- 4. ed. -- São Paulo : Thomson Reuters Brasil, 2021.

Bibliografia.
ISBN 978-65-5614-452-8

1. Brasil - Constituição (1988) 2. Medidas provisórias - Brasil I. Título.

20-51252 CDU-342.4(81)"1988":35.077.6

Índices para catálogo sistemático:

1. Brasil : Constituição de 1988 e medidas provisórias 342.4(81)"1988": 35.077.6 2. Brasil : Medidas provisórias e Constituição de 1988 342.4(81)"1988":35.077.6

Cibele Maria Dias - Bibliotecária - CRB-8/9

CLÈMERSON MERLIN CLÈVE

MEDIDAS PROVISÓRIAS

4ª EDIÇÃO

THOMSON REUTERS
REVISTA DOS TRIBUNAIS™

MEDIDAS PROVISÓRIAS

Clèmerson Merlin Clève

4.ª edição

Diagramação eletrônica: Linotec Fotocomposição e Fotolito Ltda., CNPJ 60.442.175/0001-80

Impressão e encadernação: DEK Comércio e Serviços Ltda., CNPJ 01.036.332/0001-99

© desta edição [2021]

Thomson Reuters Brasil Conteúdo e Tecnologia Ltda.

Juliana Mayumi Ono

Diretora Responsável

Av. Dr. Cardoso de Melo, 1855 – 13º andar – Vila Olímpia

CEP 04548-005, São Paulo, SP, Brasil

TODOS OS DIREITOS RESERVADOS. Proibida a reprodução total ou parcial, por qualquer meio ou processo, especialmente por sistemas gráficos, microfílmicos, fotográficos, reprográficos, fonográficos, videográficos. Vedada a memorização e/ou a recuperação total ou parcial, bem como a inclusão de qualquer parte desta obra em qualquer sistema de processamento de dados. Essas proibições aplicam-se também às características gráficas da obra e à sua editoração. A violação dos direitos autorais é punível como crime (art. 184 e parágrafos, do Código Penal), com pena de prisão e multa, conjuntamente com busca e apreensão e indenizações diversas (arts. 101 a 110 da Lei 9.610, de 19.02.1998, Lei dos Direitos Autorais).

O autor goza da mais ampla liberdade de opinião e de crítica, cabendo-lhe a responsabilidade das ideias e dos conceitos emitidos em seu trabalho.

Central de Relacionamento Thomson Reuters Selo Revista dos Tribunais

(atendimento, em dias úteis, das 09h às 18h)

Tel. 0800-702-2433

e-mail de atendimento ao consumidor: sacrt@thomsonreuters.com

e-mail para submissão dos originais: aval.livro@thomsonreuters.com

Conheça mais sobre Thomson Reuters: www.thomsonreuters.com.br

Acesse o nosso *eComm*

www.livrariart.com.br

Impresso no Brasil [01-2021]

Profissional

Fechamento desta edição [19.11.2020]

CÓPIA NÃO AUTORIZADA É CRIME
ABDR
ASSOCIAÇÃO BRASILEIRA DE DIREITOS REPROGRÁFICOS
RESPEITE O DIREITO AUTORAL
EDITORA AFILIADA

ISBN 978-65-5614-452-8

Obras do Autor

1. *Temas de direito constitucional*. 2ª. ed. Belo Horizonte: Fórum, 2014.
2. *Para uma dogmática constitucional emancipatória*. Belo Horizonte: Fórum, 2012.
3. *Governo democrático e jurisdição constitucional*. Com Bruno Meneses Lorenzetto. Belo Horizonte: Fórum Editora, 2016.
4. *Fidelidade Partidária:* estudo de caso. 2ª. ed. Curitiba: Juruá, 2012.
5. *Atividade legislativa do Poder Executivo*. 3ª. ed. São Paulo: Revista dos Tribunais, 2011.
6. *A fiscalização abstrata de constitucionalidade no direito brasileiro*. 2ª. ed. São Paulo: Revista dos Tribunais, 2000.
7. *O Direito e os direitos:* elementos para uma crítica do direito contemporâneo. 3ª ed. Belo Horizonte: Editora Fórum, 2011.
8. *Direito constitucional brasileiro* (Org.). São Paulo: Revista dos Tribunais, 2014.
9. *Direitos fundamentais e jurisdição constitucional*. Com Alexandre Freire (Org.). São Paulo: Ed. Revista dos Tribunais, 2014.
10. *Soluções Práticas de Direito*. Pareceres. Volumes I e 11. São Paulo: Editora Revista dos Tribunais, 2012.
11. *Jurisdição constitucional em perspectiva*: estudos em comemoração aos 20 anos da Lei 9.868/1999. Com Bruno Meneses Lorenzetto e Paulo Ricardo Schier (Orgs.). São Paulo: Revista dos Tribunais, 2020.
12. *Constituição, Democracia e Justiça*: aportes para um constitucionalismo igualitário. Belo Horizonte: Fórum, 2011.
13. *Teses jurídicas dos tribunais superiores*: direito constitucional, Volume 1, t. I e II. Com Pedro Henrique Gallotti Kenicke (Org.). São Paulo: Revista dos Tribunais, 2017.
14. Col. Doutrinas Essenciais: direito constitucional, Vols. VII-XI. Com Luís Roberto Barroso (Org.). São Paulo: Revista dos Tribunais, 2015.

Para Marcela,

[Afinal, como disse o poeta:
"I have travel'd a long way merely to look on you, to touch you,
For I could not die till I once looked on you."
(Walt Whitman. *Leaves of Grass*)].

"For words are things; and a small drop of ink
Falling, like dew, upon a thought, produces
That which makes thousands, perhaps millions think."[1]
(George Gordon Byron. *Don Juan*)

1. "Porque as palavras são coisas; e uma pequena gota de tinta ao cair, como orvalho, sobre uma idéia, produz aquilo que faz com que milhares de pessoas, talvez milhões pensem."

Nota à quarta edição

Esta quarta edição procurou manter a linguagem direta no trato do tema. A estrutura, em geral, é a mesma desde a primeira edição.

Diante da evolução do regime constitucional das medidas provisórias, a edição foi amplamente revista e atualizada. As alterações recentes reclamaram o repensar de certas teses antes defendidas. Foram acrescentados novos pontos de vista doutrinários, tanto de autores nacionais quanto estrangeiros, e aproveitados os julgados mais significativos do Supremo Tribunal Federal sobre o tema.

Agradeço aos pesquisadores que me auxiliaram neste trabalho e, particularmente, à Daniela Urtado. Com gente tão dedicada, tudo fica mais fácil.

Curitiba, primavera de 2020.
O Autor

ABREVIATURAS

ADCT	–	Ato das Disposições Constitucionais Transitórias
ADI	–	Ação Direta de Inconstitucionalidade
ADV	–	Advocacia Dinâmica
BDA	–	Boletim de Direito Administrativo
CF	–	Constituição Federal
CN	–	Congresso Nacional
DJU	–	Diário de Justiça da União
DOU	–	Diário Oficial da União
EC	–	Emenda Constitucional
IOB	–	Repertório IOB de Jurisprudência: Tributário, Constitucional e Administrativo
IP	–	Interesse Público
LEX	–	RJTJESP – Revista de Jurisprudência do Tribunal de Justiça do Estado de São Paulo
MC	–	Medida Cautelar
MP	–	Medida Provisória
MS	–	Mandado de Segurança
RDA	–	Revista de Direito Administrativo
RDCI	–	Revista de Direito Constitucional e Internacional
RDDT	–	Revista Dialética de Direito Tributário
RDT	–	Revista de Direito Tributário
RDP	–	Revista de Direito Público
REPRO	–	Revista de Processo
RIL	–	Revista de Informação Legislativa (Senado Federal)
RJB	–	Revista Jurisprudência Brasileira
RT	–	Revista dos Tribunais

RTCDCCP	–	Revista dos Tribunais. Cadernos de Direito Constitucional e Ciência Política
RTDP	–	Revista Trimestral de Direito Público
RTJ	–	Revista Trimestral de Jurisprudência
RTJE	–	Revista Trimestral de Jurisprudência dos Estados
STF	–	Supremo Tribunal Federal

SUMÁRIO

Introdução

O Estado contemporâneo vem desafiando os postulados do direito constitucional de origem liberal. A dinâmica das relações sociais, a intensidade das demandas econômicas e a velocidade das mutações políticas podem reclamar uma pronta intervenção do Estado. As políticas públicas sucedem-se com a finalidade de implementar diretrizes novas ou de oferecer respostas a crises conjunturais recorrentes. Trata-se de contexto capaz de pôr em questão o sistema tradicional de organização funcional do Estado, exigindo, não poucas vezes, a revisão dos papéis do Executivo e do Legislativo.[1] Governar, agora, sobre aplicar de ofício a lei, pode significar, também, legislar.[2] O Estado social, e mesmo o pós-social, sucessor do Estado minimalista de orientação liberal, desafia a participação do Executivo na produção da lei.[3] A questão, porém, é encontrar uma fórmula que atenda às demandas da sociedade política contemporânea sem quebrar a velha equação proposta por Montesquieu:[4] o controle do poder pelo próprio poder.

---

1. BASTOS, Celso Ribeiro. *Curso de direito constitucional.* 22. ed. São Paulo: Saraiva, 2001. p. 355. Nesse sentido: GONÇALVES, Orestes Campos. A função legislativa do poder executivo: dec.-lei. *Revista de Direito Público,* São Paulo, 1972, n. 22, p. 174; FORTES, Paulo Celso. Atividade legislativa do poder executivo. *Revista de Direito Administrativo,* Rio de Janeiro, 1966, n. 84, p. 352; MEDEIROS SILVA, Carlos. Atribuições constitucionais do poder executivo. *Revista de Direito Administrativo,* Rio de Janeiro, n. 31, 1953, p. 1; LANGROD, Georges. *O processo legislativo na Europa ocidental.* Rio de Janeiro: Fundação Getulio Vargas, 1954. FERREIRA FILHO, Manoel Gonçalves. *Do processo legislativo.* 6. ed. São Paulo: Saraiva, 2007, p. 131-193. Desse mesmo autor: A missão do poder Executivo no Estado contemporâneo. *Revista de Direito Administrativo,* Rio de Janeiro, 1974, n. 117, p. 29.
2. Conferir, a propósito, SARTORI, Giovani. *Engenharia constitucional*: como mudam as constituições. Brasília: UNB, 1996, p. 173 e ss.
3. O fato de experimentar-se um momento em que as teses neoliberais (desconstitucionalização, deslegalização, desregulamentação, privatização, elogio do Estado mínimo) põem em risco as conquistas do Estado social não implica uma retomada da concepção da lei aceita no século XIX (comando geral e abstrato votado, exclusivamente, pelo Parlamento).
4. MONTESQUIEU. *De l'esprit des lois.* Paris: Guarnier Frèris, 1956.

A arquitetônica do Estado Democrático de Direito, ou Estado Social Democrático, ou, ainda, Estado de Direito Democrático,[5] no mundo ocidental, tem procurado satisfazer, há um tempo, ambas as necessidades: (i) reagir às demandas do Executivo e (ii) realizar os postulados democráticos (pressupondo, entre outras coisas, o controle político[6] – incluindo a atuação das minorias[7] – e judicial da produção legislativa).

A matéria guarda, especialmente no caso brasileiro, algumas dificuldades. Os vinte anos de regime de exceção, a farta legislação extraordinária produzida por aquele regime, a reiterada edição de decretos-leis no contexto da vigência das duas últimas Constituições, e, mesmo agora, o desmedido número de medidas provisórias já editadas, tudo isso, num contexto em que apenas com imensa dificuldade o Congresso Nacional atua na função de controle radicalmente amesquinhada durante o regime autoritário, acaba por justificar uma compreensível desconfiança dos juristas a propósito do cometimento, ao Executivo, da função extraordinária de legislar.

Apesar da dolorosa experiência brasileira, não é possível deixar de considerar que, no mundo contemporâneo, as sociedades políticas avançadas têm

---

5. Sobre essas noções, consultar, especialmente, SILVA, José Afonso da. *Curso de direito constitucional positivo*. 26. ed. São Paulo: Malheiros, 2006, p. 112-122.
6. E é precisamente o controle político sobre a produção normativa extraordinária que permite compatibilizar essa atividade com o princípio democrático. A Constituição brasileira de 1988 não só impõe a observância de *iter* procedimental específico para que a medida provisória possa definitivamente produzir efeitos como também assegura enquanto cláusula pétrea a harmonia e a independência entre os Poderes da República. Ou seja, muito embora o ato normativo de urgência provenha de órgão unipessoal, a Constituição assegura que, posterior e necessariamente, seja objeto de ampla deliberação parlamentar, permitindo, assim, o diálogo e o controle recíproco entre os órgãos de representação popular. Essa interpretação coerente e sistemática da Constituição é feita por Wilson Steinmetz, ao afirmar que (no plano abstrato), "o princípio democrático é uma norma-princípio que incide sobre a produção normativa. A medida provisória é veículo de normas, um instrumento de inovação normativa do sistema jurídico, logo o seu uso deve estar em harmonia (concordância prática) com o princípio democrático" (STEINMETZ, Wilson. O uso da medida provisória antes da EC 32/2001 e o princípio democrático. *Revista de Direito Administrativo*, Rio de Janeiro, jul./set. 2004, n. 237, p. 154).
7. Em face do direito constitucional brasileiro, as minorias políticas podem participar amplamente do processo legislativo. O art. 58, § 1.º da CF dispõe que "na constituição das Mesas e de cada Comissão, é assegurada, tanto quanto possível, a representação proporcional dos partidos ou dos blocos parlamentares que participam da respectiva Casa". Além disso, no caso de aprovação de projeto de lei com oposição de minoria parlamentar, esta pode, por intermédio dos seus respectivos partidos políticos, propor ação direta de inconstitucionalidade perante o STF (art. 103, VIII, CF).

atribuído ao Executivo,[8] não por gosto, mas por necessidade,[9] embora com limites e sempre de maneira controlada, o exercício de função legislativa.[10]

---

8. Aliás, a própria lei vai sofrendo mutação. Gustavo Zagrebelsky anota que a tradicional concepção da lei como comando geral e abstrato dá lugar a uma concepção de lei adequada às tarefas que o Estado vai sendo chamado a desenvolver. O autor identifica, no Estado Contemporâneo, alguns tipos de lei dotados de especificidade. Refere-se às (a) leis-provimento (carentes do requisito de generalidade e abstração, em que prevalece o fim imediato, a vontade de alcançar um resultado individuado na delimitação dos sujeitos do ordenamento e do âmbito temporal, na intenção de ditar um parâmetro estável de conduta para os destinatários; enquanto *leggi-azione*, produzem efeitos imediatos, ainda que gerais, sem necessidade de atividade executiva); (b) leis-contrato (leis que fixam as cláusulas constitutivas de relações com particulares a fim de conferir-lhes a estabilidade da lei e fornecer garantias de certeza no caso de concessão do exercício de atividades que comportem investimentos por parte dos particulares); (c) leis-incentivo (mediante as quais o Estado prevê auxílios em geral – condições favoráveis de crédito, financiamento, vantagens fiscais, notando-se que as leis-contrato e as leis-incentivo têm em comum a característica de não exprimir um conteúdo autoritário; operando sobre a base do consenso com os particulares); (d) leis de programação (que se caracterizam pela predisposição de objetivos, gerais ou setoriais, a serem perseguidos em um determinado arco temporal, por obras das Administrações Públicas e pelos sujeitos privados); (e) leis de princípios ou leis-quadro (que não estabelecem diretamente a disciplina de determinadas relações ou situações jurídicas, mas se limitam a estabelecer critérios e princípios de observância compulsória pelas autoridades, elastecendo a competência normativa secundária do Executivo); (f) leis de procedimento (aquelas que não regulam uma disciplina substantiva de determinada matéria, limitando-se a organizar procedimentos complexos, nos quais podem estar envolvidos os mais diversos sujeitos sociais e públicos; de forma a envolver, em geral, uma manifestação da participação social no exercício das funções públicas e da incapacidade do legislador dominar, sozinho, o complexo campo dos interesses sociais). Finalmente, (g) as leis de finanças (aqui compreendidas as leis tributárias e as orçamentárias, duas categorias sujeitas, muitas vezes, a regime particular) (ZAGREBELSKI, Gustavo. *Manuale di diritto costituzionale*: il sistema delle fonti del diritto. Torino: UTET, 1993, vol. I, p. 156-161). A lição, com os cuidados devidos, é, igualmente, válida para o Brasil. O Direito brasileiro, por exemplo, e salvo as hipóteses (i) de atuação legislativa da União em matéria de competência concorrente (normas gerais) (ii) e de delegação legislativa, seja a horizontal (implicando a edição de lei delegada), seja a vertical (implicando a transferência de competência privativa da União para os Estados), não parece comportar o fenômeno das leis-quadro.

9. Lembra ZAGREBELSKY, Gustavo (op. cit., p. 154) que os decretos-leis são uma necessidade. Fontes de emergência existem – com nomes e formas diversas – em todas as Constituições fundadas sobre a atribuição ordinária da função legislativa ao parlamento representativo. Elas prestam-se a superar a lentidão procedimental e política, nem sempre evitáveis em sede parlamentar.

10. Um condensado panorama da questão pode ser visto em VERGOTTINI, Giuseppe de. *Diritto Costituzionale Comparato*. 7. ed. Padova: Cedam, 2007, vol. 1, p. 597-600.

Do mesmo modo, não parece ser possível, neste momento histórico, postular, simplesmente, a supressão dos atos normativos primários emanados do Executivo. Antes, cumpre trabalhar juridicamente (e politicamente, por que não?) no sentido de fulminar o abuso[11] da atividade legiferante do Governo, em benefício da plena efetividade da Constituição e para proveito da democracia.

11. Cumpre evitar o que Comparato chama de *costume contrário à ordem constitucional* (COMPARATO, Fábio Konder. A "questão política" nas medidas provisórias: um estudo de caso. *RTDP* 31:13).

1

Formas de participação do Executivo no processo de formação da lei

Não convém, nesta oportunidade, fazer estudo incidente sobre as formas tradicionais de participação do Executivo no processo legislativo.[1] Quanto à questão, basta lembrar que no regime presidencialista brasileiro o Presidente da República dele participa apondo veto (ou sanção) sobre projeto de lei aprovado pelo Legislativo, assim como encaminhando ao Congresso Nacional, na forma preconizada na Carta Constitucional, projetos de lei. Em outros modelos, como o francês, há uma partilha na definição da ordem do dia que pautará os trabalhos parlamentares.[2] No parlamentarismo, se ao Executivo nem sempre

1. Seja para deflagrar ou finalizar o processo legislativo, seja para influenciar materialmente na tramitação de projetos. Sobre a questão consultar, entre outros, FERREIRA FILHO, Manoel Gonçalves, *Do processo legislativo*. 6. ed. rev. e atual. São Paulo: Saraiva, 2007, p. 131-193. Também, SILVA, José Afonso da. *Processo constitucional de formação das leis*. São Paulo: Malheiros, 2006.

2. A partilha, entre Parlamento e Governo, na definição da ordem do dia das Assembleias, foi uma das alterações trazidas pela lei constitucional de 23 de julho de 2008, que promoveu uma série de mudanças nas instituições da V República. Com efeito, dispunha o art. 48 da Constituição Francesa de 1958 que: "a ordem do dia das assembleias comporta, prioritariamente e na ordem em que o Governo tenha fixado, a discussão dos projetos de lei apresentados pelo Governo e das proposições de lei por ele aceitas." (Tradução livre) Vale lembrar que a iniciativa para *projeto* de lei – *projet de loi* – cabe ao Primeiro-Ministro, ao passo que a iniciativa para *proposta* de lei – *proposition de loi* – compete a qualquer parlamentar. Segundo BURDEAU, Georges (*Manuel de droit constitutionnel et institutions politiques*. 20 ed. Paris: LGDJ, 1984, p. 583): "utilizado com excesso, tal privilégio poderia permitir ao Governo impedir a discussão de proposições com as quais não estivesse de acordo" (Tradução livre). Em atualização à referida obra, Hamon e Troper anotam que "a revisão de 4 de agosto de 1995 trouxe nesse ponto uma mudança muito importante, ao menos no plano dos princípios. Com efeito, foi adicionado ao art. 48 um parágrafo que dispõe: 'uma sessão por mês é reservada prioritariamente à ordem do dia fixada por cada assembleia'. Assim, o governo não pode, juridicamente, opor-se à inscrição de uma proposição de lei na ordem do dia, cujo conteúdo desaprovaria. Ele perde, assim, o monopólio da iniciativa e a qualidade de órgão parcial da legislação." Tais sessões, registram os autores, são chamadas "nichos parlamentares" (*niches parlementaires*). (BURDEAU,

é conferida competência para vetar projeto aprovado pelo Parlamento,[3] a ele incumbe (normalmente o chefe de Estado: presidente ou monarca) promulgar e publicar referidos projetos já como leis. O que importa, neste primeiro capítulo, é verificar o modo pelo qual o Poder Executivo exerce, em virtude de atribuição própria ou em face de delegação, a função legiferante.

No mundo ocidental, de maneira geral, três têm sido as fórmulas básicas por meio das quais o Governo se vê autorizado a desenvolver atividade normativa primária.

1.1. Delegação sem previsão constitucional

Delegação legislativa, preleciona Carlos Roberto de Siqueira Castro, substancia espécie de "transferência da função normativa atribuída originária e constitucionalmente ao Poder Legislativo a órgãos (...) integrantes dos demais Poderes do Estado".[4]

Em determinados países, pratica-se uma forma de delegação legislativa não prevista expressamente no texto da Constituição. Tal ocorre, por exemplo, nos Estados Unidos, onde os princípios da separação dos poderes e da indelegabilidade de atribuições foram sofrendo reinterpretações sucessivas que possibilitaram, sob certas condições, o alargamento da atividade normativa do Executivo. Nesse caso, "uma vez que a lei formal de delegação especifique as fronteiras materiais e objetivas dentro das quais pode a autoridade delegada legislar, de maneira que não haja risco desmesurado a indevidas restrições à liberdade, tem-se por aceitável a delegação. Ao revés, se a outorga da função legislativa importa em autêntica abdicação de seu exercício pelo órgão constitucionalmente titulado para exercê-la, ficando a autonomia individual a depender do talante do agente executivo com poderes normativos delegados, a delegação é tida como abusiva e inconsistente".[5]

Georges. *Manuel de droit constitutionnel*. 30. ed. Paris: LGDJ, 2007, p. 703-704). Agora, a reforma constitucional promovida em julho de 2008 valorizou significativamente o papel desempenhado pelo Parlamento. De acordo com a redação providenciada pela lei constitucional de 23 de julho de 2008, para a definição da ordem do dia são reservadas duas semanas ao Governo, duas semanas à maioria parlamentar e um dia à oposição e a minorias.

3. No regime italiano, se o Presidente da República não pode vetar projeto de lei, dispõe do direito de solicitar nova apreciação parlamentar sobre matéria legislativa já deliberada.
4. CASTRO, Carlos Roberto de Siqueira. *O Congresso e as delegações legislativas*. Rio de Janeiro: Forense, 1986. p. 81.
5. Ibidem, p. 62.

A releitura providenciada pela Suprema Corte dos Estados Unidos foi inaugurada na década de vinte, a partir da decisão proferida no paradigmático caso *J. W. Hampton Jr. & Co. v. United States*.[6]

Nesse particular, como em tantos outros, vigente a primeira Constituição republicana, o direito norte-americano influenciou fortemente a experiência constitucional brasileira. Deveras, embora não prevista na Lei Fundamental, a delegação legislativa foi intensamente praticada, embora a jurisprudência do

---

6. Ensina VERGOTTINI, Giuseppe de (op. cit., p. 599) que "Segundo a Constituição dos Estados Unidos de 1787, o poder legislativo parece corresponder unicamente ao Congresso, e, portanto, não deveria dar-se delegação alguma. Todavia, na prática, o Congresso tem feito delegações mediante leis, seja às *Independent Regulatory Commissions* – entes não previstos na constituição, mas largamente instituídos por lei do Congresso, dotados de competências normativas, administrativas e para decisão de recursos, de modo a assegurar-lhes a gestão de importantes setores da economia nacional – seja ao Presidente. A Corte suprema tem reconhecido a possibilidade de delegar ao Presidente competência legislativa veiculada por lei do Congresso fixando os critérios da atividade normativa do executivo, com limites materiais e temporais. Os atos presidenciais são objeto de verificação concomitante por partes das comissões congressuais. Paralelamente à hipótese de haver poderes expressamente delegados ao Governo, tem sido reconhecida ao Presidente a faculdade de utilizar poderes de natureza legislativa implícitos em sua posição constitucional de chefe do executivo e comandante supremo das forças armadas, assim como poderes que se encaixem na exigência de conferir operabilidade às disposições do Congresso que consintam com a intervenção presidencial destinada a aplicar seu conteúdo preceptivo (*Contingency Statutes*)." (Tradução livre). Comenta Laurence Tribe que "Em geral, limites do poder congressional de delegar responsabilidade derivam de requisitos constitucionais implícitos do governo consensual." (TRIBE, Laurence H. *American constitutional law*. Foundation Press: Nova York, 2000, p. 984, tradução livre). Prossegue: "(...) every act taken under color of federal authority, whether undertaken by Congress itself or by one of its agents, must *be meaningfully traceable to a specific exercise of constitutionally granted legislative or executive power.*". (Op. cit., idem, grifo do autor). Argumenta Cass Sunstein que a *nondelegation doctrine* "está viva e bem. Tem sido antes realocada do que abandonada." (Nondelegation Canons. *The University of Chicago Law Review*. Vol. 67, No. 2, Spring, 2000, pp. 315-343, tradução livre). O mesmo autor considera que não há critérios claros para a distinção entre o *lawmaking* e o *law-implementation*. E que ainda, "the legislature often delegates discretionary power to an agency when it is unable to agree on the appropriate rule, because of social disagreement, and therefore it tells the agency to act". (SUNSTEIN, Cass R. *Legal reasoning and political conflict*. Oxford University Press, 1996, p. 161). Consultar também: GUNTHER, Gerald; SULLIVAN, Kathleen M. *Constitutional law*. West Publishing Company, Nova York, 1997, p. 399-400.

Supremo Tribunal Federal permanecesse vacilante: ora declarava inconstitucionais as delegações, ora se manifestava em sentido contrário.[7]

1.2. Delegação com assento constitucional

Por outro lado, nas Constituições mais modernas, a delegação legislativa[8] tem sido admitida expressamente. O art. 76 da Constituição italiana (1947), segundo demonstra Paolo Biscaretti Di Ruffia, "embora confirme o princípio da separação dos poderes – admite que o exercício da função legislativa seja delegado ao Governo, porém somente com a 'determinação de princípios e critérios diretivos, e apenas por tempo limitado e para objetos definidos'".[9]

Também o Direito Constitucional português prevê a hipótese de delegação legislativa. A Constituição de 1976 admite a votação, pela Assembleia da República, de leis de autorização (delegação). Nesse caso, o destinatário da autorização será o Governo. No entanto, as autorizações legislativas encontram certos limites. Como anota José Joaquim Gomes Canotilho, "(...) as autorizações legislativas devem, em princípio, coincidir com o *objecto próprio da função legislativa do Parlamento*. Além de estarem excluídas desta função as funções de fiscalização ou de controlo, que são indelegáveis (cf. artS. 162.º e 163.º), subtraem-se também ao poder de autorização as matérias de competência *política* (art. 161.º), mesmo quando a forma de exercício desta competência é a forma de lei".[10]

A Constituição francesa de 1958 contempla, igualmente, a delegação da função legislativa ao Executivo. Nos termos do art. 38, pode o Governo solicitar

---

7. LEAL, Victor Nunes. Delegações legislativas. *Problemas de direito público*. Rio de Janeiro: Forense, 1960. p. 92.
8. Muito se discute a respeito da natureza jurídica da delegação legislativa típica. Sobre a matéria, conferir: LAVAGNA, Carlo. *Istituzioni di diritto pubblico*. 6. ed. Torino: UTET, 1993. p. 268-270. Para o autor, a teoria mais adequada compreende o instituto como um procedimento legislativo especial, caracterizado pelo concurso de vários atos, tendo cada um individualidade e esfera própria de efeitos, podendo ser qualificado como procedimento complexo. A intervenção do Parlamento opera, essencialmente, no momento político de valoração da oportunidade de adoção do procedimento e do seu condicionamento. Nesse ato de decisão do Parlamento, não se pode encontrar nem uma delegação em sentido estrito (transferência de poder ou de exercício de poder), nem uma autorização, nem uma pura e simples condição, mas a ativação de um procedimento especial previamente regulado pela Constituição.
9. BISCARETTI DI RUFFIA, Paolo. *Derecho constitucional*. Trad. Pablo Lucas Verdú. Madrid: Tecnos, 1982, p. 487 (tradução livre).
10. CANOTILHO, José Joaquim Gomes. *Direito constitucional e teoria da constituição*. 7. ed. Coimbra: Almedina, 2003, p. 765 (grifos do autor).

autorização para editar *ordonnances*, por um período determinado, disciplinando matérias que constituem, ordinariamente, objeto de lei.[11]

No Reino Unido, que ostenta exemplo singular de Constituição histórica, o Parlamento delega atribuição aos Ministros para a edição de normas especificadoras e de atualização, consideradas de natureza regulamentar.[12] Mas além desse, há outros mecanismos mediante os quais o Executivo desenvolve função normativa. É o caso das delegações genéricas autorizadas pelo *Statutory Instrument Act*, de 1946. Aliás, nesse tema, ensina Giuseppe De Vergottini: "O *Statutory Instruments Act* de 1946 estabeleceu três procedimentos distintos de conexão entre o executivo e o legislativo em matéria de *Delegated Legislation*, prevendo sempre a apresentação das medidas governamentais ao parlamento. O primeiro procedimento autoriza a apresentação do ato e sua imediata entrada em vigor, sem intervenção parlamentar; o segundo comporta o seu depósito com duração de quarenta dias e uma iniciativa do governo para sua expressa aprovação pelas duas câmaras dentro desse prazo, sob pena de decadência; e o terceiro procedimento, mais utilizado, exige o depósito do ato por quarenta dias e sua aplicação imediata, a não ser que nesse mesmo prazo não se requeira, e aprove, uma anulação explícita da medida governamental."[13]

---

11. Estatui o art. 38, § 1.º, da Constituição Francesa que "O Governo pode, para a execução de seu programa, solicitar ao Parlamento autorização para editar *ordonnances*, por prazo limitado, sobre matérias que sejam, normalmente, do domínio da lei." E o § 2.º, do mesmo artigo, que: "As *ordonnances* são editadas pelo Conselho de Ministros após parecer do Conselho de Estado. Entram em vigor a partir da publicação, mas caducam se o projeto de lei de ratificação não for apresentado ao Parlamento no prazo fixado pela lei de habilitação. São ratificadas somente de maneira expressa." (Tradução livre). O acréscimo "São ratificadas somente de maneira expressa" veio com a lei constitucional de 23 de julho de 2008, reforçando a relevância da participação do Parlamento nos atos do Governo. Diversamente do que ocorre na experiência brasileira, em que a utilização da delegação legislativa pelo Executivo é tímida, Hamon e Troper (BURDEAU, Georges, *Manuel*...., 20. Ed, p. 814-815) observam que, no direito francês, após o advento da Constituição de 1958, as *ordonnances* têm sido bastante utilizadas pelo Governo. Os autores registram que cerca de 55% dos textos legislativos de 2004 tratava-se de *ordonnances*. Nada obstante, defendem ser errôneo considerar as *ordonnances* como espécie de delegação legislativa, por entenderem que o Executivo não recebe, do Parlamento, o poder de fazer leis. A respeito, afirmam (Ibidem, p. 139) que "Os atos que ele [o Executivo] adota são atos de execução, atos formalmente regulamentares e consequentemente sujeitos ao regime jurídico do regulamento."
12. VERGOTTINI, Giuseppe de, op. cit., p. 598-599.
13. Idem. Todavia, segundo Paolo Biscaretti Di Ruffia (op. cit., p. 481), "na Inglaterra – onde a *delegated legislation* tem adquirido, nos últimos anos, relevo preponderante, sobretudo mercê do Governo Laborista –, dentro de uma notável variedade de

Na Constituição espanhola, a delegação legislativa encontra-se disciplinada nos artS. 82 e seguintes. As leis delegadas (decretos legislativos) são atos normativos com força de lei emanados pelo Governo, em virtude de autorização expressa do Poder Legislativo (*Cortes*). No Direito Espanhol "A delegação legislativa prevista pela Constituição no art. 82, permite às Cortes atribuir ao Governo, mediante uma lei de delegação, o poder para editar norma com força de lei, denominada *decreto legislativo*, nos termos previstos na própria lei de delegação e dentro dos limites e requisitos expressamente contemplados no citado preceito constitucional. A Constituição prevê dois tipos de delegação (art. 82.2 CE). Um tem por objeto a formação de textos articulados e se efetua mediante uma lei de bases (art. 82.4 CE). A outra, cuja finalidade é reunir vários textos legais em um só, outorga-se mediante uma lei ordinária (art. 82.5 CE)."[14]

No Brasil, já por ocasião da Constituinte de 1946, discutiu-se a possibilidade da adoção da lei delegada.[15] Talvez, como reação ao exagerado número de medidas legislativas editadas no período do Estado Novo pelo Presidente da República, o Constituinte preferiu não autorizar o Executivo a exercer atividade legislativa. Adotou, ainda, de modo imperativo, o princípio da indelegabilidade de atribuições, vedando a delegação legislativa, seja a *típica* (operada por lei delegada), seja a *anômala* (decorrente do elastecimento do poder regulamentar).

A EC 4/61 introduziu a lei delegada, em nosso país, na esteira do regime parlamentar de governo. Tal emenda revogou o princípio da indelegabilidade das atribuições (art. 36, § 2.º, da Constituição de 1946). A delegação legislativa foi, mais tarde, regulamentada por lei complementar. Com base em autorização do Congresso, o Executivo editou 11 leis delegadas, algumas delas ainda em vigor.

A EC 6/63, porém, restabeleceu o presidencialismo, recobrando vigência o princípio da indelegabilidade das funções legislativas presente no art. 36, § 2.º, da Constituição de 1946.

A Constituição de 1967, mais uma vez, repetiu o princípio da indelegabilidade das atribuições (art. 6.º, parágrafo único), admitindo, porém, como exceção ao princípio, a delegação legislativa prevista nos artS. 55, 56 e 57. Reinserida pela Constituição de 1967, a delegação legislativa continuou a figurar no direito constitucional brasileiro ante a expressa previsão da EC 1/69.

---

procedimentos, sempre se procurou resguardar o princípio da 'soberania do Parlamento', permitindo-lhe negar a sua aprovação (nos casos em que solicite) ou, pelo menos, intervir pela anulação do ato (em um momento posterior)." (Tradução livre)

14. GUERRA, Luis Lopez et al. *Derecho constitucional*. 3. ed. Valencia: Tirant lo Blanch, 1997, p. 86.
15. REALE, Miguel. *Parlamentarismo brasileiro*. São Paulo: Saraiva, 1962, p. 26.

O Estatuto Fundamental de 1988 manteve o instituto, agora residindo no art. 68, segundo o qual "As leis delegadas serão elaboradas pelo Presidente da República, que deverá solicitar a delegação ao Congresso Nacional".

1.3. Função legislativa decorrente de atribuição

O mundo contemporâneo, além da delegação legislativa, reclama para o Executivo, em certas circunstâncias graves e excepcionais, o poder de legislar diretamente a respeito de determinadas matérias, sem necessidade de autorização prévia do Parlamento. Fortalecidos os mecanismos de controle político e jurídico, a atividade normativa extraordinária do Poder Executivo não é incompatível com os postulados democráticos.[16] Entretanto, o que não se pode admitir é o desmesurado fortalecimento do Executivo, especialmente sem a previsão de eficazes instrumentos de censura ou contraste de sua atividade.[17] Nesse ponto, a experiência europeia pode, com as devidas cautelas, ser aproveitada entre nós.

Na Alemanha, a Lei Fundamental de Bonn prevê, em situações de urgência, a possibilidade de decretação, pelo Presidente, do estado de emergência

16. Na Itália, semelhante é o pensamento de Alessandro Pizzorusso "é possível afirmar que o dispositivo adotado pelo constituinte para enfrentar situações de emergência, ainda que de forma insuficiente, não era incompatível – nos termos em que redigido – com os princípios fundamentais da democracia parlamentar (...). Todavia, a evolução da prática tem, essa sim, sido incompatível com os princípios; (...)" (Tradução livre) (PIZZORUSSO, Alessandro. *Ripensando i controlli sui decreti legge alla luce dell'esperienza recente*. In: *I decreti-legge non convertiti*. Atti del seminario svoltosi in Roma. Palazzo della consulta nel giorno 11 novembre 1994. Milano: Giuffrè, 1996. p. 24. Tradução livre). Embora se voltando para o contexto anterior à Emenda Constitucional 32, mas igualmente aplicável ao momento atual, Wilson Steinmetz (op. cit., p. 143) lança conclusão semelhante, ao afirmar: "Argumenta-se que em tese (*in abstracto*) não há incompatibilidade entre o instrumento legislativo medida provisória e o princípio democrático. Contudo, *in concreto*, o excesso de medidas provisórias editadas e reeditadas pelo Poder Executivo, bem como a omissão do Congresso Nacional e a interpretação política do *caput e* do parágrafo único do art. 62 (na redação anterior à EC 32/2001) não estavam em conformidade com o princípio democrático."
17. Sendo válida a observação para as medidas provisórias, já alertava Nelson de Sousa Sampaio em relação aos decretos-leis, na Constituição de 1967: "Essa legislação de urgência encontra-se em vários países, ora regulada em textos constitucionais, ora tolerada pela necessidade. Distingue-se das leis delegadas por ser uma competência legislativa autônoma ou direta, pertencente ao Executivo, embora, geralmente, sujeita à ratificação do parlamento. Representa uma espécie de processo legislativo autocrático, sobrevivendo, de modo limitado, num *habitat* de governo representativo. Por esse motivo, o seu âmbito deve ser interpretado ainda mais restritamente do que o da delegação legislativa" (SAMPAIO, Nelson de Sousa. *O processo legislativo*. 2. ed. Belo Horizonte: Del Rey, 1996, p. 80-81).

legislativa.[18] O art. 81 da referida Constituição dispõe que o estado de emergência legislativa pode ser adotado para um projeto de lei rejeitado pelo Parlamento Federal, não obstante declarado urgente pelo Governo Federal. O mesmo se aplica no caso de um projeto de lei que tenha sido rejeitado, apesar de o Chanceler Federal tê-lo tornado dependente da moção de confiança referida no art. 68. Se, depois de declarado o estado de emergência legislativa, o Parlamento Federal rejeitar novamente o projeto de lei, ou o aprovar numa versão considerada inaceitável pelo Governo Federal, o projeto torna-se lei, desde que o Conselho Federal o aprove. O mesmo ocorrerá, nos termos da Constituição alemã, se o projeto não for votado, pelo Parlamento Federal, dentro de quatro semanas depois de ter sido novamente proposto.

Na França, a Constituição de 1958 estabelece uma partilha entre os domínios normativos da lei e do regulamento. O art. 34 enumera os temas que só podem ser disciplinados por lei (portanto, ato aprovado pelo Parlamento).[19] Por isso, conforme dispõe o art. 37, todas as demais matérias (âmbito residual) podem ostentar um caráter regulamentar. Isso levava à distinção entre regulamentos autônomos, porque independentes da prévia existência de lei, e regulamentos do tipo clássico, que se destinavam a completar ou assegurar a execução da lei.[20] Atualmente, jurisprudência e doutrina vão admitindo que tal

---

18. Sobre isso, consultar LANGROD, Georges, op. cit., p. 106. Também: FIGUEIREDO FILHO, Jayme Peggi. *O decreto-lei na constituição brasileira*. Dissertação de mestrado, Programa de Pós-Graduação em Direito da Universidade Federal do Rio de Janeiro, 1985, p. 81-82. Ainda: "nunca se ha llevado a la práctica el *estado de emergencia legislativa*, y parece improblable que vayan a darse alguna vez las condiciones del art. 81 GG. En caso de una frontal oposición entre gobierno e mayoría parlamentaria – como se supone el art. 81 GG – las alternativas más probales son una elección de nuevo Canciller o la disolución del *Bundestag*. La Ley Fundamental ha dejado claro al respecto: – La capacidad de acción del Estado no puede quedar a merced de un bloqueo del parlamento. – En caso necesario y a efectos de regulaciones urgentes e indispensables en el supuesto de que el *Bundestag* no se preste, está a disposición el órgano federal, el *Bunderast*." (BÜLOW, Erico. La Legislación. In: Benda, Maihofer, Vogel, Hesse, Heyde (Orgs.), *Manual de Derecho Constitucional*. Madrid: Marcial Pons-Ediciones Jurídicas y Sociales, 2001, p. 740-741). Consultar também: ARDANT, Philippe; MATHIEU, Bertrand. *Institutions politiques et droit constitutionnel*. 22ª ed., LGDJ: Paris, 2010, p. 288-289.

19. BURDEAU, Georges, *Manuel de droit constitutionnel*. 30. ed. Paris: LGDJ, 2007, p. 139. Nesse sentido: RANGEL, Leyla Castello Branco. O poder legislativo na França. Revista de Informação Legislativa, Brasília, n. 9, 1966, p. 241-280.

20. Não por outra razão, afirmava BURDEAU, Georges, que "(...) agora existem duas categorias de regulamentos (...): os regulamentos autônomos e os regulamentos do tipo clássico. Sem dúvida ambos constituem atos administrativos sujeitos, por natureza,

distinção merece ser repensada.[21] É o que afirmam Hamon e Troper, ao observar que, além do âmbito normativo constitucionalmente reservado à lei ser deveras amplo, compreendendo as matérias mais importantes, consideradas essenciais no ordenamento jurídico, também a jurisprudência (tanto do Conselho Constitucional quanto do Conselho de Estado) tem adotado uma concepção mais larga do domínio da lei.

Assim, embora a Constituição tenha fixado parâmetros visando ao delineamento dos âmbitos normativos da lei e do regulamento, essa distinção vai se revelando "cada vez mais porosa. Ela não tem impedido o Parlamento e o governo de introduzir, na lei, disposições de natureza regulamentar quando assim considerem oportuno."[22] Desse modo é que a jurisprudência vem considerando o regulamento de maneira unitária, admitindo tanto os autônomos quanto os de execução enquanto atos normativos de idêntica natureza: se houver lei preexistente, o regulamento deverá respeitá-la. Se não houver, deverá respeitar a Constituição e os princípios gerais do direito interno e internacional "embora o poder regulamentar disponha de um domínio reservado, a natureza jurídica de seus atos não mudou. Serão sempre atos normativos, dotados de força jurídica inferior à lei, podendo ser atacados pela via do recurso por excesso de poder. Conforme ocorria no regime precedente, o regulamento pode ser anulado pelo juiz administrativo por violação da Constituição (e notadamente do art. 34), por violação da lei, de um princípio geral do direito, ou de um princípio de direito internacional."[23]

O controle jurisdicional sobre os regulamentos, contudo, permanece distinto de acordo com a subordinação ou não do ato à lei preexistente.[24]

---

ao controle jurisdicional, mas o fato de, para os primeiros, o governo dispor de total liberdade de iniciativa enquanto que, para os segundos, ele deve referir-se a uma lei preexistente constitui diferença suficiente para que estabeleçamos entre eles uma distinção" (BURDEAU, Georges. *Manuel*... 20. ed. Paris: LGDJ, 1984. p. 603, tradução livre).

21. Cf. BURDEAU, Georges (*Manuel*.... 30. ed. Paris: LGDJ, 2007, p. 77): "essa distinção é hoje considerada obsoleta pela maioria da doutrina porque, com efeito, a jurisprudência tem interpretado o artigo 34 de maneira unitária. Qualquer que seja a matéria em questão, a repartição das competências entre legislador e poder regulamentar opera-se quase sempre da mesma maneira: o estabelecimento (*mise en cause*) das regras essenciais, vale dizer, mesmo a sua modificação parcial, demanda a intervenção do primeiro; mas a aplicação (*mise en oeuvre*) dessas regras, vale dizer, a determinação de suas formas de aplicação, fica reservada ao segundo." (Tradução livre)
22. Ibidem, p. 780.
23. Ibidem, p. 773, tradução livre.
24. Ibidem, p. 775-777.

Entretanto, os regulamentos autônomos, aqueles editados com fundamento no art. 37 da Constituição Francesa, continuam sendo, por natureza, embora não na forma, verdadeiras leis, posto constituírem comandos normativos capazes, por si sós, de inovar a ordem jurídica.

O território normativo do Governo diz respeito mais às questões concernentes à disciplina episódica, conjuntural ou de menor significação, de acordo com o critério escolhido pelo Constituinte de 1958, que foi, sem dúvida, a proteção dos direitos fundamentais (e, nessa medida, diz menos aos valores máximos consagrados pelo regime democrático, ligados à tarefa do Parlamento).

No Direito Constitucional português, o decreto-lei presta-se a disciplinar matéria de competência legislativa autorizada ou delegada, matéria de competência originária concorrente e, ainda, matéria de competência reservada. Apenas no segundo e último casos está-se diante de atribuição normativa sem delegação. Na segunda situação, ou seja, diante das matérias reservadas à Assembleia da República, o Executivo pode, mediante decretos-leis, concorrentemente com o Parlamento, editar atos normativos primários. Em semelhante hipótese, cumprirá ao Governo adotar decretos-leis de desenvolvimento dentro dos quadros traçados pelo Legislativo (art. 198.º). No último caso, há uma verdadeira reserva de decreto-lei. Cabe ao Executivo dispor, por meio de decreto-lei, sobre a sua própria organização (está-se a referir ao seu aparelho administrativo), bem como sobre o seu funcionamento.[25]

Os decretos-leis que tratem da organização e do funcionamento do Executivo não se submetem ao crivo do Parlamento (Assembleia da República). Quanto aos demais, podem "ser submetidos à apreciação da AR (cfr. art. 169.º/1) para efeitos de cessação de vigência ou de alteração."[26]

Segundo José Joaquim Gomes Canotilho "(...) o legislador constituinte de 1976, não obstante a prática abusiva dos decretos-leis verificada durante o regime da Constituição de 1933, parece ter considerado os decretos-leis como um instrumento ineliminável do Estado democrático. Com efeito, conhecidas as críticas dirigidas à categoria dos decretos-leis – instrumento nas matérias do Governo que os pode utilizar para fins de manifesto oportunismo

25. CANOTILHO, José Joaquim Gomes, *Direito constitucional e Teoria da Constituição...*, cit., p. 795-796.

26. Ibidem, p. 799. No ponto, a Constituição portuguesa silencia a respeito da possibilidade de confirmação *a posteriori* – ratificação – do decreto-lei pela Assembleia da República, conforme observa Canotilho, bem como acerca do respectivo prazo de eficácia, o que leva a entender que o ato normativo permanece em vigor até que sejam aceitas pelo Parlamento eventuais propostas de alteração da medida ou de cessação de sua vigência.

político, colocando as assembleias representativas perante factos consumados–, a Constituição de 1976 entendeu consagrar a categoria dos decretos-leis com uma grande autonomia e amplitude. Neste aspecto, a Constituição Portuguesa afasta-se decididamente da maioria das constituições democráticas do após-guerra que, em geral, condicionam o exercício da competência legislativa à existência de circunstâncias excepcionais, situações de urgência e necessidade, e a um apertado controlo do órgão parlamentar".[27]

Na Espanha, o art. 86 da Constituição confere ao Governo a faculdade de editar disciplina legislativa sob a forma de decretos-leis, em caso de extraordinária e urgente necessidade. Incumbe ao Parlamento converter em lei, no prazo de trinta dias, o ato normativo baixado pelo Executivo. Embora a Constituição admita um amplo procedimento de revisão parlamentar, impedindo, inclusive, a utilização do decreto-lei para regular determinadas matérias, não estabelece um prazo máximo de eficácia. Assim, enquanto não rejeitado pelo Legislativo, tem-se que o decreto-lei continua a produzir efeitos.[28]

Apesar de sua singularidade, cumpre reconhecer que o regime do decreto-lei espanhol não se distancia completamente daquele plantado na experiência

---

27. Ibidem, p. 795.
28. MACHETTI, Pablo Santolaya. *El regimen constitucional de los decretos-leyes*. Madrid: Tecnos, 1988. Em sentido diverso, Rosario Tur Ausina entende que o silêncio do Parlamento implica *derrogação tácita*, afirmando, ainda, ser esse o posicionamento do Tribunal Constitucional espanhol. A autora explica que não se pode admitir o elastecimento da vigência do decreto-lei nem por falta de manifestação parlamentar, tampouco por manifestação extemporânea aos 30 dias constitucionalmente fixados. Acerca da falta de deliberação, Ausina sustenta ser inadmissível justamente por contradizer a nota de provisoriedade característica do decreto-lei, e a qual é fundamento para a decadência do ato, por não ter sido cumprido o requisito para que permanecesse no mundo jurídico (no caso, a conversão em lei). Acrescenta, ainda, que a Constituição espanhola prevê a aprovação parlamentar expressa, e não tácita. Já com relação à conversão fora do prazo de 30 dias, a autora entende ser igualmente inconstitucional, excetuando, contudo, a hipótese de o ato ser *convalidado* nos 30 dias, mas *publicado* posteriormente. Questão ligada à convalidação/rejeição do decreto-lei, e igualmente controversa na doutrina é a que se refere à perda de eficácia *ex tunc* ou *ex nunc* do ato normativo. A discussão, com efeito, gira em torno não só de eventuais abusos do Executivo em face da legislação provisória, mas igualmente concerne à regulamentação das relações jurídicas firmadas sob a vigência do decreto-lei, na medida em que a Constituição espanhola silencia a respeito. Considerar a perda de eficácia *ex tunc* significa conceber a lei de conversão como *condição* de validade do provimento de urgência. Por outro lado, admitir a perda de eficácia *ex nunc* implica admitir a lei de conversão enquanto *requisito* de validade do decreto-lei, servindo, apenas, para consolidar ou não sua permanência no mundo jurídico (AUSINA, Rosario Tur. *El control parlamentario de los Decretos-leyes*. Madrid: Centro de Estúdios Políticos y Constitucionales, 2002, p. 129-139).

constitucional italiana.[29] Esta, tendo influenciado o Constituinte brasileiro,[30] é extremamente significativa para a compreensão das medidas provisórias contempladas no art. 62 da Constituição Federal.

Dispõe o art. 77 da Constituição Italiana (1947):

"Art. 77. O Governo não pode, sem delegação das Câmaras, emanar decretos que tenham valor de lei ordinária.

"Quando, em casos extraordinários de necessidade e urgência, o Governo adota, sob a sua responsabilidade, provimentos provisórios com força de lei, deve no mesmo dia apresentá-los para a conversão às Câmaras que, mesmo em recesso, são imediatamente convocadas e reúnem-se dentro de cinco dias.

"Os decretos perdem eficácia desde o início, se não forem convertidos em lei dentro de sessenta dias da sua publicação. As Câmaras podem, todavia, regular com lei as relações jurídicas formadas sobre a base dos decretos-leis não convertidos." (Tradução livre)

---

29. GARCÍA DE ENTERRIA, Eduardo; FÉRNANDEZ, Tomás-Ramón. *Curso de derecho administrativo*. Ed. argentina con notas de Agustín Gordillo. Buenos Aires: La Ley, 2006, p. 144-151. Também AUSINA, op. cit., p. 180.

30. Reformada em 1994, é possível que a experiência italiana tenha sido influenciada pela nova redação conferida ao art. 99.3 da Constituição Argentina. Nos termos do art. 99.3 da Carta Magna Argentina, o Presidente da República:

"Participa da formação das leis conformes à Constituição, as promulga e faz publicar. O Poder Executivo não poderá, em nenhum caso, sob pena de nulidade absoluta e insanável, emanar disposições de caráter legislativo. Somente quando circunstâncias excepcionais tornarem impossível seguir os trâmites ordinários previstos por esta Constituição para a sanção das leis, e não se tratando de normas que regulem matéria penal, tributária, eleitoral ou o regime dos partidos políticos, poderá editar decretos por razões de necessidade e de urgência, os quais serão decididos em acordo geral dos ministros que deverão referendá-los, conjuntamente com o chefe de gabinete dos ministros. O chefe de gabinete de ministros, pessoalmente e dentro de dez dias, submeterá a medida à consideração da Comissão Bicameral Permanente, cuja composição deverá respeitar a proporção das representações políticas de cada Câmara. Esta comissão submeterá seu despacho em um prazo de dez dias ao plenário de cada Câmara para sua expressa deliberação, o que será feito de imediato pelas Câmaras. Lei especial sancionada pela maioria absoluta da totalidade dos membros de cada Câmara regulará o trâmite e a extensão dessa intervenção do Congresso". (Tradução livre).

2

Poder Executivo e função legislativa na Constituição de 1988

O Constituinte de 1988 procurou conciliar o necessário fortalecimento do Legislativo com os imperativos da sociedade contemporânea. O art. 25 do ADCT revogou, a partir de cento e oitenta dias da promulgação da Constituição, sujeito esse prazo à prorrogação por lei, todos os dispositivos que atribuíam ou delegavam a órgão do Poder Executivo competência assinalada pela Constituição ao Congresso Nacional, especialmente no que tange à ação normativa.

Fortalecido o Congresso, nem por isso o Constituinte deixou de admitir a delegação de função legislativa ao Executivo. O art. 68 da CF disciplina o instituto da lei delegada, elaborada pelo Presidente da República, que deverá solicitar a delegação ao Congresso Nacional. A delegação ao Presidente da República, como se sabe (art. 68, § 2.°, da CF), terá a forma de resolução do Congresso Nacional, onde deverão ser especificados o conteúdo e os termos do seu exercício. Todavia, se a resolução determinar a apreciação do projeto pelo Congresso Nacional, este o fará em votação única, vedada qualquer emenda (art. 68, § 3.°, da CF). Algumas matérias constituem reserva absoluta do Legislativo. Não podem, portanto, ser objeto de delegação. São, entre outras, aquelas previstas no § 1.° do art. 68: atos de competência exclusiva do Congresso Nacional, os de competência privativa da Câmara dos Deputados ou do Senado Federal, a matéria reservada à lei complementar, a legislação sobre organização do Poder Judiciário e do Ministério Público, a carreira e a garantia de seus membros, sobre a nacionalidade, cidadania, direitos individuais, políticos e eleitorais e aquela relativa aos planos plurianuais, diretrizes orçamentárias e orçamentos.

Em que pese o entendimento contrário de determinada doutrina, defende-se que, em nosso país, não havia, até a EC 32/2001, lugar para o regulamento autônomo, de tal sorte que o poder regulamentar do Presidente da República seria exercido para o fim de promover a fiel execução da lei. No Brasil, o regulamento, em geral, substancia comando normativo secundário despido de aptidão para inovar válida e originariamente o ordenamento jurídico. Reside em lugar subordinado ao ocupado pela lei.[1] O Constituinte, inclusive diante do prescrito no art. 25 do ADCT, deixou claro que o poder regulamentar do Executivo não excederia os limites da lei.[2]

Com a mudança promovida pela EC 32/2001 sobre a redação do art. 84, VI, da Constituição Federal, fala-se na possível recepção do regulamento autônomo em nosso ordenamento jurídico. Contudo, anote-se que a previsão do referido dispositivo não se assemelha à figura concebida no direito francês. De fato, o regulamento autônomo, tal qual previsto na Constituição francesa de 1958, denota a existência de amplo poder regulamentar, abrangendo matérias como processo civil e contravenções.[3] Contudo, no caso brasileiro, os poderes atribuídos ao Presidente da República são, conforme aponta Celso Antônio

---

1. No mesmo sentido, José Afonso da Silva (*Processo constitucional de formação das leis.* 2. ed. São Paulo: Malheiros, 2006, p. 35): "Lei e regulamento são, ambos, normas jurídicas gerais e abstratas, obrigatórias e relativamente permanentes. A distinção fundamental, hoje aceita pela generalidade dos autores, está em que a lei *inova* a ordem jurídico-formal, seja modificando normas preexistentes, seja regulando matéria ainda não normatizada, ao passo que o regulamento não contém, *originariamente*, novidade modificativa da ordem jurídico-formal; limita-se a precisar, pormenorizar, o conteúdo da lei. É, pois, norma jurídica subordinada."
2. BASTOS, Celso Ribeiro. *Curso de direito constitucional.* 22. ed. São Paulo: Saraiva, 2001, p. 380-381. Também: CARRAZZA, Roque Antonio. *Curso de direito constitucional tributário.* 25. ed. ed. rev., amp. e atual. até a Emenda Constitucional 57/2008. São Paulo: Malheiros, 2009, p. 374-401. Ainda do mesmo autor: *O regulamento no direito tributário brasileiro.* São Paulo: Ed. RT, 1991. Conforme Celso Ribeiro BASTOS (*Curso...*, op. cit., p. 380-381), os regulamentos delegados (ou autorizados) "são aqueles que desenvolvem a lei, agregando-lhe algum elemento que inova na ordem jurídica, baixados, contudo, em decorrência de habilitação legislativa. Nutrem estes regulamentos pontos de contato com a lei delegada". Ainda segundo o constitucionalista, "Os regulamentos delegados (...) pressupõem lei anterior, com fundamento na qual dão continuidade à elaboração normativa. Se forem por demais amplos os poderes deferidos pela lei, estar-se-á, na verdade, diante de delegação legislativa implícita, vedada em nosso sistema por força da prevalência da separação de funções". Segundo a doutrina constitucional predominante, o Direito brasileiro inadmite o regulamento autônomo. Admite o regulamento de execução, o regulamento autorizado ou delegado (ambos com fundamento no art. 84, IV, da CF) e, finalmente, o regulamento de organização (este com fundamento no art. 84, VI, da CF). Eros Roberto Grau entende ser incorreto admitir o regulamento autorizado como "delegado", afirmando que "o que se atribui ao Executivo é o exercício da *função normativa*, e não de função legislativa; logo, não há, no caso, qualquer *delegação*. Erradíssima, pois, a menção, no caso, a regulamento 'delegado'; cuida-se, no caso, de *regulamento autorizado*" (GRAU, Eros Roberto. *O direito posto e o direito pressuposto.* 6. ed. São Paulo: Malheiros, 2005. p. 252).
3. BURDEAU, Georges. *Manuel de droit constitutionnel.* 30. ed. Paris: LGDJ, 2007, 30. ed., cit., p. 771.

Bandeira de Mello, estritamente circunscritos ao "arranjo intestino dos órgãos e competências *já criados por lei*",[4] de modo que o decreto presidencial não assume a característica de inovar decisivamente o ordenamento jurídico, o que é peculiar à figura estrangeira do regulamento autônomo.[5]

Se é certo que o Constituinte recusou-se a admitir o regulamento autônomo, pelo menos nos moldes daquele previsto na Constituição francesa, não é menos certo que procurou dotar o Executivo de competência para, sem a necessidade de prévia autorização do Congresso e em situações especialmente relevantes e urgentes, editar comando normativo dotado de força de lei.[6]

Deveras, o art. 62, *caput*, da Lei Fundamental estabelece que "Em caso de relevância e urgência, o Presidente da República poderá adotar medidas

---

4. MELLO, Celso Antônio Bandeira de. *Curso de direito administrativo*. 25. ed. São Paulo: Malheiros, 2008, p. 336-337. (Grifos no original). Nada obstante a advertência do autor quanto ao teor da alínea *b* do art. 84, VI, que prevê a possibilidade de o Chefe do Executivo extinguir cargos públicos quando vagos, chamando atenção para o fato de um decreto poder desfazer algo imposto pela lei formal.

5. Para Marçal Justen Filho, o regime parlamentarista de governo é muito mais propício à recepção do regulamento autônomo, em razão da relação de confiança existente entre Parlamento e Governo, e que dá sustentação a este último (JUSTEN FILHO, Marçal. *O direito das agências reguladoras independentes*. São Paulo: Dialética, 2002. p. 496). Eros Roberto GRAU (*O direito posto...* cit., p. 251-254) admite existir no direito brasileiro o regulamento autônomo enquanto *atribuição implícita de função normativa* conferida pela Constituição ao Poder Executivo. Segundo o autor, precisamente por não configurar usurpação de competência legislativa é que o regulamento autônomo é compatível com o equilíbrio entre os poderes. Assim, poderiam ser criadas obrigações de fazer ou não fazer via regulamento autônomo, desde que circunscritas ao âmbito de competência material do Executivo. No sentido de que o decreto do art. 84, VI, não tem força autônoma, que lhe permita inovar originariamente a ordem jurídica: MENDES, Gilmar Ferreira; COELHO, Inocêncio Mártires. *Curso de Direito Constitucional*. São Paulo: Saraiva, 2007. p. 871; VIEIRA, José Roberto et al. Perfil constitucional do regulamento e alguns reflexos tributários. *Revista da Academia Brasileira de Direito Constitucional*, n. 4, 2003, p. 195 e 210-211. Em defesa do decreto autônomo enquanto espécie normativa primária no ordenamento jurídico pátrio: AMARAL JUNIOR, José Levi Mello do. *Decreto autônomo:* questões polêmicas. Disponível em: [http://www.planalto.gov.br].

6. Nesse sentido, lembra Sérgio de Andréa Ferreira o seguinte: "Ponto importante é que os correspondentes estrangeiros da medida provisória são institutos típicos de regimes parlamentaristas; e, com essa peculiaridade, foi introduzido no projeto da Comissão temática de Poderes do Estado, copiando-se o que está na Constituição italiana (art. 77, 2.ª e 3.ª partes), já que os trabalhos constituintes, de início, se dirigiam para o regime presidencialista, ainda que por muitos considerado híbrido. E o que aconteceu foi uma tentativa de adaptação, não de todo pertinente do instituto a esse outro regime" (FERREIRA, Sérgio de Andréa. Medida provisória: natureza jurídica. *Revista Trimestral de Direito Público*, São Paulo, n. 1, 1993).

provisórias, com força de lei, devendo submetê-las de imediato ao Congresso Nacional." A EC 32/2001 alterou substancialmente o art. 62, modificando: a) o tempo de eficácia das medidas provisórias, que passou de 30 para 60 dias; e b) a apreciação das medidas na hipótese de ser editada durante recesso do Congresso Nacional, de modo que, conforme a redação anterior, haveria convocação extraordinária das Casas para reunir-se em cinco dias, ao passo que na redação providenciada pela EC 32/2001 o prazo eficacial suspende-se durante o recesso.[7]

A Emenda trouxe, também, além das modificações, acréscimos que podem assim ser agrupados: a) limitações substantivas, fixando as matérias que não poderão ser objeto de legislação extraordinária (art. 62, § 1.º); b) possibilidades de diferimento e elastecimento da eficácia da medida provisória (art. 62, §§ 2.º, 3.º, 1.ª parte, 4.º e 7.º); e c) regras procedimentais para a tramitação dos provimentos de urgência no âmbito do Congresso Nacional (arts. 57, § 8.º, e 62, §§ 3.º, 2.ª parte; 5.º; 6.º; 8.º e 9.º). Eis a atual redação do art. 62 da Constituição Federal:

"Art. 62. Em caso de relevância e urgência, o Presidente da República poderá adotar medidas provisórias, com força de lei, devendo submetê-las de imediato ao Congresso Nacional.

"§ 1º É vedada a edição de medidas provisórias sobre matéria:

I – relativa a:

a) nacionalidade, cidadania, direitos políticos, partidos políticos e direito eleitoral;

b) direito penal, processual penal e processual civil;

c) organização do Poder Judiciário e do Ministério Público, a carreira e a garantia de seus membros;

d) planos plurianuais, diretrizes orçamentárias, orçamento e créditos adicionais e suplementares, ressalvado o previsto no art. 167, § 3º;

II – que vise a detenção ou seqüestro de bens, de poupança popular ou qualquer outro ativo financeiro;

III – reservada a lei complementar;

IV – já disciplinada em projeto de lei aprovado pelo Congresso Nacional e pendente de sanção ou veto do Presidente da República.

---

7. A redação anterior do art. 62 dispunha que "em caso de relevância e urgência, o Presidente da República poderá adotar medidas provisórias, com força de lei, devendo submetê-las de imediato ao Congresso Nacional que, estando em recesso, será convocado extraordinariamente para se reunir no prazo de cinco dias". O parágrafo único do citado dispositivo completava: "as medidas provisórias perderão eficácia, desde a edição, se não forem convertidas em lei no prazo de trinta dias, a partir de sua publicação, devendo o Congresso Nacional disciplinar as relações jurídicas delas decorrentes".

§ 2º Medida provisória que implique instituição ou majoração de impostos, exceto os previstos nos arts. 153, I, II, IV, V, e 154, II, só produzirá efeitos no exercício financeiro seguinte se houver sido convertida em lei até o último dia daquele em que foi editada.

§ 3º As medidas provisórias, ressalvado o disposto nos §§ 11 e 12 perderão eficácia, desde a edição, se não forem convertidas em lei no prazo de sessenta dias, prorrogável, nos termos do § 7º, uma vez por igual período, devendo o Congresso Nacional disciplinar, por decreto legislativo, as relações jurídicas delas decorrentes.

§ 4º O prazo a que se refere o § 3º contar-se-á da publicação da medida provisória, suspendendo-se durante os períodos de recesso do Congresso Nacional.

§ 5º A deliberação de cada uma das Casas do Congresso Nacional sobre o mérito das medidas provisórias dependerá de juízo prévio sobre o atendimento de seus pressupostos constitucionais.

§ 6º Se a medida provisória não for apreciada em até quarenta e cinco dias contados de sua publicação, entrará em regime de urgência, subseqüentemente, em cada uma das Casas do Congresso Nacional, ficando sobrestadas, até que se ultime a votação, todas as demais deliberações legislativas da Casa em que estiver tramitando.

§ 7º Prorrogar-se-á uma única vez por igual período a vigência de medida provisória que, no prazo de sessenta dias, contado de sua publicação, não tiver a sua votação encerrada nas duas Casas do Congresso Nacional.

§ 8º As medidas provisórias terão sua votação iniciada na Câmara dos Deputados.

§ 9º Caberá à comissão mista de Deputados e Senadores examinar as medidas provisórias e sobre elas emitir parecer, antes de serem apreciadas, em sessão separada, pelo plenário de cada uma das Casas do Congresso Nacional.

§ 10. É vedada a reedição, na mesma sessão legislativa, de medida provisória que tenha sido rejeitada ou que tenha perdido sua eficácia por decurso de prazo.

§ 11. Não editado o decreto legislativo a que se refere o § 3º até sessenta dias após a rejeição ou perda de eficácia de medida provisória, as relações jurídicas constituídas e decorrentes de atos praticados durante sua vigência conservar-se-ão por ela regidas.

§ 12. Aprovado projeto de lei de conversão alterando o texto original da medida provisória, esta manter-se-á integralmente em vigor até que seja sancionado ou vetado o projeto".

Foi, recentemente, aprovada pelo Senado Federal e pela Câmara dos Deputados a PEC 91/2019. Ela, como a EC 32/2001, muda o regime jurídico das providências de urgência, particularmente em relação ao sistema de prazos, contemplando lapsos próprios para a manifestação da Comissão Mista e as deliberações do Senado e da Câmara, sob pena de rejeição tácita da medida provisória. A PEC, igualmente, prevê prazos de trancamento de pauta específicos para cada uma dessas etapas. A PEC, aprovada em julho de 2019 pelo Congresso Nacional, no momento em que esta publicação é finalizada, não foi, ainda, levada à promulgação em razão de desentendimento entre a Câmara e o Senado a propósito da natureza de suposta emenda de redação aprovada pelo último. Reclama a Câmara Baixa a necessidade de nova apreciação. A seguir o texto da PEC 91/2019:

"Art. 62. (...)

§ 3º As medidas provisórias, ressalvado o disposto nos §§ 11 e 12 deste artigo, perderão eficácia, desde a edição, devendo o Congresso Nacional disciplinar, por decreto legislativo, as relações jurídicas delas decorrentes, se não forem:

I – aprovadas pela Câmara dos Deputados no prazo de quarenta dias, contado do decurso do prazo previsto no § 9º ou do segundo dia útil seguinte ao recebimento do parecer da comissão mista;

II – aprovadas pelo Senado Federal no prazo de trinta dias, contado do segundo dia útil seguinte à aprovação pela Câmara dos Deputados;

III – apreciadas pela Câmara dos Deputados eventuais emendas do Senado Federal à medida provisória ou ao projeto de lei de conversão, no prazo de dez dias, contado do segundo dia útil seguinte à aprovação pelo Senado Federal.

§ 4º Os prazos a que se referem os §§ 3º e 9º suspendem-se durante os períodos de recesso do Congresso Nacional.

(...)

§ 6º A medida provisória entrará em regime de urgência, sobrestando todas as demais deliberações legislativas da respectiva Casa, com exceção das que tenham prazo constitucional determinado e das proposições que veiculem matéria vedada a medida provisória, nas seguintes hipóteses:

I – a partir do trigésimo dia do prazo a que se refere o inciso I do § 3º;

II – a partir do vigésimo dia do prazo a que se refere o inciso II do § 3º; e

III – durante todo o prazo a que se refere o inciso III do § 3º.

§ 7º (Revogado)

(...)

§ 9º As medidas provisórias serão apreciadas, em sessão separada, pelo plenário de cada uma das Casas do Congresso Nacional, após a emissão de parecer, indispensável, por comissão mista de Deputados e Senadores, que deverá ser proferido no prazo de quarenta dias, contado do segundo dia útil seguinte à sua edição.

§ 10. É vedada a reedição de matéria constante de medida provisória na mesma sessão legislativa em que tenha sido rejeitada ou perdido sua eficácia por decurso de prazo.

(...)

§ 13. A medida provisória e o projeto de lei de conversão não conterão matéria estranha a seu objeto ou a este não vinculada por afinidade, pertinência ou conexão." (NR)

Art. 2º Revoga-se o § 7º do art. 62 da Constituição Federal.

Art. 3º Esta Emenda Constitucional entra em vigor na data de sua publicação e não se aplica a medidas provisórias em tramitação no Congresso Nacional ou em suas Casas."

Além de participar do processo legislativo ordinário mediante o poder de iniciativa (por vezes privativo) ou em virtude da aposição de veto (ou sanção), seja ainda promulgando (e consequentemente publicando) as leis, o Executivo encontra-se, finalmente, autorizado a exercer atividade legiferante em duas situações. Está-se a referir às leis delegadas e às medidas provisórias.

Porque a lei delegada[8] não tem sido, na história recente de nosso país, muito mais do que mera previsão constitucional[9] (situação desafiadora de severa crítica), melhor utilidade colherá o presente estudo ao concentrar-se na análise das medidas provisórias.

---

8. CLÈVE, Clèmerson Merlin. *Atividade legislativa do Poder Executivo.* 3. ed. São Paulo: Ed. RT, 2011. RAO, Vicente. *As delegações legislativas no parlamentarismo e no presidencialismo.* São Paulo: Max Limonad, 1966. FERREIRA FILHO, Manoel Gonçalves. *Do processo legislativo.* 6. ed. rev. e atual. São Paulo: Saraiva, 2007.

9. FERREIRA FILHO, em forte crítica às medidas provisórias (ao ato normativo em si, e não apenas ao seu uso abusivo), oferece algumas sugestões quanto às possíveis razões para o não uso da delegação legislativa no direito brasileiro. Nesse sentido, o autor afirma que, a) o Presidente não precisaria utilizar esse instrumento normativo, já que dispõe de outro mais direto e eficaz, qual seja, a medida provisória; b) ao Presidente não seria conveniente "pedir" ao Congresso permissão para legislar, pois correria, além de tudo, o risco de ter que fazê-lo dentro de estritos parâmetros fixados pelos legisladores; e c) porque exigida a deliberação do Congresso, o projeto do Presidente poderia ser rejeitado (FERREIRA FILHO, Manoel Gonçalves. As medidas provisórias como fonte de insegurança jurídica. In: MARTINS, Ives Gandra da Silva (Coord.). *Direito contemporâneo:* estudos em homenagem a Oscar Dias Corrêa. Rio de Janeiro: Forense Universitária, 2001, p. 218.

3

Antecedentes

O Presidente da República emana atos normativos primários: as chamadas medidas provisórias. Nesse caso, o Chefe do Poder Executivo desenvolve competência diretamente atribuída pela Constituição.

As Constituições de 1824, 1891, 1934 e 1946 não conferiam ao Presidente da República análoga competência. As de 1967 e 1969 contemplaram a figura do decreto-lei. Assim também a Constituição de 1937. Quanto a esta, além de definir que a atividade normativa do Poder Legislativo resumir-se-ia à fixação de princípios ("leis de quadro" ou "de base") que, posteriormente, seriam desenvolvidos pela atividade regulamentar, deferiu ao Executivo extensa competência legislativa a ser exercitada por meio de decretos-leis.

A Constituição de 1937, como se sabe, jamais entrou integralmente em vigor, tendo o Presidente da República se valido, diante da não reunião do Legislativo e durante todo o período do Estado Novo, da competência legislativa da União.[1] A Constituição nasceu em um período difícil para o Direito. Uma época – felizmente sepultada pelo constitucionalismo democrático – de desconfiança com a democracia e de defesa de Estados fortes, centralizadores e autoritários (quando não totalitários: Alemanha e Itália sob o nazismo e o fascismo).

A Constituição de 1967 autorizava o Chefe do Poder Executivo, em casos de urgência ou interesse público relevante, a expedir decretos com força de lei em matéria de segurança nacional e finanças públicas. Do decreto com força de lei não poderia resultar aumento de despesa. O ato, uma vez publicado, produzia efeitos imediatos, cabendo ao Congresso Nacional aprová-lo ou rejeitá-lo, vedada a emenda, no prazo de sessenta dias. Inocorrendo deliberação congressual, ter-se-ia o texto por aprovado (hipótese de aprovação tácita).[2]

---

1. Assim dispunha o art. 180 da CF de 1937: "Enquanto não se reunir o Parlamento nacional, o Presidente da República terá o poder de expedir decretos-leis sobre todas as matérias da competência legislativa da União."
2. Cf. art. 58 da Constituição de 1967: "O Presidente da República, em casos de urgência ou de interesse público relevante, e desde que não resulte aumento de despesa, poderá expedir decretos com força de lei sobre as seguintes matérias: I – segurança nacional;

A Emenda Constitucional 1 de 1969 referiu-se não ao decreto com força de lei, mas já ao decreto-lei nos seguintes termos:

"Art. 55. O Presidente da República, em casos de urgência ou de interesse público relevante, e desde que não haja aumento de despesa, poderá expedir decretos-leis sobre as seguintes matérias:

"I – segurança nacional;

II – finanças públicas, inclusive normas tributárias; e

III – criação de cargos públicos e fixação de vencimentos.

§ 1.º Publicado o texto, que terá vigência imediata, o decreto-lei será submetido pelo Presidente da República ao Congresso Nacional, que o aprovará ou rejeitará, dentro de sessenta dias a contar do seu recebimento, não podendo emendá-lo; se, nesse prazo, não houver deliberação, aplicar-se-á o disposto no § 3.º do art. 51.

§ 2.º A rejeição do decreto-lei não implicará a nulidade dos atos praticados durante a sua vigência.

Art. 51. (...)

§ 3.º Na falta de deliberação dentro dos prazos estipulados neste artigo e parágrafos anteriores, considerar-se-ão aprovados os projetos."

A EC 22/82, por seu turno, alterou o especificado no § 3.º do art. 51, que ficou assim redigido:

Art. 51 (...)

§ 3.º Na falta de deliberação dentro dos prazos estabelecidos neste artigo e no parágrafo anterior, cada projeto será incluído automaticamente na ordem do dia, em regime de urgência, nas dez sessões subsequentes em dias sucessivos; se, ao final dessas, não for apreciado, considerar-se-á definitivamente aprovado."

3.1. Medida provisória e Decreto-lei

Há importantes diferenças entre a medida provisória e o antigo decreto-lei. Deveras, (i) os pressupostos autorizadores não são exatamente os mesmos. A medida provisória pode ser adotada em caso de relevância e urgência (os dois pressupostos reclamam realização simultânea); já o decreto-lei tinha como supostos habilitantes a urgência *ou* o interesse público relevante; (ii) o Executivo não estava, por intermédio de decreto-lei, autorizado a aumentar as despesas públicas, sendo certo que essa restrição não ocorre em relação às

---

II – finanças públicas. Parágrafo único – Publicado, o texto, que terá vigência imediata, o Congresso Nacional o aprovará ou rejeitará, dentro de sessenta dias, não podendo emendá-lo; se, nesse prazo, não houver deliberação o texto será tido como aprovado."

medidas provisórias;[3] (iii) a eficácia temporal da medida provisória corresponde, tal qual o dec.-lei, a sessenta dias; no entanto, as medidas provisórias podem ter esse prazo elastecido em razão *a)* de prorrogação por igual período ou *b)* da suspensão ocorrente em período de recesso do Congresso Nacional; (iv) a Constituição de 1988 definiu, após a EC 32/2001, expressamente, as matérias não suscetíveis de tratamento pela medida provisória; já a Constituição revogada, ao contrário, autorizava a adoção de decretos-leis, apenas, nos casos de *a)* segurança nacional, *b)* finanças públicas, inclusive normas tributárias e *c)* criação de cargos públicos e fixação de vencimentos; (v) se não convertidas em lei no prazo constitucionalmente definido, as medidas provisórias perdem eficácia desde a sua edição (*ex tunc*);[4] já os decretos-leis, ultrapassado o prazo de sessenta dias, observado o disposto no art. 51, § 3.º, da Constituição revogada, com a redação oferecida pela Emenda Constitucional 22/82, sem manifestação do Congresso Nacional, eram tidos por aprovados; (vi) conquanto não haja, na Constituição,[5] disposição expressa a respeito, tem-se que, no processo de conversão da medida provisória em lei formal, pode o Legislativo valer-se do poder de emenda; ao contrário, o texto constitucional anterior vedava expressamente a possibilidade de qualquer tipo de emenda ao decreto-lei; (vii) a medida provisória que não tiver sua votação encerrada no prazo de 60 dias poderá sofrer prorrogação por igual período, após o que, mesmo que não concluída a apreciação parlamentar, perde eficácia; idêntica previsão não teria sentido em relação aos decretos-leis, que, caso não votados em tempo, eram tácita e definitivamente aprovados. O mesmo pode-se dizer quanto à vedação de reedição, na mesma sessão legislativa, da medida provisória rejeitada ou não apreciada, daí por que inexistente previsão semelhante em relação ao decreto-lei; (viii) em relação às medidas provisórias há dispositivo conferindo ao Congresso Nacional o dever de regular, por decreto legislativo, as relações jurídicas decorrentes em caso de não conversão em lei no prazo previsto; semelhante previsão inexistia quanto aos decretos-leis.

---

3. Tal restrição, agora, atine à competência presidencial para emanar decretos regulamentares sobre organização e funcionamento da administração federal, na forma do art. 84, VI, *a*, da Constituição, também alterado pela EC 32/2001.
4. Ressalvada a situação em que, mesmo após o decurso do prazo de 60 dias, na falta do decreto legislativo a que se refere o § 3.º do art. 62, o provimento continuar regendo as relações jurídicas constituídas e decorrentes de atos praticados sob sua égide (cf. art. 62, § 11).
5. A Resolução 01/2002 do Congresso Nacional, que regulamenta o trâmite congressual das medidas provisórias, autoriza o oferecimento de emendas, na forma do art. 4.º e parágrafos daquela Resolução.

No contexto do regime anterior ao instituído pela Emenda Constitucional 32/2001, afirmava-se que o decreto-lei oferecia maior segurança jurídica que as medidas provisórias, porque estas, caso rejeitadas ou não convertidas em lei, perderiam eficácia *ex tunc*, gerando incerteza e insegurança às relações jurídicas nascidas durante sua vigência.[6] Contudo, tal ideia não mais pode prosperar, tendo em vista que, pelo atual regime, se não for editado o decreto legislativo regulamentador das relações jurídicas havidas sob a égide de medida rejeitada ou não convertida, esta continuará regendo as relações por meio dela constituídas ou dela decorrentes.

Não se podem olvidar os contextos nos quais as duas espécies normativas apareceram. A disciplina do decreto-lei, residente em uma Constituição autoritária, não foi capaz de refrear os abusos do Executivo. Aliás, reduzidas as possibilidades de controle, a Constituição parecia convidar o Presidente da República à prática do abuso. Tudo se passa de modo diferente com a medida provisória, incorporada a uma Constituição democrática, cujos princípios apontam para a excepcionalidade da atuação normativa de urgência do Poder Executivo, ampliando as possibilidades de controle do Legislativo e do Judiciário e restabelecendo um verdadeiro sistema de freios e contrapesos. O fato de, também agora, o Executivo abusar da sua competência normativa de urgência, revela *menos* as deficiências encontráveis na disciplina da medida provisória (e elas, de fato, existem) e *mais* a notória incapacidade dos poderes constituídos de atuarem as respectivas possibilidades de controle à vista de uma compreensão adequada da Constituição. De nada adianta uma nova Lei Fundamental se os operadores jurídicos continuam prisioneiros dos paradigmas construídos no passado.

3.2. Medida provisória e *Decreto-legge*

No que pertine à disciplina constitucional do ato normativo de urgência, no Brasil e na Itália, as diferenças mais significativas resumem-se (i) à expressa previsão constitucional das matérias vedadas à legislação de urgência, (ii) à definição dos pressupostos habilitantes, (iii) à atuação normativa do Parlamento na hipótese de não conversão em lei formal (livre ou vinculada),

6. FERREIRA FILHO, Manoel Gonçalves. As medidas provisórias: novas observações particularmente quanto aos efeitos de sua renovação. *Repertório IOB de Jurisprudência*: Tributário e Constitucional, São Paulo, n. 5, mar. 1989, p. 51. Nas palavras do autor, "o decreto-lei resguarda melhor que a medida provisória o valor que é a segurança jurídica. Realmente, as normas que editava, embora pudessem ser rejeitadas pelo Congresso Nacional, produziam efeitos válidos. Em consequência tinham de ser cumpridas, custasse o que custasse. A medida provisória, não. Como ela perde *ex tunc* sua eficácia, caso não seja convertida em lei, resta de pé a dúvida sobre se as normas que impõe serão ou não convertidas em lei".

(iv) à caracterização do momento da apresentação da medida ao Legislativo para efeito de conversão e, finalmente, (v) ao órgão constitucional dotado de competência para adotá-la.

O prazo, hoje, no Brasil, é de sessenta dias, tal qual na Itália, podendo, todavia, no caso brasileiro, o provimento de urgência ser prorrogado por igual período, sobre o que silencia a Constituição Italiana. Se os pressupostos habilitantes, em nosso país, são a urgência e a relevância, na Itália os decretos-leis só podem ser adotados em casos extraordinários de necessidade e urgência, permitindo, em relação ao primeiro pressuposto, porque menos sujeito a controvérsia, maior possibilidade de controle. Ocorrente hipótese de não conversão, enquanto no Brasil o Congresso Nacional deverá (por decreto legislativo), na Itália o Legislativo poderá (mediante lei – *legge sanatoria*), regular as relações nascidas sob a égide da medida provisória. Diferença menor diz respeito ao momento da apresentação da medida ao Poder Legislativo para efeito de conversão. Enquanto nos termos da Constituição italiana a medida adotada será apresentada no mesmo dia, a Constituição brasileira utiliza a expressão "de imediato".[7] Em ambas as situações, porém, o ato normativo, manifestando-se rejeição ou não apreciação parlamentar, perderá eficácia desde a sua publicação.

Por fim, há importante dessemelhança no que se refere ao órgão competente para a adoção da providência legislativa de urgência. No Brasil, cumpre ao Presidente da República, Chefe de Estado e de Governo, editá-la,[8] na Itália, ao Governo.[9] A distinção decorre, obviamente, da eleição do regime de governo. Lembra Raul

---

7. Não obstante o art. 2.º, § 1.º, da Resolução 01/2002 do Congresso Nacional explicite que, no mesmo dia da publicação em Diário Oficial, a medida provisória deverá ser encaminhada ao Congresso, acompanhada da respectiva mensagem presidencial e de documento expondo a motivação do ato.

8. Embora, no caso brasileiro, admita-se que os Ministros de Estado encaminhem ao Chefe do Executivo propostas de medida provisória, para a normatização de matérias dentro do âmbito de competência das respectivas pastas ministeriais, na forma dos arts. 33 a 35 do Decreto 9.191/2017. Assim, encaminhada a proposta ministerial, e sendo esta aceita pelo Presidente, a este caberá, apenas, editá-la. Nesse sentido, COELHO, Silvia Regina Santos. *O excesso de medidas provisórias e o problema da autonomia e independência do Poder Legislativo*: impasses e dilemas. Brasília: UnB, 2007. p. 49.

9. No caso italiano, a deliberação sobre teor do decreto-lei dá-se, apenas, no âmbito do Conselho de Ministros, o qual encaminhará o expediente ao Presidente da República, para que publique o ato permitindo-lhe, desse modo, surtir os respectivos efeitos jurídicos. Assim, o Chefe de Estado não participa volitivamente na emanação do provimento de urgência. Nesse sentido é que a doutrina aponta para a impossibilidade de responsabilização do Presidente da República quanto à adoção de decretos-leis eventualmente ilegítimos. Sobre o tema, ver KADRI, Omar Francisco do Seixo. *O Executivo legislador: o caso brasileiro*. Coimbra: Coimbra Editora, 2004. p. 138-147.

Machado Horta que "(...) a diferença que decorre da iniciativa marca a distância que separa o regime parlamentar do regime presidencial. Na Itália, os *provvedimenti provvisori* dependem de iniciativa do Governo, isto é, do Conselho de Ministros, órgão colegiado de deliberação, e a iniciativa atrai, desde logo, a responsabilidade do Governo, conforme dispõe a Constituição. No Brasil, a iniciativa das medidas provisórias pertence, isoladamente, ao Presidente da República, juiz monocrático de sua relevância e urgência, no exercício de competência privativa (*Constituição da República*, art. 84, XXVI). A posição que ocupa o Presidente da República no regime presidencial aconselha que a análise e a aplicação das medidas provisórias reflitam as peculiaridades desse regime (...)".[10]

Questão polêmica concerne às consequências que a adoção do parlamentarismo ou do presidencialismo pode aportar para a compreensão do regime jurídico das medidas provisórias. Eros Roberto Grau, por exemplo, entende que a questão não assume maior importância.[11]

Cumpre levar em conta, entretanto, a advertência de Marcelo Cerqueira: "no sistema presidencial, a separação de poderes possui categoria axiologicamente diferenciada da separação dos sistemas de gabinete. Aqui, como nos Estados Unidos da América, matriz da família constitucional a que se filia a república, a separação supõe a independência entre Poderes, que a medida provisória rompe".[12] No mesmo sentido, pronuncia-se Sérgio de Andréa Ferreira, segundo o qual a medida provisória deve ser considerada dentro do sistema jurídico-constitucional brasileiro.[13]

---

10. HORTA, Raul Machado. *Direito Constitucional*. 4. ed. rev. e atual. Belo Horizonte: Del Rey, 2003, p. 580. É bom lembrar que a Constituinte de 87/88 se encaminhava para adotar, inicialmente, o semipresidencialismo ou o parlamentarismo, como querem alguns, entre os quais Eros Grau.

11. GRAU, Eros Roberto. Medidas provisórias na Constituição de 1988. *Revista dos Tribunais,* vol. 658, p. 241. Para o autor: "Este, portanto, o aspecto a deixar bem vincado: medidas provisórias são leis especiais dotadas de vigência provisória e imediata. Por isso mesmo tenho que não merece tamanha importância, o fato de o constituinte ter buscado inspiração, para a redação do enunciado do art. 62, ao tempo em que elaborava uma Constituição para regime parlamentarista, no art. 77 da Constituição italiana. O que importa e tem significação jurídica, no art. 62 da nossa Constituição, é a norma revelada pelo seu enunciado semântico (Canotilho). A ponderação do fato acima referido tem valor histórico apenas: não normativo. A intenção ou vontade do legislador constituinte nada aponta de significativo para a interpretação jurídica. É um critério decrépito (Carlos Maximiliano) esse de fundar a interpretação naquelas intenções ou vontades. No mais, pernicioso e perigoso, na medida em que sujeita a aplicação da Constituição às distorções psíquicas, quando não do intérprete, do próprio constituinte."

12. CERQUEIRA, Marcelo. Medida provisória: a miséria da lei. *Revista Trimestral de Direito Público*, São Paulo, n. 11, 1995. p. 163.

13. FERREIRA, Sérgio de Andréa, op. cit., p. 153.

Que o regime jurídico da medida provisória no Brasil deve refletir as peculiaridades do presidencialismo, já alertou, certa feita, Raul Machado Horta.[14] Afinal, o Executivo, entre nós, não pode ser responsabilizado, politicamente, pela edição da medida provisória, sendo a rejeição a única consequência da manifestação desfavorável do Legislativo. Por outro lado, inocorre, em nosso país, qualquer debate prévio acerca das providências adotadas, uma vez que substanciam matéria de exclusiva competência do Presidente da República (órgão unipessoal e não colegiado como o Governo no parlamentarismo).[15] Inviabilizados o contraditório prévio, ainda que no contexto do Governo, e a censura política, é evidente que a atividade legislativa de urgência do Presidente da República haverá de deparar-se com limites ainda mais estreitos que aqueles encontráveis na experiência constitucional italiana. E o controle político será maior ou menor, conforme o regime de governo.[16] Por essa razão, concorde-se que a excepcionalidade do exercício da função legislativa pelo Executivo em nosso país deve ser mais marcante que a da Itália.

Isso não impede o aproveitamento da rica experiência jurídica daquele país. Ao contrário, o acesso à doutrina e à jurisprudência italianas é inevitável. Não obstante, cumpre ter claro que, no Brasil, a interpretação do art. 62 da Constituição Federal há de levar em conta o todo constitucional, especialmente os princípios constitucionais, responsáveis pela identidade da Lei Fundamental, assim como a natureza do regime de governo adotado. Só assim será possível compreender a medida provisória como instrumento normativo primário posto à disposição do Presidente da República, exclusivamente, para fazer frente a situações verdadeiramente extraordinárias, urgentes e imprevistas, vedada a sua transformação em meio ordinário de legislação.[17]

---

14. HORTA, *Estudos de direito constitucional*. Belo Horizonte: Del Rey, 1995, p. 581.
15. ÁVILA, Humberto Bergmann. *Medida provisória na constituição de 1988*. Porto Alegre: Sergio Antonio Fabris, 1997, p. 38-39.
16. O modo como esse controle é operado nos regimes parlamentaristas pode ser consultado em LANGROD, op. cit., p. 25-65.
17. Santi Romano trata das ordenanças de necessidade, sublinhando "(...) seu caráter extraordinário e excepcional, que está em conexão com o caráter igualmente extraordinário e excepcional das circunstâncias que permitem sua emanação (...)" (ROMANO, Santi. *Princípios de direito constitucional geral*. São Paulo: Ed. RT, 1977. p. 349). Enfocando os decretos-leis, em lição aplicável às medidas provisórias: Tércio Sampaio Ferraz Júnior teve ocasião de assinalar: "Tratando-se, entanto, de uma exceção à regra, esta só deve ser aceita em última instância" (FERRAZ JÚNIOR, Tércio Sampaio. O artigo 55 da constituição e a vigência e eficácia dos decretos-leis sobre a política salarial. *Revista de Direito Público*, n. 68, p. 139).

4

Procedência e veículo das Medidas Provisórias

4.1. Procedência

O constituinte encontrou na experiência constitucional italiana a inspiração para a instituição da medida provisória no Brasil. A Itália unificada conheceu apenas duas Constituições. O Estatuto Albertino, flexível, de 1848, e a vigente Lei Fundamental, de 1947, promulgada após a queda do regime fascista e o fim da segunda Grande Guerra. A primeira Constituição italiana desconhecia a medida provisória. Não obstante, em situações de emergência, o Governo editava decretos com força de lei e depois os submetia à apreciação parlamentar. Embora com a desaprovação de boa parte da doutrina e tentativas isoladas da jurisprudência no sentido de circunscrever o uso dos decretos com força de lei, o expediente acabou incorporado à prática constitucional com a invocação da necessidade como fonte autônoma do direito.[1] Os graves problemas sociais e econômicos ocorridos no pós-Primeira Guerra Mundial e demandantes de pronta solução foram utilizados para justificar o expediente. Nesse compasso, alguns juristas inclusive aceitaram a edição das medidas argumentando tratar-se de *negotiorum gestio del'esecutivo a favore del legislativo*.[2]

A Lei 100, de 31 de janeiro de 1926, conferiu expressamente ao Governo o poder de editar decretos-leis nos casos de absoluta e urgente necessidade. Entretanto, já em 1939 (Lei 129, de 19 de janeiro) o legislador pretendeu desestimular o uso da espécie normativa, admitindo-a, em determinadas hipóteses, mas, em especial, para disciplinar urgentes medidas de cunho financeiro e tributário e, igualmente, em caso de estado de guerra.[3]

Por ocasião da elaboração da Constituição de 1947, pleiteou-se a supressão dos decretos-leis.[4] Entretanto, sustentando os constituintes que a não adoção da

---

1. Na Itália, o decreto-lei era considerado, num primeiro momento, contrário ao Estatuto Albertino, sendo, depois, tolerado e, por fim, regulado pelo fascismo com a Lei 100, de 31 de janeiro de 1926 (BARILE, Paolo. *Corso di diritto costituzionale*. 2. ed. Padova: Cedam, 1964, p. 201).
2. VIRGA, Pietro. *Diritto costituzionale*. 6. ed. Milano: Giuffrè, 1967, p. 365.
3. Idem.
4. ESPOSITO, Carlo. Decreto-legge. *Enciclopedia del diritto*. Giuffrè, 1958. p. 833.

medida poderia, em situações emergenciais, desafiar o renascimento de decretos de urgência e necessidade não autorizados e, portanto, ilegítimos, preferiram aceitá-la, disciplinando, não obstante, os requisitos para a sua adoção.

Por isso, Paolo Biscaretti Di Ruffia assinala que a Constituição italiana atual, "(...) depois de algumas incertezas evidenciadas na Constituinte por oposição de vários de seus membros a qualquer referência a tal instituto – acabou admitindo-a explicitamente, se bem que com múltiplas cautelas e limitações, em grande medida determinadas pela experiência (não muito agradável!) havida na Itália (...)".[5]

A Lei 400, de 23 de agosto de 1988, em seu art. 15 e parágrafos, circunscreve alguns limites, tanto procedimentais quanto substanciais, para a emanação do decreto de necessidade e urgência.[6] O § 1.º daquele artigo determina que o ato do Executivo seja expressamente denominado "decreto-lei" e indique, no preâmbulo, as circunstâncias extraordinárias de necessidade e de urgência para a sua adoção. O § 2.º estabelece, de maneira ampla, ser vedado, mediante decreto-lei: *a)* atribuir a delegação legislativa prevista no art. 76 da Constituição; *b)* versar sobre matérias que, necessariamente, devem ser regulamentadas pelo procedimento legislativo ordinário (art. 72, § 4.º, da Constituição Italiana); *c)* renovar decretos-leis rejeitados por uma das duas Câmaras; *d)* regulamentar

5. Biscaretti Di Ruffia, op. cit., p. 494. Tradução livre.

6. No ponto, questiona-se se essa lei, por encontrar-se em patamar hierarquicamente inferior ao da Constituição, deveria, de fato, ter caráter cogente em relação ao decreto-lei, levando em conta, ainda, a possibilidade de ser modificada pela própria via da decretação de urgência. Sobre o tema, Alessandra Concaro observa que a doutrina majoritária acompanha o entendimento da Corte constitucional italiana, no sentido de que a Lei 400 de 1988 somente é cogente em relação às medidas provisórias naquilo que puder ser implicitamente dedutível da Constituição (CONCARO, Alessandra. *Il sindacato di costituzionalità sul decreto-legge*. Milano: Giuffrè, 2000, p. 57-59.). Em sentido contrário, Romboli recorda a mensagem de 29 de março de 2002, pela qual o Presidente da República restituiu às Câmaras a lei de conversão do Dec.-lei 4/2002. Na ocasião, o Presidente sustentou que a Lei 400/88 (sobretudo as previsões contidas em seu art. 15, tocantes ao decreto-lei) embora fosse uma lei ordinária, e por fixar requisitos para o uso ordinário do decreto-lei, deveria ser, tal qual as normas constitucionais, observada com rigor, apesar de a Corte constitucional já ter-se posicionado em sentido contrário (*Sentenza* 391/1995). (ROMBOLI, Roberto. Decreto-legge e giurisprudenza della Corte costituzionale. In: SIMONCINI, Andrea (org). *L'emergenza infinita*. La decretazione d'urgenza in Italia. Macerata: EUM, 2006, p. 133). Acompanha o entendimento MANZELLA, Andrea. *Il parlamento*. 3. ed. Bologna: Il Mulino, 2003. p. 361, para quem "O parâmetro de legitimidade do decreto-lei é, pois, bem complexo. Concorrem os pressupostos do art. 77 da Constituição (...) e os requisitos da lei 400 de 1988, que é sim uma lei ordinária, mas que o Presidente da República Ciampi tem enfaticamente considerado que deva 'ser, da mesma forma, rigorosamente observada'".

as relações jurídicas firmadas sob a égide do decreto-lei não convertido; *e)* repristinar a eficácia de dispositivos declarados inconstitucionais pela Corte por vício de procedimento. O § 3.º estatui que o decreto-lei deve conter medidas de imediata aplicação, e cujo conteúdo deve ser específico, homogêneo e acorde ao respectivo título. Os §§ 4.º, 5.º e 6.º fixam outras regras tocantes ao procedimento e ao conteúdo dos provimentos de urgência.

4.2. Veículo de edição

Preliminarmente, uma observação terminológica: a Constituição italiana, no art. 77, trata dos decretos-lei enquanto *medidas provisórias com força de lei*. Isso significa que, rigorosamente, no caso italiano, decreto-lei e medida provisória não se confundem, haja vista que também atos administrativos podem constituir *provvedimenti provisori*, se presentes os pressupostos autorizadores da medida de urgência. Com efeito, o art. 13 da Constituição de 1947 prevê que "em casos excepcionais de necessidade e de urgência, indicados taxativamente em lei, a autoridade de segurança pública pode adotar medidas provisórias, que devem ser comunicadas em 48 horas à autoridade judiciária e, se esta não convalidá-las nas 48 horas seguintes, têm-se por revogadas e não surtem qualquer efeito." Isso não torna incorreto o uso do termo "medida provisória" para fazer referência ao ato normativo do direito italiano, mas serve apenas para registrar que o decreto-lei é o veículo de edição apenas da medida provisória que tem *força de lei*, e não de toda e qualquer medida provisória, nos termos da Constituição Italiana.

Tanto na Espanha como na Itália, as medidas provisórias com força de lei são veiculadas por meio de decretos. Por isso, são chamadas de decretos-leis. As normativas não se confundem com o seu veículo de edição. No Brasil, o Constituinte preferiu tratar a medida provisória como espécie normativa autônoma, integrante do processo legislativo, na forma do art. 59 da Lei Fundamental, do mesmo modo que as Emendas à Constituição, as leis complementares, as leis ordinárias, as leis delegadas, as resoluções e os decretos-legislativos. Então, com a Constituição de 1988, o Presidente da República edita medidas provisórias veiculadas por um instrumento que assume idêntica denominação. O mesmo não ocorre com os regulamentos, pois veiculados por meio de decretos.[7]

7. Segundo Celso Bastos (*Curso de Direito Constitucional...* cit., p. 381), "Do ponto de vista subjetivo, isto é, encarado do ângulo da autoridade competente para sua expedição, o regulamento é próprio do Chefe do Poder Executivo, que o expede por via de decreto". Não há na doutrina jurídica brasileira (e nem na experiência) qualquer dúvida a respeito do tema.

5

Natureza jurídica

Vigente o Estatuto Albertino, na Itália, houve quem sustentasse que os *decreti-legge* constituiriam uma especial gestão de negócios do Executivo em favor do Legislativo.[1] É evidente que o entendimento, após a promulgação da Carta de 1947, não poderia sobreviver, até porque os decretos-leis alcançaram expressa disciplina constitucional. Por outro lado, não parece ser acertada a compreensão do instituto a partir de figuras próprias do direito privado.[2]

Para Carlo Esposito, diante da recepção das medidas de urgência e necessidade pela Constituição de 1947, o decreto-lei não passaria de um fato, uma excepcional eventualidade disciplinada pelo Direito.[3] Como foi anotado, vigendo o Estatuto Albertino, o Governo, em caso de necessidade, editava providências (que num primeiro momento, e rigorosamente, sabia ilegítimas) demandantes de aplicação enquanto não ocorresse reconhecimento judicial de sua condição patológica. A Assembleia Constituinte, considerando que o silêncio da Constituição nova sobre os *decreti-legge*, apontados como inevitáveis, longe de frear seu uso, acabaria por deixá-los despidos de amarras, aceitou discipliná-los. Como lembra Esposito, "movendo-se pela ideia que o estado de necessidade,

---

1. VIRGA, Pietro. *Diritto costituzionale*. 6. ed. Milano: Giuffrè, 1967, p. 365.
2. PALADIN, Lívio. Decreto-legge. *Novissimo Digesto Italiano*. Milano, v. 5, 1960. p. 287.
3. ZAGREBELSKY (*Manuale di diritto costituzionale*: il sistema delle fonti del diritto. Torino: UTET, 1993, vol. I, p. 175) critica a doutrina de Esposito e Sorretino do seguinte modo: "Esta complexa reconstrução não é, porém, em geral acolhida. Ela é contra o significado da disciplina constitucional, que prevê tais decretos como atos dotados de uma própria e definida eficácia (ainda que particularíssima) e então idôneos a integrar, ao menos momentaneamente, o sistema das fontes oficiais (...)" (tradução livre). Segundo o autor, o art. 77 da Constituição Italiana confere ao Governo uma potestade legislativa própria que encontra seu fundamento não na necessidade diretamente, mas no próprio art. 77, que dá forma jurídica à necessidade. O art. 77 precisa, ao contrário, o lugar do decreto-lei no sistema de fontes previstas e admitidas: tal lugar é aquele da lei ordinária (sobre o caráter do decreto-lei como fonte pertencente ao sistema no nível primário, e não como fonte ditada pela necessidade, Corte Constitucional 89/1966). É impossível negar, como faz Sorrentino, a característica de fonte legal do decreto-lei, nos limites do art. 77.

do qual (afirmava-se) depende a emanação dos decretos-leis, não poderia ser ignorado, e pela consideração realista da inevitabilidade e periculosidade do fenômeno, decide-se dar a ele rígida disciplina formal".[4] Por conseguinte, segundo o autor, o Constituinte italiano de 1947 não criou o decreto-lei, mas simplesmente resolveu regulá-lo enquanto providência, enquanto fato inevitável: "(...) os provimentos de urgência e necessidade do Governo são um fato que a Constituição quer dar disciplina".[5]

Com a tese, Esposito pretendeu demonstrar o caráter realmente excepcional e grave que assume a edição dos decretos-leis. Porém, de sua concepção pode derivar consequência perversa, qual seja, a impossibilidade do controle judicial. O único juiz da legitimidade da edição do decreto-lei seria o Legislativo. Incontrolável judicialmente o *fato* decreto-lei, caberia ao Judiciário, segundo Sorrentino,[6] controlar a regularidade da conversão do fato em lei. Dessa forma, a lei seria inconstitucional na hipótese de conversão de *decreto-legge* inconstitucional.[7]

No Brasil, Marco Aurélio Greco sustentou tratar-se a medida provisória de ato administrativo dotado de força de lei. Por isso, "(...) quanto à sua natureza, não difere de um decreto, igualmente um ato oriundo do Poder Executivo. A competência em que ele se apoia não é legislativa em sentido técnico. Se fosse uma competência para legislar, isto negaria a separação de Poderes, confundiria suas funções e não explicaria o desfazimento integral da medida provisória caso não convertida (...). A isto se acrescente que, nos termos do art. 62, a medida provisória é *convertida* em lei. Logo, em si mesma, não é lei, pois não se converte o que já é. Note-se, ademais, a título meramente ilustrativo, que as medidas provisórias vêm sendo publicadas no Diário Oficial como *Atos do Poder Executivo* e não como *Atos do Poder Legislativo*, o que, embora não seja decisivo para uma análise jurídica, é indicativo da maneira pela qual é concebida".[8]

---

4. ESPOSITO, Carlo. Decreto-legge. *Enciclopedia del diritto*. Milano: Giuffrè, 1958.
5. Idem, tradução livre.
6. SORRENTINO, F. Spunti sul controlo della corte costituzionale sul decreti-legge e sulle leggi di conversione. Milano: Giuffré, 1977, v. 4, p. 759 (Scritti in onore di C. Mortati).
7. Idem.
8. GRECO, Marco Aurélio. *Medidas provisórias*. São Paulo: Ed. RT, 1991, p. 9. (Grifo do autor) Esse foi o entendimento, também, de Rogério Bastos Arantes, que assim sustentava: "embora ela figure no art. 59 da Constituição como um dos mecanismos que compõem o processo legislativo, na verdade, ela é ato administrativo unilateral do Presidente da República. Tem força de lei, mas não é lei em sentido formal" (ARANTES, Rogério Bastos. *Judiciário e política no Brasil*. São Paulo: Fabesp, 1998, p. 127). Na mesma linha, argumentava Hugo de Brito Machado que a medida provisória era um

Outros pretendem que a medida provisória, embora com força de lei, substancia ato de governo (ato político, executivo ou de governo). Apanhe-se, por exemplo, o pensamento de Sérgio de Andrea Ferreira:

"A medida provisória é aquilo que se pode chamar de um ato político, executivo, isto é, aquele que, não sendo nem jurisdicional, nem legal, é um ato vinculado à execução do Direito pelo Poder próprio, que é o Executivo. Não diria, como fazem alguns autores, que se trata de um ato administrativo em sentido estrito (espécie do ato executivo), porque ele é um ato político, no sentido de ato governamental de Direito Constitucional, de órgão do Poder Político, da Chefia do Poder Executivo (...). Subjetivamente é ato executivo, eis que seu autor (sujeito ativo) é o Chefe do Poder Executivo. Formalmente, isto é, enquanto fonte de efeitos jurídicos e, assim, do ponto de vista eficacial, embora seja uma espécie individualizada, a medida provisória tem, segundo o art. 62 da CF, 'força de lei'. Embora ato executivo, a ela é atribuída essa força jurídica. Não é lei, pois que, do contrário, não teria sentido conferir-lhe tal eficácia".[9]

Substancialmente distinto é o pensamento de Saulo Ramos, para quem o Constituinte teria conferido ao Presidente da República um poder de cautela

---

ato administrativo normativo (MACHADO, Hugo de Brito. Segurança jurídica. Regulamentação das relações jurídicas decorrentes de medidas provisórias. A questão da não conversão em lei e a perda da eficácia. A derrogação de leis anteriores. *Boletim de Direito Administrativo*, São Paulo, n. 6, jun. 1997). Compartilhava desse entendimento Fran Figueiredo: "Trata-se, na realidade, de um provimento emanado da administração pública para preservar um interesse público violado ou ameaçado" (FIGUEIREDO, Fran. As medidas provisórias no sistema jurídico constitucional brasileiro. *Revista de Informação Legislativa*, Brasília, n. 110, abr.-jun. 1991). Ainda: ROCHA, Cármen Lúcia Antunes. *Constituição e medida provisória no direito brasileiro*. Pronunciamento na Câmara dos Deputados. Brasília, 1998.

9. FERREIRA, Sérgio de Andréa. Medida provisória: natureza jurídica. *Revista Trimestral de Direito Público*, São Paulo, n. 1, 1993, p. 156. Em sentido semelhante, José Roberto Vieira aprofunda a noção de medida provisória enquanto ato de governo, para concebê-la como *ato normativo primário de governo*, apenas dotado de *força de lei*. Pois, segundo o autor, embora medida provisória e lei coincidam quanto à possibilidade de inovar na ordem jurídica, diferem tanto material quanto formalmente: "a lei, caracterizada pela normalidade, permanência, consistência, eficácia pretérita preservada e independência de pressupostos; a medida provisória, excepcional, efêmera, precária, suscetível de perda de eficácia desde sempre, e restrita às hipóteses de urgência e relevância" (VIEIRA, José Roberto. Legalidade tributária e medida provisória: mel e veneno. In: FISCHER, Octavio Campos (Org.). *Tributos e direitos fundamentais*. São Paulo: Dialética, 2004, p. 194). Acompanha este entendimento OLIVEIRA, Karem. *A EC 32 e a criação ou majoração de tributos via medida provisória:* a "constitucionalização do equívoco". Dissertação de mestrado em Direito, Curitiba, Programa de Pós-Graduação em Direito da Universidade Federal do Paraná, 2005.

legislativa, que se traduz num "meio juridicamente idôneo de impedir, de um lado, na esfera das atividades normativas estatais, a consumação do *periculum in mora*, e, de outro, tornar possível a útil e eficaz prestação legislativa do Estado".[10] A ação cautelar legislativa do Presidente da República poderá ser efetivada uma vez presentes os pressupostos autorizadores que, submetendo-se ao juízo político e discricionário do Presidente, restam infensos à apreciação judicial, embora sujeitos à apreciação *a posteriori* do Legislativo.[11] A medida provisória, portanto, seria um projeto de lei[12] com força cautelar13 de lei.[13]

---

10. RAMOS, Saulo. Medida Provisória. In: *A nova ordem constitucional*: aspectos polêmicos. Conjunto de Palestras proferidas no Fórum Jurídico –Aspectos Polêmicos da Nova Ordem Constitucional – realizado em Minas Gerais. Rio de Janeiro: Forense, 1990, p. 530. Clélio Chiesa também afasta a natureza jurídica das medidas provisórias tanto da ideia de lei quanto da ideia de ato administrativo. O autor defende que as medidas provisórias não configuram exercício das funções legislativa, administrativa ou jurisdicional, mas sim da quarta espécie de função do Estado, tal qual formulada por Otto Mayer – a atividade *sui generis* do poder estatal (função política ou de governo). Essa função engloba atos que o Executivo pratica por disposição constitucional, sem se submeter a normas infraconstitucionais. Cf. CHIESA, Clélio. *Medidas provisórias*: regime jurídico-constitucional. 2. ed. rev. amp. e atual. de acordo com a EC 32/2001. Curitiba: Juruá, 2002, p. 41-42. No mesmo sentido, de que a edição da medida provisória se enquadra na função política ou de governo, enquanto quarta função do Estado, NIEBUHR, Joel de Menezes. *O novo regime constitucional da medida provisória*. São Paulo: Dialética, 2001, p. 59-67; BARIONI, Danilo Mansano. *Medidas provisórias*. São Paulo: Pillares, 2004, p. 61.
11. RAMOS, Saulo. Op. cit., p. 531.
12. Entendimento semelhante, e anterior à EC 32/2001, é o de Sérgio Sérvulo da Cunha, para quem, sem deixar de residir no mesmo patamar hierárquico das leis ordinárias, as medidas provisórias seriam um híbrido de lei e projeto de lei: "Da lei possui as características formais e materiais, menos as decorrentes de sua provisoriedade e de sua fonte. Como projeto de lei, de iniciativa do Executivo, tem tramitação própria, que deve ser finda no prazo de 30 dias, sob pena de caducidade. Define-se, pois, como um projeto de lei especial, com eficácia adiantada e resolúvel" (CUNHA, Sérgio Sérvulo da. Anamnese da medida provisória. *Revista Trimestral de Direito Público*, São Paulo, n. 26, p. 77-114, 1999.).
13. No ponto, traçando um paralelo com o provimento cautelar no âmbito processual civil, José Levi Mello do Amaral Junior pontua a impropriedade da recepção do termo no que toca à competência presidencial para editar medidas provisórias. Nesse sentido, o autor observa que a medida cautelar não teria natureza satisfativa, mas apenas assecuratória do provimento pretendido, ao passo que a medida provisória, por outro lado, a partir da sua edição surte efeitos e, por essa razão, desde logo satisfaz a pretensão da normativa que se pretende fazer virar lei. (AMARAL JUNIOR, José Levi Mello do. *Medida Provisória e sua conversão em lei*. A Emenda Constitucional 32 e o papel do Congresso Nacional. São Paulo: 2ª. Ed. RT, 2012, p. 108).

Há, ainda, aqueles que aceitam ter a medida provisória natureza de lei. Reside nesse terreno, por exemplo, a doutrina de Eros Roberto Grau, para quem "as medidas provisórias são leis especiais dotadas de vigência provisória imediata".[14] Aliás, embora discorrendo sobre o antigo decreto-lei, Pontes de Miranda, em lição perfeitamente aplicável às medidas provisórias, já demonstrava que o ato normativo de urgência sintetiza uma espécie de "lei sob condição resolutiva".[15] Na primeira edição deste livro, assim como em outros escritos, adotou-se idêntica posição[16] à qual, agora, confere-se certo matiz.

Aceitar a medida provisória como *negotiorum gestio* significa fugir do esquema jurídico proposto pelo Constituinte. Isso para não falar na impropriedade da utilização de conceitos próprios de um tronco da ciência do direito para explicar institutos de outro. Também não se pode admitir substanciem as medidas provisórias, como pretende Esposito, meras providências de fato, embora com força de lei, determinadas pela urgência e necessidade. As medidas provisórias integram, afinal, o sistema de fontes formais do Direito (antes de fato, consistem em ato legislativo). Não constituem, por outro lado, com exceção talvez em matéria tributária, mera iniciativa (projeto) de lei com força de lei – sim, porque a deflagração do processo legislativo traduz consequência da adoção da medida (não se identificando com ela mesma) – nem podem constituir ato administrativo com força de lei. Os administrativos, mesmo os normativos, no

---

14. GRAU, Eros Roberto. Medidas provisórias na Constituição de 1988. *Revista dos Tribunais*, São Paulo, n. 658, p. 241, ago. 1990. No mesmo sentido: MARIOTTI, Alexandre. *Medidas provisórias*. Dissertação de Mestrado, Porto Alegre, Programa de Pós-Graduação em Direito da Universidade Federal do Rio Grande do Sul, 1998, p. 98; MARTINS, Ives Gandra da Silva. Medidas provisórias e o direito tributário. *Repertório IOB de jurisprudência:* Tributário e Constitucional, n. 19, São Paulo, out. 1990; Medidas provisórias na Constituição de 1988. *Revista de Direito Público*, n. 90, São Paulo, abr.-jun. 1989; e WALD, Arnold. Privatização: Lei 8.031/90: medida provisória interpretativa: parecer. *Revista de Direito Administrativo*, n. 185, Rio de Janeiro, jul.-set. 1991. José Afonso da Silva parece adotar o mesmo entendimento. Para ele, as medidas provisórias são "medidas de lei (têm força de lei) sujeitas a uma condição resolutiva, ou seja, sujeitas a perder sua qualificação legal no prazo de 120 dias" (SILVA, José Afonso da. *Curso de direito constitucional positivo*. 26. ed. São Paulo: Malheiros, 2006, p. 533).

15. PONTES DE MIRANDA, Francisco Cavalcanti. *Comentários à Constituição de 1967 com a Emenda 1, de 1969*. 2. ed. São Paulo: Ed. RT, 1979, p. 141-142, t. III. Atualmente, no mesmo sentido, MENDES, Gilmar Ferreira; COELHO, Inocêncio Mártires; BRANCO, Paulo Gustavo Gonet. *Curso de direito constitucional*. São Paulo: Saraiva, 2007, p. 838.

16. CLÈVE, Clèmerson Merlin. Atividade legislativa do poder executivo no estado contemporâneo e na constituição de 1988. São Paulo: 3ª. Ed. RT, 2011. Do mesmo autor: A lei no estado contemporâneo. *Cadernos de Direito Constitucional e Ciência Política*, n. 21, p. 124-138, São Paulo, out.-dez. 1997.

Direito brasileiro, são, em geral, atos subordinados, incidentes sobre o universo de execução da lei,[17] não ostentando força de lei.

Celso Antônio Bandeira de Mello, em multicitada passagem, conquanto não firme posição acerca da natureza jurídica do instituto, procura, a partir de interessante quadro de confrontação, demonstrar sua falta de identidade com a lei.[18] Certamente, o notável publicista reporta-se à formal quando se refere

---

17. A afirmativa reclama certa dose de plasticidade. Com efeito, os regulamentos, em sentido *lato*, são quaisquer atos normativos emanados dos agentes da Administração Pública. Têm-se, nesse campo, os regulamentos *presidenciais* e os regulamentos *setoriais*. Entre os regulamentos *presidenciais*, previstos no art. 84 da Constituição Federal, há os do inc. IV, destinados ao desenvolvimento dos atos normativos com os quais possuem relação direta de derivação – as leis; e os do inc. VI, que encontram fundamento imediato na Constituição. Entre os regulamentos *setoriais*, há aqueles editados por entidades da Administração indireta dotadas de competência normativa orientada à regulação e à fiscalização de setores específicos dos domínios econômico e social, exercendo atividade normativa circunscrita pelos parâmetros e objetivos fixados na respectiva lei instituidora (as agências reguladoras). Como pontualmente observa Binenbojm, o regulamento *presidencial* tem pretensão de generalidade maior em relação ao regulamento *setorial*. Sobre o tema, CLÈVE, Clèmerson Merlin. *Atividade Legislativa...* cit., p. 270-308; BINENBOJM, Gustavo. *Uma teoria do direito administrativo*: direitos fundamentais, democracia e constitucionalização. Rio de Janeiro: Renovar, 2006, p. 152-173; ARAGÃO, Alexandre Santos de. *Agências reguladoras e a evolução do direito administrativo econômico*. Rio de Janeiro: Forense, 2002, p. 189-198.

18. São as seguintes as diferenças entre a medida provisória e a lei na obra do consagrado jurista (*Curso de direito administrativo*. 25. ed. São Paulo: Malheiros, 2008, p. 130-131. Grifos do autor). Confronto semelhante, embora envolvendo o antigo decreto-lei, pode ser encontrado em ATALIBA, Geraldo. *O decreto-lei na constituição de 1967*. São Paulo: Ed. RT, 1967. Ali, já advertia Geraldo ATALIBA: decreto-lei não é lei:

"A *primeira diferença* entre umas e outras reside em que as medidas provisórias correspondem a uma forma *excepcional* de regular certos assuntos, ao passo que as leis são via normal de discipliná-los.

"A *segunda diferença* está em que as medidas provisórias são, por definição, *efêmeras*, de vida curtíssima, enquanto as leis, além de perdurarem normalmente por tempo indeterminado, quando temporárias têm seu prazo por elas mesmas fixado, ao contrário das medidas provisórias, cuja duração máxima já está preestabelecida na Constituição: trinta dias.

"A *terceira diferença* consiste em que as medidas provisórias são *precárias*, isto é, podem ser infirmadas pelo Congresso a qualquer momento dentro do prazo em que se deve apreciá-las, em contraste com a lei, cuja persistência só depende do próprio órgão que a emanou (Congresso).

"A *quarta diferença* resulta de que a medida provisória não confirmada, isto é, não transformada em lei, perde sua eficácia desde o início; esta, diversamente, ao ser revogada, apenas cessa seus efeitos *ex nunc*.

ao significante lei. É comum, na doutrina brasileira, reduzir a expressão lei à significação própria da lei formal.

Não obstante, na experiência jurídica, a palavra lei poderá assumir diversos sentidos, nem sempre redutíveis àquele decorrente da lei formal. Na Constituição, por exemplo, a expressão aparece no art. 5.º, *caput*, como sinônimo de ordem jurídica ("Todos são iguais perante a lei"); no art. 5.º, XXXIX, é utilizada como ato legislativo votado pelo Congresso – nesse caso, com o sentido de lei ordinária – ("Não há crime sem lei anterior que o defina, nem pena sem prévia cominação legal"); no art. 5.º, XXXV ("A lei não excluirá da apreciação do Poder Judiciário lesão ou ameaça a direito"), emerge com o sentido de qualquer norma jurídica, inclusive constitucional, se decorrente de Emenda, em face da vedação prevista no art. 60, § 4.º, IV e, finalmente, no art. 173, § 3.º, reclama ser compreendida como qualquer ato legislativo, exceto a resolução e o decreto legislativo ("A lei regulamentará as relações da empresa pública com o Estado e a sociedade"). A leitura da Constituição exige que o intérprete descubra o sentido adotado pelo Constituinte em cada artigo, parágrafo, inciso ou alínea, para a palavra *lei*.

Considere-se que o significante lei, em sentido lato, pode ser traduzido como ato, em geral normativo, capaz de inovar, originariamente, a ordem jurídica (ato legislativo). Ou seja, com o sentido de ato dotado de força de lei formal.

Atualmente, o direito constitucional admite, em determinadas circunstâncias rigidamente disciplinadas, o exercício da função legislativa pelo Executivo. Por conseguinte, a lei não é apenas aquela editada pelo Poder Legislativo. É possível afirmar que, no atual contexto da experiência jurídica, todo ato emanado pelos órgãos aos quais a Constituição atribua função legislativa, quando praticado no uso da competência constitucionalmente outorgada, será lei, desde uma perspectiva genérica.[19]

Ocorre no Brasil o que é encontrável em Portugal. Segundo Canotilho, a lei é, no direito constitucional português, um ato normativo intrinsecamente aberto que pode ser editado pelas várias entidades (Assembleia da República,

---

Por tudo isto se vê que a força jurídica de ambas *não é a mesma*.

"Finalmente, a *quinta e importantíssima diferença* procede de que a medida provisória, para ser expedida, depende da ocorrência de certos pressupostos, especificamente os de 'relevância e urgência', enquanto, no caso da lei, a relevância da matéria não é condição para que seja produzida; antes, passa a ser de direito relevante tudo o que a lei houver estabelecido. Demais disso, inexiste o requisito de urgência."

19. SEABRA FAGUNDES, Miguel. *O controle dos atos administrativos pelo poder judiciário*. 6. ed. São Paulo: Saraiva, 1984, p. 18-20.

Governo, Assembleias Regionais) as quais a Constituição atribuiu competência legiferante".[20]

Em idêntica direção, encaminha-se a doutrina de Jorge Miranda, para quem, no Direito lusitano, são órgãos legislativos: (i) a Assembleia da República, (ii) o Governo e (iii) as Assembleias legislativas regionais dos Açores e da Madeira. A esses órgãos correspondem três formas de lei ou atos legislativos: a lei, obra da Assembleia da República, o decreto-lei, proveniente do Governo e o decreto legislativo regional, emanado de assembleia de região autônoma.[21]

Como já salientado anteriormente, as medidas provisórias integram o processo legislativo em face de expressa disposição constitucional.[22] Configuram uma das espécies normativas primárias elencadas no art. 59 da Constituição Federal. Todas as espécies ali elencadas são lei.[23] Há a Emenda, que consiste em lei constitucional; uma vez promulgada integra a Constituição como norma superprimária. Quanto às demais espécies normativas, são leis, enquanto emanações de órgãos dotados de competência legislativa (atos legislativos). Algumas são leis material, orgânica e formalmente. Outras assumem apenas uma ou duas dessas características. Mas todas são leis, embora apenas a ordinária e a complementar possam ser tidas como leis formais (atos legislativos complexos). Logo, não é certo que a medida provisória, no sistema brasileiro, não seja lei no sentido técnico, como sustenta certa doutrina.[24] Não é lei no sentido orgânico-formal, mas é lei no sentido de que produz força de lei, tratando-se de ato legislativo dotado de aptidão para inovar originariamente a ordem jurídica, como igualmente o são as leis delegadas e as demais espécies legislativas contempladas no art. 59 da Constituição. Ou as leis delegadas não são leis porque emanadas do Poder Executivo? O fato de as medidas provisórias serem publicadas como Atos do Executivo no Diário Oficial, de produzirem eficácia sujeita à resolução, de produzirem eficácia imediata, sem a intervenção do Congresso Nacional, não descaracteriza a natureza legislativa do instituto

20. CANOTILHO, José Joaquim Gomes. *Direito constitucional*. 4. ed. Coimbra: Almedina, 1989, p. 528; e, do mesmo autor, *Direito constitucional e teoria da constituição*. 7. ed. Coimbra: Almedina, 2003, p. 715 e ss.

21. MIRANDA, Jorge. *Manual de direito constitucional*. 3. ed. Coimbra: Coimbra, 2004. t. V, p. 175.

22. José Afonso da Silva (*Curso*... cit., p. 524) critica a inclusão das medidas provisórias na enumeração do art. 59, como objeto do processo legislativo. Com o devido respeito, a objeção não parece pertinente.

23. Lei, para o Constituinte, são todos os atos normativos primários, sujeitos, ainda, à fiscalização judicial quanto à sua constitucionalidade.

24. GRECO, Marco Aurélio. Op. cit., p. 15.

nem ofende o princípio da separação dos poderes a partir de uma perspectiva contemporânea. Como se pode perceber, o conceito de lei vem sofrendo profundo processo de mutação.

Logo, à exceção da Emenda à Constituição, todas as espécies normativas consagradas no art. 59 da Lei Fundamental substanciam atos legislativos. Todas são leis (atos legislativos), dispondo de força de lei. Explicando melhor: no campo do direito interno, excetuados o direito internacional incorporado e os atos normativos anteriores recepcionados pela nova ordem constitucional (decreto-lei não revogado, por exemplo), apenas as emanações normativas em *forma* de lei complementar, lei ordinária, lei delegada, medida provisória, decreto legislativo e resolução (de uma das Casas ou do próprio Congresso) podem, originariamente, inovar a ordem jurídica (princípio da tipicidade dos atos normativos primários: leis ou atos legislativos). Esses atos ostentam qualidade de lei.

Todos possuem, igualmente, força de lei. Como preleciona Jorge Miranda:

"A forma de lei carrega-se, em qualquer das suas variantes, de uma capacidade, virtualidade ou força peculiar de agir e reagir. E, ligada tanto ao sentido das opções político-constitucionais em razão das matérias quanto à distribuição das competências e dos atos, essa força de lei assenta, antes de mais, no lugar fixado à lei no sistema jurídico positivo estatal; assenta, como vem sendo mais usual dizer, na posição hierárquica só inferior à Constituição que aí ocupa.

"(...).

"Naturalmente, porém, a força de lei não se confunde com a obrigatoriedade da norma seu conteúdo: a obrigatoriedade da norma legislativa para os destinatários não implica nem mais, nem menos do que a de qualquer outra norma jurídica".[25]

Ora, a força de lei "é um conceito relacional, que se decompõe num duplo alcance material e formal, como capacidade de dispor, positiva e negativamente, originária e supervenientemente, sobre as relações e situações da vida, e como capacidade de agir ou reagir relativamente a outros atos jurídico-públicos".[26] Trata-se, afinal, como demonstra Sandulli, da particular aptidão que a lei possui para inovar a ordem legislativa preexistente. Essa força, típica das leis, distancia-as dos outros atos estatais típicos: as sentenças e os atos administrativos.[27] No Direito brasileiro, não há motivo para distinguir, como pretende a doutrina

25. Op. cit., p. 223-224.

26. Ibidem, p. 225.

27. SANDULLI, Aldo M. *Legge, forza di legge, valore di legge*. In: Scritti Giuridici in Memoria di Piero Calamandrei. Padova: Cedam, 1958, p. 301.

italiana, força de lei de valor de lei. Pode-se dizer que por força de lei alude-se à ideia de força ativa (capacidade de inovação ativa) *e* força passiva (resistência passiva à inovação). Assim, o ato dotado de força de lei, estando autorizado a criar, originariamente, direitos e obrigações (criação heterônoma do direito) – força ativa – dispõe de conteúdo apenas modificável, suprimível (hipóteses de ab-rogação e derrogação) ou contaminável pela inincidência eventual (hipótese de solução decorrente de relação antinômica) por ato normativo dotado de idêntica ou superior hierarquia (força passiva).

Se é certo que as espécies normativas primárias elencadas no art. 59 da Constituição Federal substanciam ato legislativo[28] (e, portanto, lei), não é menos certo que, como antes afirmado e, conforme está assentado na doutrina, apenas a complementar e a ordinária constituem lei formal. Trata-se de estabelecer, em virtude de convenção firmada pelo senso comum teórico dos juristas, a distinção entre lei (ato legislativo) – gênero – e lei formal (ato legislativo) – espécie. Ora, a lei formal (emanação do Poder Legislativo, detentor da função legislativa ordinária), que exprime no contexto democrático-pluralista um processo público geral (já que dele participa a generalidade dos sujeitos políticos), não é outra coisa senão o modo como se coordena o maior número de interesses particulares.[29] Logo, "a legislação pelo parlamento envolve a noção de representatividade e de debate público anterior à eficácia do ato, ilustrando a ideia de que a democracia não se exaure no momento eleitoral".[30] Na democracia pluralista, a lei formal configura espécie de condensação de relação de forças entre sujeitos coletivos distintos, mediatizados pela figura do mandatário eleito. Pode ser traduzida como síntese do debate parlamentar, produto da interação comunicativa processualizada e pública. No Direito brasileiro, adotado o regime

28. Os decretos legislativos do Congresso Nacional e as resoluções da Câmara dos Deputados ou do Senado Federal nem sempre substanciam ato normativo. Muitas vezes, veiculam meras deliberações (atos de controle, por exemplo) das Casas do Congresso Nacional. Não obstante, mesmo nessas circunstâncias, referidos atos, provavelmente porque o Constituinte quis revesti-los de qualidade especial, consubstanciam atos legislativos (muito embora não normativos).

29. ZAGREBELSKY (Op. cit., p. 154) contrasta a lei no sentido clássico com a lei no sentido moderno. Afirma que a lei no sentido clássico representava a "vontade geral" e hoje ela representa um "processo público geral". Isso significa que a generalidade sobrevive no procedimento, e não mais no conteúdo da lei. Segundo o autor, isso é tudo o que pode sobreviver num contexto democrático pluralista. Afinal, a vontade geral pressupunha uma hegemonia política no Parlamento e até mesmo uma não fragmentação dos interesses envolvidos no processo político.

30. ÁVILA, Humberto Bergmann. *Medida provisória na constituição de 1988*. Porto Alegre: Sérgio Antônio Fabris, 1997, p. 37.

presidencialista de governo, a lei formal carrega, ainda, a noção de somatória de vontades manifestadas por dois Poderes,[31] o Legislativo e o Executivo. Trata-se, portanto, de ato complexo.[32] Entre nós, em consequência, a lei formal é espécie de ato legislativo definida pela origem (ato do Congresso Nacional), pela forma (forma de lei complementar ou ordinária), pelo procedimento (devido processo legislativo: ato público em que o debate precede a vigência), pela força (força ativa e passiva de lei), assim como pela natureza (ato complexo).

Nesse ponto, é possível superar um argumento recorrente nos escritos daqueles que negam à medida provisória a natureza de lei: não se converte em lei algo que já é lei. A compreensão do art. 62 da Constituição não pode ser prisioneira da interpretação literal. Apenas uma interpretação sistemática é capaz de revelar o sentido do dispositivo constitucional. Por essa razão, uma vez adotada, a medida provisória (lei ou ato legislativo) deve ser submetida, imediatamente, ao Congresso Nacional, para conversão em lei formal. Está-se referindo, então, à conversão de lei precária em lei permanente derivada do processo público inerente à elaboração da lei formal. Nada mais do que isso: uma espécie de lei (a medida provisória: ato provisório) é convertida em outra espécie de lei (a lei formal, no caso, lei ordinária: ato permanente).[33]

Porém, a análise, até aqui empreendida, não esgota o intrincado problema da natureza das medidas provisórias. Como no presente estudo admitiu-se que as medidas provisórias são leis (embora não leis formais), não se pode admitir tratar-se elas de excepcional usurpação justificada da função legislativa pelo Executivo, como pretende Esposito.[34] Cabe, entretanto, discutir se essas medidas derivam de manifestação de competência atribuída pelo Constituinte ao

31. Não se pode esquecer de que, em determinadas matérias, o Poder Judiciário detém o monopólio da iniciativa legislativa (o mesmo ocorrendo com o Ministério Público e com o Tribunal de Contas). Em semelhante circunstância, haverá a somatória da vontade de mais de dois órgãos constitucionais.

32. Cumpre lembrar que a manifestação do Presidente da República pode operar-se pelo seu silêncio (sanção tácita). Por outro lado, a recusa, sempre expressa e motivada, não é capaz de abortar o processo legislativo. Por essa razão, o veto presidencial, meramente suspensivo, é superável, observados os requisitos constitucionais, em virtude de manifestação do Congresso Nacional.

33. Em sentido semelhante, a Corte Constitucional italiana, em 1995 (*Sentenza* 29), definiu que a conversão transforma um ato legislativo provisório num ato legislativo definitivo. A propósito: BAUDREZ, Maryse. Décrets-lois réitérés en Italie: l'exaspération mesurée de la Cour Constitutionnelle en 1996. *Revue Française de Droit Constitutionnel*, n. 32, 1997.

34. ESPOSITO, Carlo. Decreto-legge. *Enciclopedia dei diritto*. Milano: Giuffrè, 1958, p. 832 e ss.

Presidente da República ou se, antes, decorrem de uma automática delegação de competência do Legislativo ao Executivo, quando presentes os pressupostos de habilitação.

Ambas as posições seriam sustentáveis. No Direito italiano, não é impossível advogar o caráter de poder autorizado na edição, pelo Executivo, das medidas provisórias. O art. 77 da Lei Fundamental peninsular dispõe que "O Governo não pode, sem delegação das Câmaras, emanar decretos que tenham valor de lei ordinária", para acrescentar, logo a seguir: "Quando, em casos extraordinários de necessidade e urgência, o Governo adota, sob a sua responsabilidade, provimentos provisórios com força de lei (...)". A redação desse dispositivo pode conduzir à ideia de que a medida provisória envolve, de fato, o exercício de um poder automaticamente delegado pelo Parlamento ao Governo "em caso extraordinário de necessidade e urgência". O caráter delegado das medidas provisórias é aceito, entre outros, na Itália, por Lavagna.[35] Na Espanha, Eduardo García de Enterría e Tomás-Ramón Fernández participam de semelhante posição.[36] Aos últimos autores parece que, quando edita uma medida provisória, o Governo não estaria "ante uma competência originalmente própria do Governo, senão o que se sucede nessas hipóteses é que está sendo exercido o mesmo poder legislativo do qual o único titular é o Parlamento, pelo Governo, enquanto órgão delegado, substituto ou secundário, como órgão de outro órgão e isso por razões de extraordinária urgência e necessidade".[37]

35. LAVAGNA, Carlo. *Istituzioni di dirittto pubblico*. 5. ed. Torino: UTET, 1982, p. 318 e ss. Não pensa dessa forma Livio Paladin, para quem, claramente, a letra da Constituição exclui que se presuma a existência de uma delegação tácita do Parlamento ao Governo, toda vez que este faça uso dos poderes conferidos pelo art. 77 da Constituição (PALADIN, Livio. Decreto-legge. *Novissimo digesto italiano*, Milano, 1960, v. 5, p. 288).

36. Na edição brasileira (*Curso de direito administrativo*. São Paulo: Ed. RT, 1990, p. 173), García de Enterria e Tomás Ramon Fernández definem o decreto-lei espanhol como "toda norma com categoria de lei que emana, por via de execução, de um órgão que não tem o poder legislativo". Nessa citação, o significante *execução*, presente na tradução brasileira, deve ser substituído pela expressão *exceção*, que melhor corresponde ao termo espanhol *excepción*. Com efeito, na edição espanhola (*Curso de derecho administrativo*. Ed. argentina con notas de Agustín Gordillo. Buenos Aires: La Ley, 2006, v. I, p. 144.), os autores definem decreto-ley como "toda norma con rango de Ley que emana, por via de excepción, de un órgano que no tiene el poder legislativo (...)."

37. MACHETTI, Pablo Santolaya. *EI regimen constitucional de los decretos-leyes*. Madrid: Tecnos, 1988, p. 34.

No Brasil, esse parece ser o entendimento de Carlos Mário da Silva Velloso[38] e Ives Gandra da Silva Martins,[39] entre outros.[40]

No entanto, o Direito brasileiro oferece algumas notas que justificam, nesse ponto, certa especificidade. Deveras, o art. 84 da Constituição Federal elenca as atribuições do Presidente da República; dele não consta o poder de editar leis delegadas, exatamente porque consistem estas em derivação de um poder delegado. Mas, no inciso XXVI, o Constituinte confere competência para o Chefe do Poder Executivo "editar medidas provisórias com força de lei, nos termos do artigo 62". O particular é suficiente para demonstrar que o Presidente dispõe de competência própria (embora excepcional) para adotar a medida provisória, inocorrendo, no caso, por consequência, hipótese de automática delegação legislativa (ocorrentes os pressupostos de habilitação).[41]

38. VELLOSO, Carlos Mário da Silva. Delegação Legislativa: a legislação por associações. *Revista de Direito Público*, São Paulo, n. 92, 1989.

39. MARTINS, Ives Gandra da Silva. *Medidas provisórias*... cit., p. 322; e, do mesmo autor, O Novo Regime Constitucional das Medidas Provisórias. In: ROCHA, Cármen Lúcia Antunes (coord.). *Constituição e Segurança Jurídica*. Direito adquirido, ato jurídico perfeito e coisa julgada. Estudos em homenagem a José Paulo Sepúlveda Pertence. 2. ed., rev. e amp. Belo Horizonte: Fórum, 2005, p. 345-348.

40. Nesse sentido: Brasilino Pereira dos Santos. *As medidas provisórias no direito comparado e no Brasil*. São Paulo: LTR, 1993. p. 313. e CHIESA, Clélio. *Medidas provisórias*... cit., p. 62. O primeiro sustenta que a medida provisória envolve "uma espécie de delegação legislativa, *lato sensu*, conferida diretamente pelo Poder Constituinte ao Poder Executivo." O segundo, por seu turno, admite que, em sentido amplo, "as medidas provisórias não deixam de ser uma delegação legislativa, já que legislar é função típica do Poder Legislativo. Logo, as restrições feitas ao âmbito de atuação das leis delegadas (forma de delegação legislativa) podem ser aplicadas ao instituto das medidas provisórias."

41. No entender de Lucia Valle Figueiredo, cuida-se, aqui, com efeito, de competência oriunda diretamente da Constituição, mas não de competência legislativa, e sim de competência que "*integra a função administrativa atípica*, a ser exercida em circunstâncias anômalas, *relevantes e urgentes*" (FIGUEIREDO, Lucia Valle. Medida provisória – Novas reflexões. *Revista de Direito Administrativo,* n. 217, p. 31-38, Rio de Janeiro, jul.-set. 1999. Grifo da autora). Acompanham o entendimento de que a edição de medidas provisórias é competência outorgada diretamente pela Constituição: FERREIRA FILHO, Manoel Gonçalves. *Do processo legislativo*. 6. ed. rev. e atual. São Paulo: Saraiva, 2007. p. 241; CARVALHO, Kildare Gonçalves. *Técnica Legislativa*. 4. ed. rev., atual. e amp. Belo Horizonte: Del Rey, 2007, p. 175; AMARAL JUNIOR, José Levi Mello do. *Medida provisória*... cit., p. 128 e ss.

6
Pressupostos para edição

Os pressupostos para edição funcionam quer como fontes legitimadoras da atuação normativa excepcional do Presidente da República, quer como mecanismos deflagradores de sua competência legislativa extraordinária. A rigor, se é certo que "não tem o Poder Executivo competência para exercer a função legislativa plena, mediante edição de medida provisória", não é menos certo que um caso de relevância e urgência "serve de pressuposto para a sua atuação excepcional, controlada, *a posteriori*, pelo Congresso Nacional".[1]

Há pressupostos formais e circunstanciais da medida provisória. São pressupostos formais:[2] (i) edição pelo Presidente da República[3] e (ii) submissão imediata[4] ao Congresso Nacional.[5] Os pressupostos (ii) circunstanciais[6], por sua vez, são (i) a relevância e (ii) a urgência. Como os formais são bastante claros, cumpre limitar a investigação, nesse ponto, aos demais pressupostos exigentes de satisfação cumulativa (relevância *e* urgência).

---

1. ÁVILA, Humberto Bergmann, op. cit., p. 60.
2. A título de comparação, os requisitos formais do decreto de necessidade e urgência na Argentina são mais complexos que os brasileiros. O decreto é uma faculdade exclusiva do Poder Executivo da Nação; sua edição deve ser decidida em acordo geral (unânime) de Ministros, os quais devem referendar a medida em conjunto com o Chefe de Gabinete. Dentro de dez dias, o decreto deve ser remetido à Comissão Bicameral Permanente, que, por sua vez, emitirá despacho, também em prazo improrrogável. Caberá, então, ao plenário de cada uma das Câmaras aprovar ou rejeitar o ato (MIDÓN, Mario A. R. *Decretos de necesidad y urgencia* – en la Constitución Nacional y los ordenamientos provinciales. Buenos Aires: La Ley, 2001. p. 132-151).
3. Em 21 de junho de 1996, foi baixado o Decreto 1.937, que disciplinava as condições para a edição e numeração das medidas provisórias. Esse decreto foi modificado pelo Decreto 2.124, de 16 de janeiro de 1997, e finalmente revogado pelo Decreto 2.954, de 24 de janeiro de 1999. Este último ato, por sua vez, foi revogado pelo Decreto 4.176/02, revogado pelo Decreto 9.191/17, ainda em vigor. Tal decreto é, atualmente, o instrumento normativo que estabelece normas e diretrizes para a elaboração, a redação, a alteração, a consolidação e o encaminhamento ao Presidente da República de propostas de atos normativos pelos Ministros do Estado. Seu art. 3.º estabelece que as medidas provisórias terão numeração sequencial, a partir da data de entrada em vigor da EC 32, de 11 de setembro de 2001.

6.1. Caracterização dos pressupostos circunstanciais

Cumpre afastar, de imediato, a ideia de que a edição das medidas provisórias constitui questão política infensa ao controle judicial (*judicial review*). No Brasil, ocorrendo lesão ou ameaça de lesão a direito, o Judiciário haverá de se manifestar, quando provocado.[7]

---

4. Conforme a redação original do art. 62 da Constituição Federal, as medidas provisórias deveriam ser submetidas "de imediato ao Congresso Nacional, que, estando em recesso, será convocado extraordinariamente para se reunir no prazo de cinco dias." Com o advento da Emenda Constitucional 32/2001, foi retirada a referência à convocação extraordinária; apenas se manteve o dever de submissão imediata da medida provisória à apreciação pelo Poder Legislativo. Ainda, o § 4.º do art. 62 dispõe que o prazo máximo de vigência da medida provisória suspende-se durante os períodos de recesso do Congresso Nacional. "Isto quer significar, com clareza palmar, que já não subsiste a obrigação de convocar extraordinariamente o Congresso Nacional para apreciar a medida provisória. Esclareça-se que nada impede a convocação extraordinária. A novidade consiste em que a convocação já não é obrigatória" (NIEBUHR, Joel de Menezes, op. cit., p. 89).
5. No Direito italiano, a cláusula de apresentação ao Parlamento constitui limite formal ao decreto-lei, devendo constar do texto do ato emanado. Constitui uma formalidade indispensável, ligada à validade formal do decreto. A sua inexistência conduz à ilegitimidade do ato normativo. Mesmo a iniciativa parlamentar de conversão não sana o vício de ausência da cláusula de apresentação (LAVAGNA, Carlo, op. cit., p. 291-296).
6. ÁVILA, Humberto Bergmann, op. cit., p. 78-88. Mencione-se que, para José Afonso da Silva (*Processo constitucional de formação das leis...*, p. 333-334), os pressupostos *formais* são a relevância e a urgência, e os *materiais* dizem respeito à matéria que pode ser veiculada por medida provisória. Cármen Lúcia Antunes Rocha, por sua vez, fala em pressupostos *formais circunstanciais* (relevância e urgência), pressupostos *formais procedimentais* (provisoriedade) e pressupostos *materiais* (objeto da medida provisória) (ROCHA, Cármen Lúcia Antunes. Medidas provisórias e princípio da separação dos poderes. In: MARTINS, Ives Gandra da Silva (Coord.). *Direito contemporâneo:* estudos em homenagem a Oscar Dias Corrêa, Rio de janeiro: Forense Universitária, 2001. p. 58).
7. CASTRO, Carlos Roberto de Siqueira. *O devido processo legal e a razoabilidade das leis na nova Constituição do Brasil.* 2. ed. Rio de Janeiro: Forense, 1990, p. 245. "Diante do Princípio da Inafastabilidade do Controle Jurisdicional, o qual deve ser considerado como garantia de direitos subjetivos, deve existir pleno controle por parte do Poder Judiciário quanto aos pressupostos de edição das Medidas Provisórias, inclusive, para o equilíbrio das funções do Estado" (CORREIA, Juliana Nobre. Pressupostos das medidas provisórias. In: SOUZA, Carlos Aurélio (Coord.). *Medidas provisórias e segurança jurídica.* São Paulo: Juarez de Oliveira, 2003. p. 41).

No que pertine à atividade legislativa, notadamente nos Estados que admitem Constituições dirigentes[8] – e tal é o caso do Brasil –, não há propriamente questão política, senão um modo constitucionalmente autorizado de atuar (por vezes, como no caso das medidas provisórias, um modo de atuar fundado em conceito jurídico indeterminado).

8. Sobre a Constituição dirigente e as implicações desse conceito sobre a atividade legislativa, consultar CANOTILHO, José Joaquim Gomes. *Constituição Dirigente e vinculação do legislador*. Coimbra: Coimbra, 1982. Especialmente o capítulo dedicado ao problema da discricionariedade legislativa e da liberdade de conformação do legislador (p. 209-288). Em texto denominado *Rever ou Romper com a Constituição Dirigente? Defesa de um Constitucionalismo Moralmente Reflexivo*, Canotilho declara a morte da Constituição dirigente, entendida como normativismo constitucional revolucionário capaz de, por si só, operar transformações emancipatórias, substituindo-se à atuação política e democrática. Não mais admitindo que a norma constitucional conforme autoritariamente a sociedade, torna-se necessária uma nova Teoria da Constituição. Canotilho sugere um constitucionalismo moralmente reflexivo, substituindo a direção pela contratualização. O desafio consiste em substituir um direito autoritariamente dirigente, mas ineficaz, por fórmulas que permitam completar o projeto da modernidade (onde ele não se realizou) nas condições complexas de pós-modernidade. Devem ser superadas as formas totalizantes e planificadoras globais abrindo o caminho para ações e experiências locais e dando guarida à diversidade cultural. "A lei dirigente cede lugar ao contrato, o espaço nacional alarga-se à transnacionalização e globalização, mas o ânimo de mudanças aí está de novo nos quatro contratos globais. Referimo-nos ao contrato para as necessidades globais – remover as desigualdades –, o contrato cultural – tolerância e diálogo de culturas –, contrato democrático – democracia como governo global, e contrato do planeta terra – desenvolvimento sustentável. Se assim for, a constituição dirigente fica ou ficará menos espessa, menos regulativamente autoritária e menos estatizante, mas a mensagem subsistirá agora enriquecida pela constitucionalização da responsabilidade, isto é, pela garantia das condições sob as quais podem coexistir as diversas perspectivas de valor, conhecimento e ação" (CANOTILHO, José Joaquim Gomes. Rever ou Romper com a Constituiçao Dirigente? Defesa de um Constitucionalismo Moralmente Reflexivo. *Revista dos Tribunais – Cadernos de Direito Constitucional e Ciência Política*, São Paulo, ano 4, n. 15, abr./jun. 1996, p. 15-16). O novo entendimento do constitucionalista, no entanto, não elimina ou enfraquece a noção de Constituição dirigente e compromissária. Assim, em que pese a nítida aderência aos postulados neoliberais das Emendas à Constituição recentemente promulgadas, nem por isso a Constituição de 1988 se vê despida da identidade qualificada pela virtualidade dirigente de sua normatividade. Igualmente afirmando que a Constituição brasileira permanece de caráter dirigente: STRECK, Lenio Luiz. *Jurisdição constitucional e hermenêutica*: uma nova crítica do direito. Porto Alegre: Livraria do Advogado, 2002, p. 106-126). É preciso lembrar, todavia, que o caráter dirigente da Constituição brasileira não se confunde com a normatividade dirigente e planificadora da Constituição Portuguesa de 1976, objeto da crítica de Canotilho.

A ação fundada em conceito indeterminado não é completamente assimilável à ação discricionária.[9] Compreende-se discricionariedade, na lição de Marçal Justen Filho, como a "atribuição do dever-poder de decidir segundo a avaliação da melhor solução para o caso concreto."[10]

Por sua vez, os conceitos indeterminados,[11] na linha de pensamento de Eros Roberto Grau, "(...) compreendem conceitos de experiência ou de valor – não conduzem a uma situação de indeterminação na sua aplicação. Tais conceitos (...) só permitem uma 'unidade de solução' em cada caso. Assim, quando se fala

---

9. O debate sobre a questão não é conclusivo. A doutrina dominante na Alemanha, por exemplo, nega qualquer relação entre discricionariedade e conceitos indeterminados. Manifestam-se, não obstante, preleções em sentido contrário. Nesse tema, conferir SOUSA, Antônio Francisco de. *Conceitos indeterminados no direito administrativo*. Coimbra: Almedina, 1994, p. 20-21. Ora, se, como em Laun e Forsthoff, discricionariedade implica liberdade de escolha (conceito que remonta a Tezner), então, ela não se confunde com os conceitos indeterminados. Os conceitos discricionários não se caracterizam por uma simples indeterminação e/ou valoração, desafiando, antes, uma valoração pessoal. Essa liberdade de escolha pessoal não é encontrável nos conceitos indeterminados. Como lembra Almiro do Couto e Silva, "a orientação hoje dominante no direito germânico é a de que os conceitos jurídicos indeterminados estão insertos no suporte fático legal (*Tatbestand*) e os problemas com eles relacionados resumem todos – ou pelo menos predominantemente – à interpretação da regra jurídica, diferentemente do que se passa com o poder discricionário, que se constitui num poder de eleição da consequência ou do efeito jurídico (*Rechtsfolge*). Sendo assim, os conceitos jurídicos indeterminados são, em princípio, suscetíveis de exame judicial quanto à correção ou incorreção de sua aplicação, ou da subsunção do caso concreto no preceito abstrato, pois logicamente só existirá uma única aplicação certa" (COUTO E SILVA, Almiro do. Poder discricionário no direito administrativo brasileiro. *Revista de Direito Administrativo*, Rio de Janeiro, n. 179-180, jan./jun. 1990, p. 58). A partir das lições de Philipp Heck, Almiro do Couto e Silva lembra que os conceitos jurídicos indeterminados têm um núcleo de significação preciso e um halo periférico vago e nebuloso. Referindo-se a conceitos empíricos e conceitos de valor, ao realizar-se a operação de subsunção, o halo periférico (zona cinzenta), frequentemente, dá causa a dúvidas e perplexidades. Nem por isso a atividade de interpretação haverá de se transformar em liberdade de escolha, qualquer que seja ela.

10. JUSTEN FILHO, Marçal. *Curso de Direito Administrativo*. São Paulo: Saraiva, 2005. p. 154.

11. Há quem veja com ressalvas a transladação da teoria dos conceitos indeterminados do direito administrativo para o direito constitucional, como NOBRE JÚNIOR, Edílson Pereira. *Medidas provisórias*: controles legislativo e jurisdicional. Porto Alegre: Síntese, 2000. p. 181; CONTRERAS, Ana M. Carmona. *La configuración constitucional del decreto-ley*. Madrid: Centro de Estúdios Políticos e Constitucionales, 1997. p. 53; e MACHETTI, Pablo Santolaya, op. cit., p. 123.

em boa-fé, *v.g.*, o conceito se dá ou não se dá. Em outros termos, em presença de um caso determinado há ou não há boa-fé: *tertium non datur*".[12]

Se a aplicação dos conceitos indeterminados implica uma única solução justa, "contrariamente, o exercício da potestade discricionária permite uma pluralidade de soluções justas ou, em outros termos, optar entre alternativas que são igualmente justas desde a perspectiva do direito".[13]

A diferença entre conceito indeterminado e discricionariedade especificamente no tema das medidas provisórias é salientada por Janine Massuda: "A edição de medidas provisórias não envolve apreciação discricionária, no sentido de que o Poder Executivo pode editá-las, em qualquer situação, ou pode escolher se a utiliza, ou não. A relevância e a urgência, diante do sistema e dos fatos, perdem parte de sua indeterminação, vinculando o Poder Executivo a editá-las, presente a situação de fato que lhe serve de pressuposto. Haverá situações, é certo, que a análise de relevância e urgência, em função da fluidez dessas expressões, não permitirá verificar, objetivamente, uma só solução para a situação que visa a regular. Nesse caso, e somente nele, haverá discricionariedade."[14]

Portanto, a simples indeterminação ou fluidez dos termos não significa inteira liberdade em sua interpretação, pois devem ser considerados os marcos constitucionalmente estabelecidos.

Os pressupostos habilitantes para a edição do decreto-lei na Espanha (extraordinária e urgente necessidade[15]), segundo autorizada doutrina, constituem conceitos jurídicos indeterminados; por isso, o seu alcance concreto

---

12. GRAU, Eros Roberto. Poder discricionário. *Revista de Direito Público*, São Paulo, n. 93, 1990, p. 42.
13. Idem.
14. MASSUDA, Janine Malta. *Medidas provisórias*: os fenômenos na reedição. Porto Alegre: Sergio Antonio Fabris, 2001, p. 56. No mesmo sentido, afirma Lucia Valle Figueiredo (op. cit., p. 32-33): "se é verdade que os conceitos de relevância e urgência são fluidos, representam o que a doutrina chamou de conceitos indeterminados ou pragmáticos, não se pode atribuir-lhes indeterminação a ponto de se entender que possam ser preenchidos da forma que aprouver aos intérpretes do momento."
15. Ana Cláudia Rodrigues afirma que "embora a doutrina brasileira reconheça que as expressões utilizadas pela Constituição Federal sejam menos estreitas do que as das Constituições da Itália e da Espanha vem tecendo considerações mais restritivas do que as da doutrina daqueles dois países, talvez pelas implicações do sistema presidencialista de governo" (RODRIGUES, Ana Cláudia Manso Sequeira Ovídio. *A medida provisória no controle abstrato de constitucionalidade*: a compreensão da força de lei, dos pressupostos de relevância e urgência e da apreciação parlamentar e a sua repercussão na ação direta de inconstitucionalidade de medida provisória. Brasília, 2001. Dissertação de mestrado, Programa de Pós-Graduação em Direito da Universidade Federal, 2001, p. 68).

não é passível de delimitação *a priori*, ocorrendo caso a caso, "em função das circunstâncias coetâneas e, inclusive, posteriores (um atraso notável na publicação do decreto-lei obviamente desmentiria a urgência de sua adoção) à sua aplicação e que, em vista destas, não admitem senão uma só solução justa (ou a necessidade existe e é realmente extraordinária e urgente ou não existe com tais caracteres)".[16] Na Argentina, para a edição do *decreto de necesidad y urgencia*, concorrem conceitos indeterminados e determinados.[17] Indeterminado é o conceito de circunstâncias excepcionais que justificam os decretos, que equivalem a razões de necessidade e urgência. Suscetível de verificação objetiva e empírica, por sua vez, é a impossibilidade de seguir os trâmites ordinários previstos pela Constituição para a sanção das leis.[18]

Caberá ao Judiciário delimitar o alcance das expressões relevância e urgência.[19] O juiz não deve, *se* e quando provocado, deixar de pronunciar-se sobre a satisfação dos pressupostos habilitantes da medida provisória.[20]

---

16. Na doutrina espanhola, consultar CONDE, Enrique Álvarez. Para o autor, o problema consiste em determinar quem deve efetuar a apreciação dos pressupostos habilitantes: "Em princípio parece que esta apreciação corresponde ao Governo, que é o titular legitimado para emanar estas normas. Mas isto não impede que também as Cortes Gerais e, inclusive, o próprio Tribunal Constitucional efetuem ou intervenham nesta apreciação podendo, por sua ausência, não proceder à convalidação de decreto ou declará-lo inconstitucional" (CONDE, Enrique Álvarez. *Curso de derecho constitucional*: el estado constitucional. El sistema de fuentes. Los Derechos y Liberdades. Madrid: Tecnos, 1994, vol. 1. p. 203. Tradução livre).
17. Constituição Argentina: "Artigo 99 (...) Inciso 3.º (...) *O Poder Executivo não poderá em nenhum caso sob pena de nulidade absoluta e insanável, emitir disposições de caráter legislativo. Somente quando circunstâncias excepcionais tornarem impossível seguir os trâmites ordinários previstos por esta Constituição para a sanção das leis, e não se trate de normas que regulem matéria penal, tributária, eleitoral ou o regime dos partidos políticos, poderá ditar decretos por razões de necessidade e urgência, os quais serão decididos em acordo geral de ministros que deverão referendá-los, conjuntamente com o chefe de gabinete de ministros.*" (Tradução livre, grifamos)
18. MIDÓN, Mario A. R., op. cit., p. 82.
19. Na ADI 1.753-2, por exemplo, de forma unânime entendeu-se que a medida provisória 1.577-6/97, ao tratar de normas processuais, não se revestia de urgência nem de relevância que justificassem a atividade normativa excepcional do Poder Executivo. Interessante o levantamento feito por Raul Machado Horta (*Direito constitucional...*, cit. p. 583-584) a respeito de medidas provisórias que "não preenchiam os pressupostos constitucionais da relevância e da urgência e cujo conteúdo poderia constituir matéria de lei ordinária ou mesmo de Decreto regulamentar. Nesse conjunto que me parece exorbitante do texto constitucional, incluo as *Medidas Provisórias 11*, de 3 de novembro de 1988, que altera valores da taxa de fiscalização da instalação dos Serviços de Telecomunicações; da mesma data, que dispõe sobre prazo para liquidação

6.2. Precisão dos conceitos de relevância e urgência

Embora indeterminados, e por isso insuscetíveis de completa determinação *a priori*,[21] um ensaio de precisão dos pressupostos da medida provisória deve ser intentado.

Possui *relevância* aquilo que é importante, proeminente, essencial, exigível, fundamental ou indispensável. Quanto às medidas provisórias, a relevância demandante de sua adoção não comporta satisfação de interesses outros que

---

de débitos previdenciários, com efeitos retroativos a 31 de agosto e 13 de outubro de 1988; *12*, *idem*, que dispõe sobre a aplicação do Dec.-Lei 2.280, de 16 de dezembro de 1985, aos servidores do Tribunal Federal de Recursos; *14*, *idem*, que altera o Dec.-Lei 2.406, de 5 de janeiro de 1988; *15*, *idem*, que altera disposição da legislação aduaneira sobre taxa e valor das multas; *16*, *idem*, que estabelece as condições para a emissão de Letras Hipotecárias; *19*, *idem*, que dispõe sobre o registro provisório de estrangeiro; *23*, *idem*, de 6 de dezembro de 1988, que dá nova redação ao art. 10 da Lei 2.145, de 29 de dezembro de 1953; *29*, de 15 de janeiro de 1989, que dispõe sobre a organização da Presidência da República e dos Ministérios, posteriormente republicada sob o *39*, de 15 de fevereiro de 1989; *41*, de 13 de março de 1989, criando a Secretaria Especial de Ciência e Tecnologia; *62*, de 1 de junho de 1989, que limita em sete o número de Zonas de Processamento de Exportações (ZPE); *64*, de 5 de junho de 1989, que fixa a competência do Conselho Nacional de Energia Nuclear e do Departamento Nacional de Águas e Energia; *66*, de 8 de junho de 1989, sobre adoção, pelo IBGE, de metodologia análoga à do Sistema Nacional de Índices de Preços ao Consumidor; *72*, de junho de 1989, que estabelece obrigação para empresas sujeitas à CLT. São quinze Medidas Provisórias cujo atendimento aos pressupostos constitucionais de relevância e urgência não deveria ultrapassar o juízo preambular da admissibilidade, salvo benignidade do Congresso Nacional."

20. Antônio Francisco de Sousa (op. cit., p. 22), concordando com Fritz Ossenbühl, sustenta que o problema dos conceitos indeterminados no direito administrativo não é, simplesmente, um problema de natureza jurídica, mas de repartição de competência entre os Tribunais e a Administração. A ideia pode ser transportada para o campo das medidas provisórias. Relevância e urgência – enquanto conceitos jurídicos indeterminados – conduzem a uma situação de divisão de competência legislativa entre o Poder Legislativo e o Poder Executivo. O sentido e o alcance que sejam conferidos a esses conceitos afetarão diretamente a ideia de excepcionalidade ínsita à competência legislativa conferida ao Presidente da República. Cabe ao Judiciário dar a última palavra sobre a questão, definindo, afinal, de quem é a competência em determinada situação.

21. As cláusulas abertas relacionam-se ao dinamismo de que devem ser dotados os ordenamentos jurídicos contemporâneos. A textura arejada das normas possibilita sua adaptação à realidade cambiante, revelando-se característica bastante positiva. "Os conceitos indeterminados, conhecidos como 'princípios-válvula' na linguagem anglo-saxã, permitem a interação constante entre fato e norma, e oferecem a vantagem de adaptar-se às circunstâncias, podendo responder, com isso, a situações particulares cuja concreta individualização é de impossível concreção na norma mãe." (MIDÓN, Mario A. R., op. cit., p. 80. Tradução livre)

não os da sociedade. A relevância há, portanto, de vincular-se unicamente à realização de um interesse público.

De outro ângulo, a relevância autorizadora da deflagração da competência normativa do Presidente da República não se confunde com a ordinária, desafiadora do processo legislativo comum. Trata-se, antes, de relevância extraordinária,[22] excepcional,[23] especialmente qualificada,[24] contaminada pela contingência, acidentalidade, imprevisibilidade.

---

22. Não há que se confundir, no entanto, as situações simplesmente não ordinárias com casos de absoluta extraordinariedade. Nesse sentido, Omar Kadri (op. cit., p. 161) destaca que a relevância e a urgência do art. 62 da CF são distintas das reguladas pelos arts. 136 e 137 da CF (estado de defesa e estado de sítio). "A Constituição Brasileira, ao relativizar os pressupostos habilitantes, pretendeu separar duas situações bastante distintas, quais sejam, a necessidade de uma intervenção normativa rápida em situações simplesmente não ordinárias, isto é, fora do quotidiano, que em razão da relevância da matéria e pela ausência de procedimento legislativo parlamentar ajustado (urgência), habilita o Governo a adotar atos normativos primários, com força de lei (ex.: instabilidades econômicas e sociais) e outra, que são os casos de intervenção normativa nos casos de absoluta extraordinariedade (necessidade e urgência constitucionais), traduzidos na defesa do Estado e das Instituições Democráticas (Estado de Defesa e Estado de Sítio), que possuem procedimentos de adoção próprios descritos pela Constituição Federal (arts. 136 e 137, CF). A tomada em termos absolutos dos conceitos de necessidade e urgência reflete precisamente uma situação de anomalia ou anormalidade constitucional (ex.: desequilíbrio institucional), dito em outras palavras, resulta da impossibilidade de se manter a normalidade mediante o desenvolvimento das funções (poderes) ordinárias por parte dos órgãos constitucionais competentes. Nesses casos, de excepcionalidade constitucional, a própria Constituição, entendida como norma suprema do Estado, onde todos os poderes estatais a ela se encontram vinculados, regula jurídico-constitucionalmente as situações de necessidade e urgência constitucionais. (...) [Já] os pressupostos constitucionais habilitantes de que trata o art. 62 da Constituição Federal, referem-se a situações de plena normalidade constitucional e institucional."

23. É absolutamente pertinente a doutrina de Alexandre Mariotti (op. cit., p. 71), no sentido de que a aderência ao Direito italiano exige certa dose de cuidado. A doutrina italiana equipara a situação excepcional, ocorrente dentro da normalidade, com a situação de exceção que põe em risco a sobrevivência do Estado. Segundo o autor, "trata-se de um problema peculiar à ordem constitucional italiana, inexistente em face da Constituição de 1988 diante das regras atinentes ao estado de defesa e ao estado de sítio (arts. 136 a 141). Não resta qualquer dúvida que as medidas provisórias não se dirigem ao disciplinamento de situações de exceção. Assim, o 'estado de necessidade' que por vezes se invoca como ensejador de sua edição deve ser entendido numa acepção branda, de necessidade dentro da normalidade." Distinguindo a necessidade característica da legislação de urgência e o estado de necessidade, a lição de Mario Midón (op. cit., p. 44, tradução livre): "o Estado de Necessidade é em Direito Público

Não há dúvida de que o conceito de relevância é, até certo ponto, mais fluido que o de necessidade, presente nas Constituições espanhola e italiana.[25] O Constituinte de 1988, lamentavelmente, ao seguir a experiência italiana, não foi inteiramente fiel, adotando como pressuposto material um significante habilitador menos preciso (que vem desde os antigos decretos-leis – "relevante interesse público"). Incumbe aos operadores jurídicos, não obstante, a tarefa de desenhar os traços dentro dos quais está autorizado a transitar a realização do pressuposto. Nesse ponto, cumpre solidificar o entendimento formulado na segunda edição deste livro (que retificou posição assumida na primeira edição):

---

um acontecimento que ainda que possa ser previsto resulta extraordinário, à diferença da necessidade, que é ordinária; esta última é permanente e regular, o primeiro é sempre transitório e anômalo; enquanto para superar a necessidade basta a legislação comum, para conjurar o Estado de Necessidade é indispensável lançar mão de remédios excepcionais." Ivo Dantas adverte que: "a) o permissivo contido no art. 62 da Constituição Federal não deverá ser interpretado como sinônimo de autorização para que se elaborem normas jurídicas típicas de uma legalidade excepcional, tomada no sentido de direito constitucional de crise, pois essas estão explícita e minuciosamente regulamentadas na própria Constituição, no seu Título V, ao tratar da 'Defesa do Estado e das Instituições Democráticas', e onde, mesmo aí, o Presidente da República não será dono e senhor absoluto da verdade, pois, em providência salutar, o constituinte de 87/88 lhe instituiu limites rígidos, tanto na hipótese de Estado de Defesa como na do Estado de Sítio, a ponto de não afastar a 'responsabilidade pelos ilícitos cometidos por seus executores e agentes' (art. 141); b) se nas hipóteses do Título V, estaremos diante de um direito constitucional de crise ou de Legalidade Especial que justifica até a suspensão temporária de certos direitos e garantias individuais, no caso sob exame a Legalidade não sofre nenhuma descontinuidade em seu conteúdo, pois o que a Constituição permite são medidas ou providências provisórias, em razão dos requisitos por ela mencionados, e que, por serem portadoras destas características, apenas terão força de lei, visto que, só após sua conversão pelo Congresso Nacional, poderão ser entendidas como lei, em sentidos material e formal" (DANTAS, Ivo. *Aspectos jurídicos das medidas provisórias*. 3. ed. Brasília: Brasília Jurídica, 1997, p. 66). No mesmo passo, refere Leonardo de Faria Galiano que a relevância necessária para a edição de medida provisória não é absoluta, pois, caso contrário, seria mais útil a decretação do estado de sítio ou de defesa (GALIANO, Leonardo de Faria. *As medidas provisórias como veículo introdutor de normas tributárias*. Brasília: Brasília Jurídica, 2006. p. 72).

24. GRECO, Marco Aurélio, op. cit., p. 24.
25. Sérgio de Andrea Ferreira (op. cit., p. 166) concorda que "a Constituição brasileira foi, em relação ao modelo italiano, parcimoniosa, porque, ao lado da urgência, falou de relevância, ao invés de necessidade, sendo certo que não empregou a cláusula que sua irmã usa, e que é fundamental; que somente cabe a medida em casos extraordinários. Em caráter excepcional, que se traduz na dicção literal da Constituição Italiana, se não expresso na Constituição brasileira, tem de ser entendido como presente para legitimar a atuação do Executivo nesse campo."

a relevância de que trata a Constituição não é, apenas, da matéria tratada,[26] devendo qualificar, também, a situação ensejadora (estado de necessidade) da medida provisória.[27] Cumprirá, evidentemente, ao Poder Judiciário verificar, em cada caso, o que é ou não relevante.[28]

Além de relevante, a situação exigente da adoção de medida provisória deve ser urgente. O art. 62 da Constituição, portanto, como adverte Cármen Lúcia Antunes Rocha, deve ser lido do seguinte modo: "*em caso de relevância e quando esse caso de relevância for urgente*".[29]

O pressuposto urgência admite maior precisão conceitual: "A urgência alia questão de tempo (momento) com a condição social nela constatada. A urgência qualifica o momento e define o tempo[30] de exercício de uma

---

26. É evidente que a matéria tratada deve ser relevante. É de estranhar medida provisória editada para vincular a Fundação Osório ao Ministério do Exército (MP 623, reeditada com os números 664, 714, 768, 837, 897 e 942, convertida na Lei 9.026/95), para inscrever os nomes de Tiradentes e Deodoro da Fonseca no Livro dos Heróis da Pátria (MP 105, convertida na Lei 7.919/89), ou para estabelecer a obrigatoriedade de os novos aparelhos de televisão conterem dispositivo para bloqueio temporário da recepção de programação inadequada (MP 195/2004, rejeitada).
27. Há doutrina no sentido de que a relevância não envolve a matéria disciplinada, mas apenas a situação social sobre a qual incidirá a medida. Nessa linha, Cármen Lúcia Antunes Rocha (*Medidas provisórias e princípio da separação de poderes*..., cit. p. 59) para quem: "Pressupõe-se, então, que a relevância prevista constitucionalmente concerne à circunstância social a tornar exercitável a competência descrita no art. 62, da Lei Fundamental da República brasileira. Esta circunstância tem de ser objetivamente demonstrativa de uma necessidade social de importância insuperável por outra medida que não aquela de natureza normativa (com força de lei) adotada, provisoriamente, pelo Presidente da República."
28. "Somente se o uso de Medidas Provisórias fizer-se sempre que estas visarem proteger direito, garantia ou bem jurídico, constitucionalmente positivados, e, (observadas as regras do arts. 246 e 62, da Constituição Federal), tão ou mais relevantes que os princípios da legalidade e da tripartição dos poderes e ameaçados de perda ou prejuízo irreparáveis é que se constatará a presença da legitimidade. Somente assim considerar-se-á proporcional, ou seja, razoável, o sacrifício dos princípios da legalidade e da tripartição de poderes, conforme ora estudado. Caso contrário, resta *inconstitucional* a edição de Medida Provisória por injustificada ofensa aos princípios da legalidade e da tripartição de poderes" (FRANCO, Ana Cristina de Paiva. Projeto de Emenda Constitucional 472-E e medidas provisórias: o exercício pelo Poder Executivo de função legislativa no Estado Democrático de Direito. In: SOUZA, Carlos Aurélio (Coord.), op. cit., p. 368).
29. ANTUNES ROCHA, Cármen Lúcia, *Medidas provisórias e princípio da separação de poderes* ..., cit. p. 60. (Grifo da autora.)
30. Acerca da relação entre urgência e tempo, assinala José Levi Mello do Amaral Júnior (op. cit., p. 158-159): "Quanto à urgência, observa-se, no Brasil, prática institucional que atrela a medida provisória não tanto a um determinado lapso temporal, mas, sim,

competência".[31] Relaciona-se com a inevitabilidade do provimento, que deve ser tal por impedir o emprego de meios ordinários.[32] Com urgência, está-se indicando perigo de dano, a probabilidade de manifestar-se evento danoso; enfim, a situação de periculosidade exigente de *ordinanza extra ordinem*. A experiência europeia, nesse particular, é perfeitamente assimilável. Se a relevância é da matéria e da situação, a urgência é do provimento.[33] Por essa razão é que se justifica o uso da medida provisória tendo em vista a caracterização de um estado de necessidade legislativa,[34] "que impõe ao Poder Público a adoção

---

a um juízo político de oportunidade e conveniência. Daí não raro uso da expressão urgência política. No entanto, a jurisprudência do Supremo Tribunal Federal admite o emprego de *critérios objetivos*, de ordem jurídico-temporal, para a demonstração (insista-se) *objetiva* – isto é, acima do subjetivismo próprio do juízo político – da eventual não ocorrência de urgência a legitimar a adoção de medida provisória."

31. ANTUNES ROCHA, Cármen Lúcia, *Medidas provisórias e princípio da separação de poderes* ..., cit. p. 60. Ainda no contexto do antigo decreto-lei, Geraldo Ataliba (op. cit., p. 31), em lição perfeitamente aplicável às medidas provisórias, alertava que "é necessário que surja uma situação imprevisível, configurando uma emergência exigente de providência normativa imediata. Vale dizer: que irrompa subitamente um estado de premência requerendo disciplina instantânea. A urgência deve ser bem caracterizada e bem documentada tendo em vista a ulterior (e, mesmo eventual, remota) apreciação judicial."

32. BARTOLOMEI, Franco. Ordinanza: diritto amministrativo. *Enciclopedia del Diritto*, Milano, n. XXX, p. 979, 1980. Segundo o autor, a urgência tem seus graus, mas para a legitimidade do provimento parece suficiente que venha estabelecida a inevitabilidade do perigo ou do dano. Para, Giuseppe de Vergottini (op. cit., p. 194), diversamente, a inevitabilidade da intervenção caracteriza o pressuposto da necessidade, ao passo que a urgência da medida estaria configurada quando a intervenção não pudesse ser adiada.

33. MACHETTI, Pablo Santolaya, op. cit., p. 110.

34. MASSUDA, Janine Malta, op. cit., p. 57. Contudo, esse estado de necessidade legislativa que justifica a produção de normas primárias, pelo Poder Executivo, mediante exercício de competência legislativa de urgência não pode ser confundido com a ordenança de necessidade francesa nem com o estado de necessidade legislativa previsto na Lei Fundamental de Bonn. "A ordenança de necessidade, prevista no art. 16 da Constituição francesa, prevê a concessão de poderes excepcionais ao Presidente da República em casos extraordinários de necessidade e urgência, quando as instituições da República, a independência da nação, a integridade de seu território ou a execução de seus compromissos internacionais se encontram ameaçados de maneira grave e imediata, e o funcionamento regular dos poderes públicos constitucionais for interrompido. Nestas hipóteses o Presidente da República tomará as medidas exigidas por estas circunstâncias, depois de consultar oficiosamente o Primeiro-Ministro e os Presidentes das Assembleias e do Conselho Constitucional, informando à nação por meio de mensagens. Diferente é a disciplina do Estado de Necessidade Legislativa,

imediata de providências, de caráter legislativo, inalcançáveis segundo as regras ordinárias de legiferação, em face do próprio *periculum in mora* que fatalmente decorreria do atraso na concretização da prestação legislativa."[35]

O conceito de urgência é relacional[36] e, nessa medida, relativo. Uma ação é urgente quando inadiável para alcançar determinado fim.[37] Manifesta-se quando "o desenvolvimento do procedimento legislativo ordinário, inclusive o abreviado, não permite a obtenção tempestiva de uma finalidade proposta pelo Governo".[38] Ou, como prefere Marco Aurélio Greco, "não existe urgência se a eficácia da disposição só puder se materializar após um lapso temporal suficientemente amplo que permitiria a tramitação normal do processo legislativo, em algumas formas disciplinadas pela Constituição".[39] A doutrina brasileira, nesse particular, alcançou relativo consenso.[40] Corroborando o entendimento

---

previsto na Constituição alemã, que coloca em situações em que haja crise política entre o Governo e o Parlamento, permitindo a governabilidade do país, em ocasiões em que o Chanceler não detenha o apoio da maioria do Parlamento" (BARROS, Carolina Alves. Medidas provisórias: o *decretto-legge* nos países que adotaram o instituto. In: SOUZA, Carlos Aurélio (Coord.), op. cit., p. 287).

35. ADI 221-MC, julgada pelo Tribunal Pleno do STF em 29.03.1990, sendo relator o Ministro Moreira Alves. *DJ* 22.10.1993. Voto do Ministro Celso de Mello.

36. MACHETTI, Pablo Santolaya, op. cit., p. 110.

37. A urgência pode ser caracterizada até mesmo quando tramita projeto de lei sobre a mesma matéria, pois a lentidão do trâmite legislativo pode ensejar a adoção de medida provisória. Nesse sentido, posicionou-se o STF: "A existência de projeto de lei sobre a matéria, antes de provar a falta de urgência, pode evidenciá-la, se o processo legislativo não se ultima no tempo em que o Poder competente razoavelmente reputa necessário à vigência da inovação proposta, que, de qualquer modo, ficará sujeita à decisão final, *ex tunc*, do Congresso Nacional" (ADI/MC 526-0/DF, julgada pelo Tribunal Pleno do STF, sendo relator o Ministro Sepúlveda Pertence. *DJ* 05.03.1993).

38. MACHETTI, Pablo Santolaya, op. cit., p. 110. Tradução livre. Na versão original: "el desarrollo del procedimiento legislativo ordinário, incluso el abreviado, no permite el logro tempestivo de una finalidad propuesta por el Gobierno."

39. GRECO, Marco Aurélio, op. cit., p. 24.

40. Conferir, por exemplo, CARRAZZA, Roque Antônio, op. cit., p. 290. Para o autor, "só há urgência, a autorizar a edição de medidas provisórias, quando, comprovadamente, inexistir tempo hábil para que uma dada matéria, sem grandes e inilidíveis prejuízos à Nação, venha a ser disciplinada por meio de lei ordinária." Em sentido semelhante: ÁVILA. Humberto Bergmann, op. cit., p. 83; FIGUEIREDO, Fran, op. cit., p. 140; CHIESA Clélio, op. cit., p. 48-49; MELLO, Celso Antônio Bandeira de, *Curso de Direito Administrativo*..., 25. ed., p. 132; ANTUNES ROCHA, Cármen Lúcia, *Medidas provisórias e princípio da separação de poderes*..., cit. p. 60; BARIONI, Danilo Mansano, op. cit., p. 72; TAVARES, Alexandre Macedo. *Medida provisória em matéria tributária*: uma análise à luz de marcos condicionantes de hermenêutica jurídica.

de que a medida provisória cabe quando não for possível aguardar o trâmite legislativo ordinário, dispõe o art. 35, inciso V, do Dec. 9.191/2017, que não será disciplinada por medida provisória matéria "que possa ser aprovada sem dano para o interesse público nos prazos estabelecidos pelo procedimento legislativo de urgência previsto na Constituição."

Ainda, o § 6.º do art. 62 da Constituição Federal, acrescentado pela Emenda Constitucional 32, de 11 de setembro de 2001, destaca a primazia da medida provisória sobre qualquer outra deliberação. A medida deverá ser apreciada em até quarenta e cinco dias após sua publicação, sob pena de entrar em regime de urgência em cada uma das Casas Legislativas, provocando o sobrestamento das demais deliberações legislativas do Plenário da Casa em que estiver tramitando. A normativa demonstra a urgência inerente ao provimento provisório.

Não se pode esquecer, entretanto, de que urgente deve ser não apenas a adoção da norma editada (vigência) como, igualmente, a sua incidência (aplicação).[41] Por isso, a melhor doutrina tem, em geral, como inadmissível a adoção de medida provisória para produzir efeitos após determinado lapso temporal (eficácia diferida).[42]

Florianópolis: Momento Atual, 2005. p. 69; NIEBUHR, Joel de Menezes, op. cit., p. 90-98; NICOLAU, Gustavo Rene. *Medidas provisórias*: o Executivo que legisla. Evolução histórica no constitucionalismo brasileiro. São Paulo: Atlas, 2009. p. 121-122; MÜLLER, Friedrich. As medidas provisórias no Brasil diante do pano de fundo das experiências alemãs. In: GRAU, Eros Roberto; GUERRA FILHO, Willis Santiago (Orgs.). *Direito constitucional*: estudos em homenagem a Paulo Bonavides. São Paulo: Malheiros, 2001. p. 339. Ressalte-se que, para GALIANO, Leandro de Faria (op. cit., p. 77), "a apreciação e escolha de qual veículo normativo será utilizado (medida provisória ou projeto de lei com pedido de urgência) caberá exclusivamente ao Presidente da República, sendo que a ele é dado aferir se a disciplina de determinada matéria pode ou não aguardar o trâmite do processo legislativo de urgência. Tudo decorre do fato de que o ato normativo em apreço reveste-se de natureza política no momento de sua edição."

41. AMARAL, Antônio Carlos Cintra do. Medidas provisórias. *Revista de Direito Público*, São Paulo, n. 91, jul./set., p. 116. Concorda o autor que as medidas provisórias são cabíveis "somente quando se evidencia a necessidade de terem eficácia imediata, quer instantânea, quer duradoura (...). Vale notar, aliás, que quase toda medida urgente é de eficácia imediata, mas nem toda medida de eficácia imediata é urgente."

42. MACHETTI, Pablo Santolaya, op. cit., p. 121. Em sentido contrário, Leonardo De Faria Galiano sustenta que, em alguns casos, legitima-se a medida provisória mesmo que as prescrições sejam aplicadas apenas após certo tempo. São situações em que há urgência de prover, que se refere à urgência em editar ato normativo para a disciplina de certo tema, atendendo aos anseios sociais, políticos ou econômicos. Em outro plano está a urgência de aplicar, que é a urgência de pôr em prática as regras exigidas pela comunidade. Logo, para o autor (op. cit., p. 80), "justifica-se a aplicação diferida no

Embora inexista expressa determinação constitucional nessa direção, em virtude de sua excepcionalidade, a edição da medida provisória deve ser suficientemente motivada.[43] O § 5.º do art. 62 da Constituição, advindo da Emenda

---

tempo da medida provisória, desde que esse adiamento da incidência dos preceitos normativos não seja indefinido ou postergado para momento muito distante." Essa linha encontra respaldo na doutrina italiana: "Quanto à urgência, em tal óptica atine ao mero prover e não ao provimento em concreto: o que justifica a não imediata eficácia dos preceitos fixados no decreto" (RODRIGUEZ, Maria. Articolo 77. *Commentario breve alla Costituzione.* Dirigido por Vezio Crisafulli e Livio Paladin. Padova: Cedam, 1990. p. 477). Com a promulgação da EC 32/2001, tem-se uma peculiaridade. O § 2.º do art. 62 da CF dispõe que "Medida provisória que implique instituição ou majoração de impostos, exceto os previstos nos arts. 153, I, II, IV, V, e 154, II, só produzirá efeitos no exercício financeiro seguinte se houver sido convertida em lei até o último dia em que foi editada." Cabe por ora (eis que será objeto de outro capítulo) apenas mencionar que, nessa hipótese, instituiu-se medida provisória com eficácia diferida. Cf. TAVARES, Alexandre Macedo, op. cit., p. 93-96.

43. Nesse sentido: GRECO, Marco Aurélio, op. cit., p. 18; ARANTES, Rogério Bastos. *Judiciário e política no Brasil*. São Paulo: Fabesp, 1998, p. 127; GRAU, Medidas Provisórias na Constituição de 1988. *Revista dos Tribunais*, São Paulo, n. 658, ago. 1990, p. 242; FERREIRA, Sérgio de Andrea, op. cit., p. 166; BRITTO, Carlos Ayres. *O perfil constitucional da licitação*. Curitiba: ZNT, 1997. p. 84; AMARAL JÚNIOR, José Levi Mello do, op. cit., p. 231, CORREIA, Juliana Nobre, op. cit., p. 37-39; CUNHA, Sérgio Sérvulo, op. cit., p. 96; RODRIGUES, Ana Cláudia, op. cit., p. 79-80; CONCEIÇÃO, Márcia Dominguez Nigro. *Conceitos indeterminados na Constituição*: requisitos de relevância e urgência (art. 62, CF). São Paulo: Celso Bastos, 1999, p. 109. Contra: REIS, Carlos David S. Aarão. Medida provisória: controle jurisdicional de seus pressupostos. *Revista Trimestral de Direito Público*, São Paulo, n. 8, 1994, p. 121. Eros Roberto Grau afirma que "se impõe ao Presidente da República, na ordem constitucional vigente, a motivação da relevância e urgência da medida, o que, evidentemente, importa que, em cada caso, relevância e urgência deixem de ser indeterminadas. Evidente que, superada essa indeterminação, já não se afasta a possibilidade do controle judicial em relação ao vício, no processo legislativo, que se vier alegar." Carlos Ayres Britto (op. cit., p. 84) preleciona: "Este último requisito formal (a motivação), alerte-se, vem sendo iterativamente desconsiderado, pois o fato é que as medidas provisórias não têm sido publicadas com uma parte preambular motivacional. E essa carência de motivação, por contrariar requisito substancial de cada medida provisória (tanto quanto a escritura pública é da substância da transmissão de imóveis por atos inter-vivos), já deveria operar como razão suficiente para a sumária nulidade do ato presidencial. A justificativa para a edição de cada qual dessas medidas tem sido apresentada, formalmente, apenas na exposição de motivos ao Congresso Nacional, como se somente ao Poder Legislativo coubesse ajuizar da correlação lógica entre os eventos ou situações tidas por existentes e a providência oficial adotada pelo Presidente da República (...)." Para Leonardo de Faria Galiano (op. cit., p. 63-65), a motivação não é indispensável para o uso da medida provisória, pois não há exigência legal nesse sentido e,

Constitucional 32/2001, dispõe que "A deliberação de cada uma das Casas do Congresso Nacional sobre o mérito das medidas provisórias dependerá de juízo prévio sobre o atendimento de seus pressupostos constitucionais." Diante disso, afirma Soares do Nascimento que a normativa reforçou "a obrigatoriedade de motivação por parte do Executivo, justificando a relevância e urgência no tratamento da matéria objeto de medida provisória".[44] O Decreto 9.191/2017 e a Resolução 01/2002 do Congresso Nacional enfatizaram expressamente a necessidade de motivação dos atos.[45]

Logo, compete ao Presidente da República demonstrar, mediante a motivação, a ocorrência dos pressupostos autorizadores.[46] Tal prática facilita o controle

---

se houvesse, seria ingerência na competência privativa do Presidente da República. Contudo, é desejável, pois restringiria a hipótese de responsabilização estatal por atos legislativos e ofereceria parâmetro para o controle político e jurisdicional da medida. Na Argentina, MIDÓN, Mario A. R., (op. cit., p. 118-119) apoia a motivação.

44. NASCIMENTO, Rogério José Bento Soares do. *Abuso do poder de legislar*: controle judicial da legislação de urgência no Brasil e na Itália. Rio de Janeiro: Lumen Juris, 2004, p. 250.

45. Dec. 9.191/2017: "Art. 27. A exposição de motivos deverá: I – justificar e fundamentar, de forma clara e objetiva, a edição do ato normativo, com: a) a síntese do problema cuja proposição do ato normativo visa a solucionar; b) a justificativa para a edição do ato normativo na forma proposta; e c) a identificação dos atingidos pela norma; II – na hipótese de a proposta de ato normativo gerar despesas, diretas ou indiretas, ou gerar a diminuição de receita para o ente público, demonstrar o atendimento ao disposto nos art. 14, art. 16 e art. 17 da Lei Complementar nº 101, de 4 de maio de 2000, e no art. 107 do Ato das Disposições Constitucionais Transitórias; III – no caso de proposta de medida provisória, demonstrar, objetivamente, a relevância e a urgência; e IV – ser assinada pelo Ministro de Estado proponente." No Anexo do Decreto, propõe-se um adendo à exposição de motivos: "7. Deve ser proposta a edição de medida provisória? 7.1. O que acontecerá se nada for feito de imediato? 7.2. A proposta pode ser submetida ao Congresso Nacional sob a forma de projeto de lei em regime de urgência (art. 64, § 1°, da Constituição?) 7.3. Trata-se de matéria que pode ser objeto de medida provisória, tendo em vista as vedações estabelecidas no § 1° do art. 62 e no art. 246 da Constituição? 7.4. Estão caracterizadas a relevância e a urgência necessárias? 7.5. Em se tratando da abertura de crédito extraordinário, está atendido o requisito da imprevisibilidade? Também a Resolução 01/2002 do Congresso Nacional traz semelhante disposição: "Art. 2.° (...). § 1.° No dia da publicação da Medida Provisória no Diário Oficial da União, o seu texto será enviado ao Congresso Nacional, acompanhado da respectiva Mensagem e de documento expondo a motivação do ato."

46. A motivação facilita o controle da legitimidade das medidas provisórias pelo Legislativo e Judiciário. De outro ângulo, pode prestar-se a refrear o uso abusivo da medida. Na Itália, Enrico Spagna Musso lembra que o recurso ao decreto-lei tem representado, em muitos casos, o instrumento que o governo usa para impor ao Parlamento uma normativa que a maioria parlamentar presumivelmente não aprovaria ou o faria com

da legitimidade das medidas provisórias pelo Legislativo e pelo Judiciário. De outro ângulo, pode prestar-se a refrear o uso abusivo da medida. Com efeito, "se o próprio Governo não demonstra sua efetiva ocorrência, qual a referência a ser utilizada pelos Poderes Legislativo e Judiciário, ao apreciarem as medidas provisórias?" [47]

Por fim, não só a motivação é necessária, como também a existência de correlação estreita entre os motivos invocados (e, em consequência, também entre a situação de necessidade) e a disciplina normativa editada.

---

extremo retardamento, mediante o procedimento de formação da lei ordinária. Isso quer dizer que o excessivo recurso à decretação de urgência tem significado uma reação do Poder Executivo, manifestada em concreto, ainda que não respeitosa dos ditames constitucionais, como resposta à tendência assembleísta da forma de governo parlamentar italiana (MUSSO, Enrico Spagna. *Diritto costituzionale*. 2. ed. Padova: Cedam, 1986, p. 563). Em sentido semelhante, Ugo de Siervo entende que o fato de os decretos-lei tratarem de muitas matérias, de uma vez só, explica-se, em parte, basicamente pelo fato de ainda não se ter formado uma profunda homogeneidade entre o Governo e suas forças parlamentares. Aduz que o decreto-lei continua sendo uma espécie de pressão do Governo sobre os parlamentares, para chamar atenção de sua maioria, superando os riscos que podem ser enfrentados no escrutínio das comissões parlamentares (SIERVO, Ugo de. [Introduzione]. In: SIMONCINI, Andrea (Org.). *L'emergenza infinita*. La decretazione d'urgenza in Italia. Macerata: EUM, 2006, p. 13).

47. RODRIGUES, Ana Cláudia, op. cit., p. 79-80.

7

Matérias suscetíveis de tratamento pela Medida Provisória

Após a promulgação da Constituição Federal de 1988, alguns juristas ousaram sustentar que as medidas provisórias poderiam regular qualquer assunto.[1] Argumentava-se que a nova Constituição não enumerava as matérias suscetíveis de tratamento pela medida provisória, ao contrário da anterior, em relação aos decretos-leis.[2] Antes mesmo da promulgação da EC 32/2001, neste

1. Entre alguns, cumpre referir RAMOS, Saulo, Medida Provisória. In: XAVIER, Alberto; COSTA, Alcides Jorge; et al. *A nova ordem constitucional*. Rio de Janeiro: Forense, 1990, p. 593; FILOMENO, José Geraldo Brito. Infrações penais e medidas provisórias. *Revista dos Tribunais*, São Paulo, set. 1990, n. 659, p. 368 e TÁCITO, Caio, *Medida provisória em matéria tributária:* uma análise à luz de marcos condicionantes de hermenêutica jurídica. Florianópolis: Momento Atual, 2005, p. 52. Assim era a doutrina de Caio Tácito: "Se, como acima exposto, a nova Constituição é mais restrita no tocante à eficácia das medidas provisórias, de outra parte, concede ao Presidente da República, uma vez presentes os pressupostos de relevância e urgência, latitude irrestrita para edição de ato emergencial, com força de lei. Abandona-se a qualificação específica da Constituição de 1967. Não há mais limites, em razão da matéria, à iniciativa presidencial, a ser exercida em qualquer das áreas de competência legislativa da União." Caio Tácito, surpreendentemente, admitiu, inclusive (op. cit., p. 54), a incursão das medidas sobre as matérias reservadas à lei complementar: "Não há como tratar diversamente a validade da medida provisória quando a matéria versada deve ser objeto de lei ordinária, ou de lei complementar. A nosso ver, caberá tão somente, na última hipótese, que a conversão em lei ou a rejeição da medida provisória obedeçam, na decisão plenária, à qualificação de quorum prevista no art. 69 da CF, ou seja, deliberação por maioria absoluta."

2. Houve projetos de lei complementar e de emenda constitucional tendo por objetivo definir as matérias excluídas de regulação por medidas provisórias. O advento da EC 32/2001 atendeu a algumas dessas reivindicações, mas não representou um ponto final para as exigências de delimitações e especificações claras sobre o âmbito de incidência das medidas provisórias – como se verá a seguir –, tendo em vista ainda os projetos de emenda constitucional ainda em trâmite.

   Na Espanha, a Constituição arrola expressamente as matérias sobre as quais o decreto-lei não pode incidir: instituições básicas do Estado, direitos, deveres e liberdades dos cidadãos regulados no Título I, o regime das Comunidades Autônomas e o direito eleitoral em geral (ROYO, Javier Pérez. *Curso de Derecho Constitucional*. 9. ed. Madrid,

estudo defendia-se que tal posição merecia ser repelida, pois a interpretação da Constituição exige maior dose de sofisticação.[3] Tratando-se, a Lei Fundamental,

---

Barcelona: Marcial Pons, 2003. p. 830). Disso resulta que, naquele país, o âmbito do decreto-lei incide sobre território mais restrito que aquele da legislação delegada. Questão tormentosa encontra-se na incidência dos decretos-leis sobre os direitos e deveres dos cidadãos. O Tribunal Constitucional pronunciou-se sobre a matéria algumas vezes e de forma mais incisiva na Sentença 111/83, de 2 de dezembro. Nesta, o Tribunal afirma que uma interpretação muito restritiva do art. 86.1 esvaziaria o conteúdo da figura do decreto-lei, despindo-o de funcionalidade. O problema interpretativo centra-se no verbo "afetar", que o Tribunal considera como dotado de um conteúdo muito amplo, mas que não exclui a incidência propriamente dita, pois, de outra forma, seria difícil imaginar um decreto-lei que não afetasse o conteúdo do Título I. Assim, admite a possibilidade de o decreto-lei incidir no âmbito dos direitos, deveres e liberdades dos cidadãos, com a limitação de que essa incidência não pode chegar a regular o regime geral dos direitos, deveres e liberdades. Tampouco pode atentar contra o conteúdo essencial de tais direitos e liberdades, pois o verbo "afetar" deve ser interpretado como "incidência no estatuto jurídico dos direitos, deveres e liberdades, ou seja, como norma que afeta o regime jurídico geral dos mesmos" (ROYO, op. cit., p. 831-832).

Na Itália, cuja Constituição não define expressamente as matérias excluídas da incidência do decreto-lei, tramitou projeto de lei unificado pretendendo alterar substancialmente a redação do art. 77. Com efeito, em 21 de junho de 2007, a Comissão da Câmara dos Deputados, durante exame conjunto de várias propostas de revisão dos artigos constantes da Parte II da Constituição (relativos à forma de governo, composição e funções do Parlamento e exercício da função legislativa), adotou texto-base que substitui inteiramente o art. 77 vigente, excluindo e acrescentando novos elementos. Basicamente, as mudanças vão ao seguinte sentido: a) exclui-se inteiramente o primeiro parágrafo, que atualmente veda ao Governo emanar, sem delegação das Câmaras, decretos que tenham valor de lei ordinária; b) exclui-se, do segundo parágrafo, o trecho que permite ao Governo adotar as medidas provisórias com força de lei "sob sua responsabilidade"; c) ainda no segundo parágrafo, inserem-se limitações que trazem vedações e permissões ao âmbito material da decretação de urgência, muitas das quais já previstas pela Lei 400, de 1988; d) a lei de conversão deverá limitar-se ao conteúdo do decreto-lei, não podendo nele introduzir novas matérias; e, por fim, e) mantém-se o prazo decadencial de 60 dias, determinando, ainda, às Câmaras que assegurem em seus regulamentos que tal prazo seja observado. Essas informações, bem como um conciso panorama da disciplina jurídica do decreto-lei no ordenamento italiano, podem ser consultadas no *Dossier di documentazione n. 89*, de 4 de julho de 2007, elaborado pela Câmara dos Deputados, e disponível em: [www.camera.it].

3. Sobre o tema, consultar, entre outros, BARROSO, Luis Roberto. *Interpretação e aplicação da constituição*. 6. ed. São Paulo: Saraiva, 2004. BASTOS, Celso Ribeiro. *Hermenêutica e interpretação constitucional*. 3. ed. São Paulo: Celso Bastos e IBDC, 2002. FREITAS, Juarez. *A interpretação sistemática do direito*. 4. ed. São Paulo: Malheiros, 2004. BASTOS, Celso Ribeiro e AYRES BRITTO, Carlos. *Interpretação e aplicabilidade das normas constitucionais*. São Paulo: Saraiva, 1982. FERRAZ, Anna Candida da Cunha. *Processos*

de um todo unitário, apenas a interpretação sistemática,[4] embora com o auxílio inestimável dos demais elementos de interpretação, poderá oferecer o correto sentido de seus dispositivos. Por isso que, no silêncio da Constituição, restou à doutrina apontar, a partir do sistema constitucional, as limitações materiais às medidas provisórias.

É verdade, porém, que a omissão constitucional quanto às hipóteses de (não) cabimento de medida provisória contribuiu para o abuso na utilização desse instrumento normativo. Atendendo em parte ao clamor da sociedade, o Congresso Nacional promulgou a EC 32, de 11 de setembro de 2001. O poder constituinte reformador alterou profundamente o regime jurídico das medidas provisórias, inclusive estabelecendo expressamente certos limites materiais à edição da legislação de urgência (art. 62, § 1.º, CF).

A fixação de um rol expresso de matérias insuscetíveis de tratamento por medida provisória confirmou algumas limitações materiais já apontadas pela doutrina,[5] inclusive neste estudo, desde a primeira edição.

Cumpre, antes de tudo, reiterar a impossibilidade de medida provisória alterar a Constituição. A alteração da Constituição, como se sabe, depende de manifestação do poder constituinte derivado. É óbvio que, sendo a medida provisória instrumento normativo primário, mas não superprimário, encontra-se hierarquicamente subordinada à norma constitucional, não podendo incursionar sobre território reservado à ação do constituinte.[6]

---

informais de mudança da Constituição. São Paulo: Max Limonad, 1986, especialmente p. 19-171. COELHO, Inocêncio Mártires. *Interpretação constitucional.* 3. ed. São Paulo: Saraiva, 2007 e BERTI, Giorgio. *Manuale di interpretazione costituzionale.* 4. ed. Padova: Cedam, 2001.

4. Isso para ficar apenas com os elementos oferecidos pelo método tradicional (jurídico) de interpretação.
5. Ávila afirma que "Os *limites materiais* para a edição de medidas provisórias, instituídos pela emenda constitucional, não diferem muito dos anteriormente existentes. A emenda constitucional incluiu no texto constitucional aqueles limites que já haviam sido encontrados pela jurisprudência do Supremo Tribunal Federal e pela doutrina" (ÁVILA, Humberto. *Sistema constitucional tributário.* São Paulo: Saraiva, 2004. p. 128). Nesse sentido, afirma Nascimento que "a doutrina vinha sustentando uma série de vedações implícitas, em geral acompanhadas pela jurisprudência do Supremo Tribunal. (...) A Emenda tratou de positivar aquilo que era pacífico. Então, cabe indagar, os limites preexistiam à Emenda? Seu teor é de inovação ou de interpretação?" (NASCIMENTO, Rogério José Bento Soares do. *Abuso do poder de legislar:* controle judicial da legislação de urgência no Brasil e na Itália. Rio de Janeiro: Lumen Juris, 2004, p. 251)
6. FERRARI, Regina Macedo Nery. Medidas provisórias: estados e municípios. *Cadernos de Direito Constitucional e Ciência Política*, São Paulo, abr./jun. 1997, n. 19, p. 97; ROTHENBURG, Walter Claudius. Medidas provisórias e suas necessárias limitações.

Há, igualmente, matérias vedadas, quando tendentes à abolição, ao próprio poder constituinte derivado. As cláusulas pétreas, designadamente o núcleo substantivo contemplado, em especial, no art. 60, § 4.º, da Lei Fundamental – forma federativa de Estado, voto direto, secreto, universal e periódico, separação dos Poderes e direitos e garantias individuais –, não integram sequer o campo deixado à liberdade de configuração normativa do legislador constitucional.[7] Temas corretamente entrincheirados não estão, por isso, à disposição da ação normativa do Presidente da República.

Desde outra perspectiva, o Constituinte cuidou de algumas matérias como pertencentes à reserva absoluta do Legislativo,[8] insuscetíveis de delegação. Em

---

Revista dos Tribunais, São Paulo, abr. 1993, n. 690, p. 317; NIEBUHR, Joel de Menezes. *O novo regime constitucional da medida provisória*. São Paulo: Dialética, 2001, p. 110; BARIONI, Danilo Mansano. *Medidas provisórias*. São Paulo: Pillares, 2004, p. 96; KADRI, Omar Francisco do Seixo. *O Executivo legislador:* o caso brasileiro. Coimbra: Coimbra, 2004, p. 178-179. A inaptidão da medida provisória para veicular emenda à Constituição justifica-se do ponto de vista procedimental e material. Na Argentina: MIDÓN, Mario A. R. *Decretos de necesidad y urgencia* – en la Constitución Nacional y los ordenamientos provinciales. Buenos Aires: La Ley, 2001, p. 106-107. Na Itália, quanto à possibilidade de decreto-lei versar sobre matéria constitucional, Alfonso Celotto mostra-se favorável à incidência excepcional da legislação contingente sobre esse âmbito material, por tratar-se de instrumento normativo competente para enfrentar o imprevisível, muito embora o autor reconheça as dificuldades que esse entendimento comporta ("com que procedimento convertê-los?"). Por isso, citando MONDUGNO, afirma que "sua intervenção não poderá configurar forma de 'abrogação, nem de revisão constitucional, senão simplesmente de suspensão das correspondentes normas constitucionais'" (CELOTTO, Alfonso. Decreto-legge e attività del Governo [nella XIV Legislatura]. In: SIMONCINI, Andrea (Org.). *L'emergenza infinita*. La decretazione d'urgenza in Italia. Macerata: EUM, 2006, p. 79).

7. Nesse sentido: ÁVILA, *Medida provisória na constituição de 1988*. Porto Alegre: Sergio Antonio Fabris, 1997, p. 70; FERREIRA, Sérgio de Andréa. Medida provisória: natureza jurídica. *Revista Trimestral de Direito Público*, São Paulo, n. 1, 1993, p. 164.
8. Em determinadas situações, a Constituição exige lei do Congresso para disciplinar as matérias que especifica. É perfeitamente admissível falar-se em reserva de lei do Congresso no que se refere, por exemplo, às matérias enumeradas no art. 68, § 1.º, da Lei Magna. Conforme Jorge Reis Novais, "não é tanto a matéria em si, mas o conteúdo da norma que sobre ela incide que determina a eventual exigência de intervenção parlamentar. (...). É que, como se viu, a justificação material da reserva de lei parlamentar reside, hoje, quase exclusivamente, não tanto numa, todavia ainda assim, maior legitimidade democrática do Parlamento, mas, sobretudo, nos *ganhos* de transparência, pluralismo, participação e integração proporcionados pelo processo legislativo parlamentar relativamente a legislação oriunda do Executivo nacional. Por isso, a relevância jusfundamental não se esgota numa valoração abstracta da matéria em causa, mas determina-se essencialmente numa apreciação tópica em que, como

que pese, no sistema brasileiro, não se confundir a competência presidencial disposta no art. 62 da CF com a delegação legislativa, nem por isso o Presidente da República pode, por meio de medida provisória, dispor sobre aqueles conteúdos definidos no § 1.º do art. 68. Se tais matérias configuram reserva absoluta do Legislativo, não podendo, então, sofrer delegação, é porque o Constituinte não admite, sobre elas, a livre e indiscriminada incursão do Poder Executivo.[9]

Para Ives Gandra Martins, "aquilo que excluído está no art. 68, está excluído, também, no art. 62. As mesmas matérias que não podem ser objeto de delegação de competência legislativa para disciplinamento por meio de um veículo incomensuravelmente mais idôneo, que é a lei delegada, não podem, também, ser objeto de Medida Provisória, de tal maneira que restam restringidos os casos de urgência e relevância às matérias que não aquelas do art. 68".[10]

---

se disse, a reserva de lei parlamentar se justificará, nas zonas duvidosas, sempre que esses *ganhos*, valorados em função da matéria em causa e da natureza da intervenção normativa em apreciação, sobrelevarem as razões que apontem no sentido de uma normação mais rápida ou menos pluralisticamente exigente" (NOVAIS, Jorge Reis. *As restrições aos direitos fundamentais não expressamente autorizadas pela Constituição*. Coimbra: Coimbra, 2003. p. 876-878).

9. No sentido de que as matérias indelegáveis são insuscetíveis de tratamento por medida provisória, entre outros autores: DAMOUS, Wadih; DINO, Flávio. *Medidas provisórias no Brasil*: origem, evolução e novo regime constitucional. Rio de Janeiro: Lumen Juris, 2005. p. 120-129; CHIESA, Clélio. *Medidas provisórias:* regime jurídico-constitucional. 2. ed. rev., amp. e atual. de acordo com a EC 32/2001. Curitiba: Juruá, 2002, p. 64; e NIEBUHR, Joel de Menezes, op. cit., p. 113; FERREIRA, Sérgio de Andréa, op. cit., p. 164. CARVALHO, José Otávio Patrício. Aspectos salariais da medida provisória 434/94. *Suplemento Trabalhista*, São Paulo, 1994, n. 73, p. 430. PERRUD, Rogério José. Medida provisória: pressupostos para sua edição e inconstitucionalidade das reedições. *Revista Genesis de Direito Administrativo Aplicado*, Curitiba, jul./set. 1997, n. 14, p. 657. FIGUEIREDO, Fran, As medidas provisórias no sistema jurídico constitucional brasileiro. *Revista de Informação Legislativa*, Brasília, n. 110, abr./jun. 1991, p. 144. FERRARI, Regina Maria Macedo Nery, op. cit., p. 97. CLARK, Giovani. Medidas provisórias. *Revista de Informação Legislativa*, Brasília, jan./mar. 1992, n. 113, p. 163. DANTAS, Ivo, *Aspectos Jurídicos das Medidas Provisórias*. 3. ed. Brasília: Brasília Jurídica, 1997. p. 81; e MARIOTTI, Alexandre. *Medidas provisórias*. Porto Alegre, 1998. Dissertação de Mestrado. Programa de Pós-Graduação em Direito da Universidade Federal do Rio Grande do Sul, p. 116.

10. MARTINS, Ives Gandra, O Novo Regime Constitucional das Medidas Provisórias. In: ROCHA, Cármen Lúcia Antunes (Coord.). *Constituição e Segurança Jurídica*: Direito Adquirido, Ato Jurídico Perfeito e Coisa Julgada. Estudos em homenagem a José Paulo Sepúlveda Pertence. Belo Horizonte: Fórum, 2004, p. 266. Em sentido oposto, José Levi Mello do Amaral Júnior (*Medida Provisória e a sua conversão em lei*, p. 229) afirma não serem extensíveis à medida provisória os limites impostos à lei delegada, eis que cada normativa tem sua regulamentação constitucional específica. No mesmo sentido,

A EC 32/2001 acertou ao retirar do campo de regulamentação por medida provisória alguns assuntos insuscetíveis de delegação (art. 62, § 1.º, I, CF[11]). Todavia, inexiste simetria integral entre os limites estipulados para a lei delegada e aqueles trazidos pela Emenda.

Figuram como limites à medida provisória as seguintes matérias: nacionalidade, cidadania, direitos políticos,[12] partidos políticos e direito eleitoral (art. 62, § 1.º, I, *a*, CF). Já constavam como insuscetíveis de delegação os temas relacionados à nacionalidade, cidadania, direitos individuais, políticos e eleitorais (art. 68, § 1.º, II, CF).

Percebe-se que os direitos individuais – insuscetíveis de delegação legislativa – não foram expressamente excluídos do tratamento por medida provisória. Todavia, afirma-se que não podem ser objeto de tal veículo normativo.[13]

FERRAZ, Sérgio Valladão. *Curso de Direito Constitucional*: teoria, jurisprudência e 1.000 questões. 2. ed. rev., amp. e atual. até a EC 52/2006. Rio de Janeiro: Elsevier, 2006. p. 445.

11. "§ 1.º É vedada a edição de medidas provisórias sobre matéria: I – relativa a: a) nacionalidade, cidadania, direitos políticos, partidos políticos e direito eleitoral; b) direito penal, processual penal e processual civil; c) organização do Poder Judiciário e do Ministério Público, a carreira e a garantia de seus membros; d) planos plurianuais, diretrizes orçamentárias, orçamento e créditos adicionais e suplementares, ressalvado o previsto no art. 167, § 3.º."

12. Antes da EC 32/2001, já sustentávamos que os direitos políticos e eleitorais eram insuscetíveis de regência por medida provisória, à vista do especificado no art. 68, § 1.º, II, da Constituição (reserva de lei do Congresso). A disciplina legislativa do processo eleitoral, por outro lado, não pode ser objeto de providência normativa de urgência, não apenas porque sua adoção pelo Presidente da República (lamentavelmente autorizado a concorrer à reeleição) estaria a violentar o princípio democrático (art. 1.º da CF), mas também em virtude do disposto no art. 16 da Constituição, segundo o qual "a lei que alterar o processo eleitoral entrará em vigor na data de sua publicação, não se aplicando à eleição que ocorra até 1 (um) ano da data de sua vigência". Cuida-se, a incidente sobre o processo eleitoral, de lei de eficácia diferida. Atua, em relação a ela, singular princípio da anualidade, de modo a manifestar-se dissociação necessária entre a vigência e a eficácia jurídica. É inquestionável que semelhante exigência constitucional afasta de pronto a possibilidade de invocação, pelo Presidente da República, do pressuposto habilitante da urgência. Por esse fundamento, o apontado campo de regência normativa apresenta-se dotado de incompatibilidade com a legislação de emergência. Destaque-se que a Lei italiana 400/88, no art. 15, § 2.º, *b*, veda a adoção de decreto-lei sobre direito eleitoral, ao afastar do âmbito normativo da decretação de urgência a matéria reservada à delegação legislativa, tal qual prevista no art. 72, § 4.º da Constituição Italiana. Na Argentina, a Constituição expressamente exclui do âmbito material dos decretos de necessidade e urgência qualquer matéria eleitoral.

13. Em sentido contrário: FERREIRA FILHO, Manoel Gonçalves., *Do processo legislativo*. 6. ed. rev. e atual. São Paulo: Saraiva, 2007, p. 242. Para Galiano, não podem ser objeto de medidas provisórias apenas os direitos individuais relacionados às matérias vedadas

Afinal, os direitos individuais visam justamente à proteção da pessoa perante o Estado.[14] Nesse sentido, inexiste possibilidade de dispor de qualquer forma a respeito desses direitos.[15] Também para Damous e Dino, as medidas provisórias estão impedidas de versar sobre direitos individuais, tendo em vista que se relacionam com a cidadania. Explicam que "o *status* de cidadão tem em seu núcleo essencial a plenitude de fruição dos direitos fundamentais".[16]

Por outro lado, o tema "partidos políticos" foi afastado do âmbito das medidas provisórias; entretanto, igual vedação não consta como limite expresso à lei delegada. De fato, trata-se de questão insuscetível de normatização precária.[17] Como Ives Gandra Martins bem observa, os direitos políticos são direitos fundamentais, inserindo-se também no título II da Constituição

---

no art. 62 da Constituição (GALIANO, Leonardo de Faria. As medidas provisórias como veículo introdutor de normas tributárias. Brasília: Brasília Jurídica, 2006, p. 82-83). Na Argentina, Midón (op. cit., p. 117-118) estabelece como limites implícitos ao decreto de necessidade e urgência as declarações, direitos e garantias, e os direitos e as garantias que não se suspendem nem mesmo durante situações de emergência.

14. NIEBUHR, Joel de Menezes, op. cit., p. 113-114.

15. Interessante apontar que mesmo as medidas provisórias que não tenham por objeto direitos individuais podem afetá-los de algum modo. Explica Jorge Reis Novais (op. cit., p. 872-875): "De facto, atendendo ao extenso catálogo constitucional de direitos, liberdades e garantias e direitos análogos, bem como à profusão de legislação emitida pelo Governo, pode dizer-se que são inúmeros os decretos-leis em que, directa ou indirectamente, aspectos essenciais ou marginais desses direitos fundamentais são tocados, por um ou outro artigo ou disposição isolada no todo de um diploma, sem que o Governo disponha da respectiva autorização legislativa. De resto, basta considerarmos a expansão tendencial de direitos como o do desenvolvimento da personalidade, a liberdade de iniciativa econômica, o direito de propriedade ou o direito ao ambiente para se concluir que acabam por ser raros os actos legislativos em que, de uma ou outra forma, mais ou menos incidental e pontualmente, não se afectem aspectos ou áreas relevantes desses direitos fundamentais. (...) A nosso ver, há restrições aos direitos fundamentais sempre que há elementos restritivos contidos em actos legislativos independentemente das circunstâncias e objectivos que os movem (...)."

16. DAMOUS, Wadih e DINO, Flavio, *Medidas Provisórias no Brasil...*, p. 120. Também para David Araújo e Vidal Serrano, de acordo com uma interpretação sistemática, em conformidade com a Constituição, prestigiando os valores normativos ressaltados pelo constituinte originário, se não cabe delegação legislativa em matéria de direitos individuais, é porque não se pretendeu que o Executivo trate da matéria. Assim, não se admite medida provisória nessa seara (ARAÚJO, Luiz Alberto David de; SERRANO JÚNIOR, Vidal. *Curso de direito constitucional*. 8. ed. rev. e atual. São Paulo: Saraiva, 2004. p. 109).

17. Na Constituição Argentina, o regime dos partidos políticos é expressamente ressalvado do tratamento por via de decreto de necessidade e urgência (Conforme art. 99, 3º parágrafo).

Federal.[18] Os partidos políticos contribuem para o exercício da cidadania e são necessários para o funcionamento da democracia, tendo em vista que apenas filiados a partidos podem candidatar-se a cargos políticos.[19] O tema, portanto, vincula-se aos direitos políticos e à ideia de autogoverno.[20] A relevância do tema "partidos políticos" "impõe que apenas os representantes da totalidade da nação – e não apenas da maioria corporificada no Executivo – deliberem sobre sua conformação legal."[21]

Ainda cotejando os limites à lei delegada e à medida provisória, observa-se que a EC 32/2001 vedou à legislação contingencial versar sobre organização do Poder Judiciário e do Ministério Público, a carreira e a garantia de seus membros (art. 62, § 1.º, I, *c*, CF). Correta a limitação, já imposta à delegação normativa (art. 68, § 1.º, I, CF).

Não podem ser objeto de delegação planos plurianuais, diretrizes orçamentárias e orçamentos (art. 68, § 1.º, III, CF). Aplicam-se as mesmas limitações também às medidas provisórias (art. 62, § 1.º, I, *d*, CF).[22-23] A PEC 511/2006 (que

---

18. MARTINS, Ives Gandra, op. cit., p. 270-271.

19. "No Brasil, os cargos políticos nos Poderes Legislativo e Executivo são preenchidos mediante eleições, e só se admite candidato mediante a inscrição partidária (art. 14, § 3.º, V, CF/1988). Portanto, sem o concurso dos partidos, não há como organizar e desempenhar as funções estatais. Na democracia moderna, não há poder político, nem Estado, se não há partido político" (CUNHA, Sérgio Sérvulo da. A lei dos partidos políticos. In: VELLOSO, Carlos Mário da Silva; ROCHA, Cármen Lúcia (Coord.). *Direito eleitoral.* Belo Horizonte: Del Rey, 1996. p. 142).

20. VALLE, Juliana Carla Freitas do. *Medidas provisórias:* o procedimento legislativo e seus efeitos jurídicos. Brasília: FDK, 2004. p. 45.

21. MARTINS, Ives Gandra, op. cit., p. 271.

22. Já no contexto da Constituição de 1967, quando o Executivo estava autorizado a baixar medida provisória sobre finanças públicas, advertia Nelson de Sousa Sampaio ser evidente que "o orçamento está fora das regiões abertas à incidência de decreto-lei. Tudo o que sustentamos contra a delegação legislativa do orçamento aplica-se aqui, com mais vigor, pois seria flagrante o absurdo de o Presidente da República se autorizar a arrecadar receitas, a realizar despesas ou a abrir créditos suplementares. Além de atentar contra a lógica, o Poder Legislativo alienaria sua primacial função política e fiscalizadora do Executivo (...). É intuitivo também que o decreto-lei não pode conferir autorizações para abertura de créditos, não só porque estas são igualmente indelegáveis, mas também porque de novo esbarraríamos no dislate da 'auto-autorização'" (SAMPAIO, Nelson de Sousa. *O processo legislativo.* 2. ed. Belo Horizonte: Del Rey, 1996, p. 52). Em relação às medidas provisórias, fazendo críticas à utilização da providência normativa de urgência para alterar as leis orçamentárias (por exemplo, a MP 129, de 09.02.1990, posteriormente convertida na Lei 10.794 /2003), conferir CASTELLO, José Carlos Bruzzi. Incompatibilidades da medida provisória com as leis orçamentárias. *Advocacia Dinâmica,* Boletim Informativo

contemplava diversas mudanças no regime jurídico das medidas provisórias) vedava a edição de medidas provisórias sobre créditos adicionais.

No que tange às questões orçamentárias, é lícito o uso de medida provisória numa única hipótese, aquela prevista no art. 167, § 3.º, da Constituição: abertura de crédito extraordinário para atender a despesas imprevisíveis e urgentes, como as decorrentes de guerra, comoção interna ou calamidade pública.[24]

Semanal, n. 9, mar. 1990, p. 83. Na mesma linha: CASTRO, Robison Gonçalves de. Considerações acerca da constitucionalidade na expedição de medidas provisórias versando matéria orçamentária pública. *Revista de Informação Legislativa*, Brasília, abr./jun. 1995, n. 126, p. 105.

23. BRASIL. Mandado de segurança 22990/RJ. Rel. Ministro Sepúlveda Pertence. 19.12.1997. *Diário da Justiça da União,* 05.02.1990, p. 19. Embora o Ministro não tenha enfrentado o mérito da ação, em que parlamentar requeria a sustação liminar dos efeitos de medida provisória (com fundamento em usurpação pelo Executivo de competência privativa do Congresso Nacional para autorizações legislativas reclamadas pela Constituição e insuscetíveis de suprimento por medida provisória), porque entendeu que a capacidade judiciária para a impetração de segurança, quando o Poder Legislativo defenda suas prerrogativas é da Mesa da Casa Legislativa, valem as lições consignadas. O Ministro argumentou que a Constituição não delimitou explicitamente a área material das medidas provisórias. Todavia, é de se lhes aplicar as vedações à delegação legislativa (visto ser a medida provisória mais grave para a separação dos poderes do que a delegação) enumeradas no art. 68, § 1.º, da CF. Logo, é vedada medida provisória versando sobre matéria orçamentária, com ressalva da abertura de créditos extraordinários. Além desse limite constitucional, haveria vedação lógica ao tratamento de matéria orçamentária por decretação de urgência.

24. Juliana Freitas do Valle (op. cit., p. 47) acrescenta o requisito da imprevisibilidade para ser possível a abertura de crédito extraordinário por meio de medida provisória. Interessante apontar que foram editadas, após a EC 32/2001 e até 22.04.2008, 100 (cem) medidas provisórias sobre a matéria, sendo esse o tema predominante desses atos normativos. Em 14.05.2008, o STF finalizou o julgamento da medida cautelar da ADI 4048/DF, em que se pleiteia a declaração da inconstitucionalidade da Medida Provisória 405/2007, que abre crédito extraordinário em favor da Justiça Eleitoral e de diversos órgãos do Poder Executivo. O Ministro Gilmar Mendes, relator, deferiu a cautelar, suspendendo a eficácia da norma, por entender ter ocorrido patente desvirtuamento dos parâmetros constitucionais que permitem a edição de medidas provisórias para a abertura de créditos extraordinários. Expressou que, além dos requisitos de relevância e urgência, a abertura do crédito extraordinário deve ser feita apenas para atender a despesas imprevisíveis e urgentes, como aquelas decorrentes de guerra, comoção interna ou calamidade pública (art. 167, § 3.º, CF). Pela leitura da exposição de motivos da MP 405/2007, os créditos abertos seriam destinados a prover despesas correntes que não estariam qualificadas pela imprevisibilidade ou pela urgência. Esse importante pronunciamento pode ser tomado como restrição à edição de medidas provisórias pelo Executivo na questão de créditos extraordinários.

Não pode, também, a medida provisória regular temática reservada à lei complementar[25] (art. 62, § 1.º, III, CF) – como já amplamente defendido pela doutrina, por configurar questão insuscetível de delegação legislativa (art. 68, § 1.º, CF).

Por fim, apesar de o § 1.º do art. 68 da Constituição proibir a delegação dos atos de competência exclusiva do Congresso Nacional, assim como dos "de competência privativa da Câmara dos Deputados ou do Senado Federal", tais matérias não foram, pelo texto constitucional, expressamente vedadas à medida provisória.

Todavia, reitera-se o entendimento no sentido de que as matérias de competência exclusiva do Congresso Nacional e de competência privativa de cada uma de suas Casas, ainda que veiculadas por atos dotados de força de lei, não podem ser tratadas por medida provisória (eis que indelegáveis).[26] Elas não dizem respeito necessariamente à ação normativa do Estado, mas, em princípio, e salvo exceções, ao controle do Parlamento sobre os atos dos demais Poderes, em especial do Executivo. Estão a salvo, portanto, de tratamento por medida

---

25. "A imposição de lei em sentido estrito e de lei complementar para regular determinadas matérias estabelece, portanto, a necessidade de procedimento democrático alargado para a inovação do ordenamento jurídico. Nesse sentido, a lei de conversão não supre a necessidade de discussão e votação no Congresso Nacional para elaborar, discutir, e votar normas antes que produzam efeitos, nem a votação pelo Congresso Nacional de medida provisória, por *quorum* qualificado. Essa votação, com *quorum* qualificado é, apenas, o ato final de um procedimento democrático indispensável segundo a Constituição Federal. Se a obediência ao princípio democrático se dá pelo procedimento ampliado de discussão e votação, o ato final não equivale ao procedimento". (FIGUEIREDO, Marcelo. Reflexões a respeito da medida provisória na Constituição. In: GRAU, Eros Roberto; CUNHA, Sérgio Sérvulo (Coords.). *Estudos de direito constitucional em homenagem a José Afonso da Silva.* São Paulo: Malheiros, 2003. p. 395-397).

26. No mesmo sentido: MENDES, Gilmar Ferreira. *Curso de direito constitucional.* São Paulo: Saraiva, 2007. p. 844; AMARAL JÚNIOR, *Medida Provisória e a sua conversão em lei*, p. 221; NIEBUHR, op. cit., p. 113-114; DAMÁSIO, Adriano. Limites das medidas provisórias e PORTES JÚNIOR, Hermínio de. Medidas provisórias – limitações materiais. In: SOUZA, Carlos Aurélio (Coord.) *Medidas provisórias e segurança jurídica.* São Paulo: Juarez de Oliveira, 2003, p. 77-78 e 418-419, respectivamente; BARIONI, op. cit., p. 98; ARAÚJO, Luiz Alberto David e SERRANO, JÚNIOR, Vidal, op. cit., p. 109; e FERRAZ, Sérgio Valladão. *Curso de Direito Constitucional:* teoria, jurisprudência e 1.000 questões. 2. ed. rev., amp. e atual. até a EC 52/2006. Rio de Janeiro: Elsevier, 2006, p. 445. Na Argentina, frente ao silêncio da Constituição, também se defende como limite implícito aos decretos de necessidade e urgência as questões próprias do Congresso (MOLINA, Ramón Torres. *Absolutismo presidencial*: decretos de necesidad y urgência. Buenos Aires: Ediar, 2001. p. 77).

provisória. Constituiria verdadeira aberração admitir-se medida provisória, *v.g.*, autorizando o Presidente da República a se ausentar do País, aprovando o nome dos indicados para integrar o Supremo Tribunal Federal ou aprovando a conclusão de tratados internacionais.

Uma conclusão parcial pode, então, ser formulada: persistem como limites materiais à medida provisória aqueles estabelecidos para a legislação delegada. Alguns deles foram explicitados no art. 62 da Constituição, com o advento da EC 32/2001. Todavia, outras vedações permanecem como limites implícitos (direitos individuais e matérias de competência exclusiva do Congresso e privativa da Câmara dos Deputados e do Senado Federal). Afinal, "a analogia entre as proibições pertinentes à lei delegada e as vedações ao tratamento por medida provisória fundamenta-se: (a) no núcleo de competência indisponível do Congresso Nacional, que, mesmo querendo, não pode recusá-lo; e (b) no fato de versar a respeito de tema que não se afeiçoa à legislação excepcional, mormente em caráter de urgência, e que demanda estabilidade institucional."[27]

A EC 32/2001 aproveitou muitas das soluções apontadas pela doutrina, acrescentando outras vedações à legislação precária. É o caso da detenção ou sequestro de bens, de poupança popular ou qualquer outro ativo financeiro (art. 62, § 1°, II, CF). Nitidamente, trata-se de vedação adotada por razões históricas, decorrentes do trauma ocorrido no Governo Collor, quando foi decretado, de modo irracional e criticável, o congelamento de ativos financeiros (MP 168, convertida na Lei 8.024/90, que instituiu o Plano Brasil Novo).[28]

Da mesma forma, questão já disciplinada em projeto de lei aprovado pelo Congresso Nacional e pendente de sanção ou veto do Presidente não pode ser objeto de medida provisória (art. 62, § 1°, IV, CF). O objetivo é preservar a autonomia do Poder Legislativo, dando-lhe prioridade no exercício da função de legislar e respeitando a deliberação legislativa. A alteração do projeto de lei por medida provisória, no caso, desvirtuaria o instituto do veto.[29] Todavia,

27. NIEBUHR, Joel de Menezes, op. cit., p. 113.

28. O tema já foi objeto de nosso parecer, elaborado à época, oficiando como Procurador da República, apontando para a inconstitucionalidade do Plano Collor. Cf.: CLÈVE, Clèmerson Merlin. Parecer: Plano Collor (MP 169). *Revista Jurisprudência Brasileira*, Curitiba, n. 159, p. 17-27, 1990.

29. NIEBUHR, Joel de Menezes, op. cit., p. 107-108. Para ilustrar o posicionamento, pode-se citar que foram vetados vários pontos da Lei 10.303, de 31 de outubro de 2001, que acrescenta dispositivos na lei que regulamenta as sociedades anônimas (Lei 6.404/76). Na mesma data, a MP 8 (convertida na Lei 10.411/02) recuperou alguns dos dispositivos vetados.

subsiste a possibilidade de medida provisória interferir no projeto de lei após o veto ou a sanção.[30]

Ainda, ao proibir "a reedição, na mesma sessão legislativa, de medida provisória que tenha sido rejeitada ou que tenha perdido sua eficácia por decurso do prazo" (art. 62, § 10, CF), a EC 32/2001 acabou por trazer mais um limite ao conteúdo da medida provisória.[31] Embora o texto não impeça a edição de uma medida com o mesmo conteúdo de outra rejeitada em sessão legislativa anterior, entende-se ser possível apenas na superveniência de circunstâncias novas revestidas de relevância e urgência que justifiquem a sua introdução. Interpretação contrária faria tábula rasa do entendimento congressual acerca da inexistência dos pressupostos habilitantes para a MP.[32]

Nas edições anteriores, já se sustentava que a medida provisória não poderia incursionar, na mesma sessão legislativa, sobre matéria objeto de iniciativa anterior expressamente rejeitada pelo Congresso Nacional. A vedação, que decorre também do princípio da separação dos poderes, está implícita no art. 67 da Lei Fundamental: "a matéria constante de projeto de lei rejeitado somente poderá constituir objeto de novo projeto, na mesma sessão legislativa, mediante proposta da maioria absoluta dos membros de qualquer das Casas

---

30. Idem.
31. "O Presidente da República, no entanto, sob pena de ofensa ao princípio da separação de poderes e de transgressão à integridade da ordem democrática, não pode valer-se de medida provisória para disciplinar matéria que já tenha sido objeto de projeto de lei anteriormente rejeitado na mesma sessão legislativa (RTJ 166/890, Rel. Min. Octavio Gallotti). Também pelas mesmas razões, o Chefe do Poder Executivo da União não pode reeditar medida provisória que veicule matéria constante de outra medida provisória anteriormente rejeitada pelo Congresso Nacional (RTJ 146/707-708, Rel. Min. Celso de Mello)." (STF, ADI 2.010-MC, j. 30.09,1999, rel. Min. Celso de Mello. *DJ* de 12.04.2002) Raul Machado Horta destaca dois fundamentos que desaconselham a reapresentação de medida provisória rejeitada. O primeiro, de natureza política, é de que a reedição representaria um conflito entre o Presidente e o Congresso. O segundo, de natureza jurídica, é que a própria Constituição oferece solução para a não conversão da medida provisória em lei – o Congresso disciplinará as relações jurídicas decorrentes (HORTA, *Direito Constitucional*. 4. ed. rev. e atual. Belo Horizonte: Del Rey, 2003, p. 582-583).
32. Nesse sentido, para Samuel Nobre Sobrinho, o referido § 10 não permite a reedição, na sessão legislativa seguinte, da medida provisória rejeitada, tendo em vista que a rejeição afirma a ausência dos pressupostos para a edição do ato. Entretanto, admite que a alteração das circunstâncias fáticas pode autorizar a edição, em nova sessão, de medida provisória rejeitada (NOBRE SOBRINHO, Samuel. Medidas provisórias: suas origens, deformação de seu uso e a nova regulamentação advinda da Emenda Constitucional n. 32/2001. In: SOUZA, Carlos Aurélio (Coord.). *Medidas provisórias e segurança jurídica*. São Paulo: Juarez de Oliveira, 2003, p. 333.

do Congresso Nacional". É verdade que a medida provisória não se confunde com projeto de lei. Não é menos verdade, entretanto, que a medida provisória deve ser convertida em lei formal no prazo de sessenta dias (prorrogável por igual período). Consequência da providência cautelar é a deflagração do projeto de lei de conversão. Rejeitada anteriormente, despido do poder de iniciativa, estará o Presidente da República impossibilitado de apresentar ao Congresso Nacional nova medida com análogo conteúdo.

Cabe apontar, ainda, a proibição da disciplina, por meio de medida provisória, de "direito processual penal e processual civil"[33] (art. 62, § 1°, I, *b*).

Parece evidente que a legislação processual (processo civil e processo penal), porque diz de perto com a atuação do Judiciário e o princípio constitucional do devido processo legal, deve ficar a salvo da medida provisória.[34] Constituiria verdadeira heresia admitir-se medida provisória, sem expressa autorização constitucional, interferindo na atuação funcional do Judiciário ou restringindo as garantias do processo. Por isso, são também inadmissíveis aquelas adotadas com o propósito de restringir o poder de cautela do juiz, designadamente as proibitivas da concessão de liminares ou de antecipação de tutela em determinadas circunstâncias. A grave possibilidade de restrição do direito de acesso ao Judiciário, inclusive para prevenir lesão a direito, somente poderia manifestar-se, com a cuidado devido e para tutelar outros valores constitucionais, por meio de *lei formal*. Ademais, considerando o interesse do Poder Executivo em algumas demandas judiciais, medida provisória nessa seara poderia constituir instrumento de favorecimento à posição processual do Estado-parte. Por essas razões, sustenta-se que não apenas o direito processual penal e civil estão imunes ao tratamento por medida provisória, mas qualquer dimensão do direito processual judicializado, como o trabalhista, por exemplo.[35]

---

33. "A questão é saber que tipo de proibição o dispositivo alcança, que tipo de normas processuais estão interditadas ao *legislador* provisório. Em princípio, *todas* – é dizer, as normas relativas à criação, organização e funcionamento de órgãos jurisdicionais, normas referentes aos direitos e garantias individuais (fundamentais), as normas dispondo sobre remédios e ações de toda natureza, normas sobre jurisdição, competência, julgamentos – enfim, todo o direito processual civil" (grifo do autor) (FIGUEIREDO, Marcelo, *Reflexões a respeito da medida provisória na Constituição*, p. 406).

34. Acrescente-se que, com o contido no art. 2.° da EC 32/2001 ("As medidas provisórias editadas em data anterior à da publicação desta emenda continuam em vigor até que medida provisória ulterior as revogue explicitamente ou até deliberação definitiva do Congresso Nacional"), permanecem no ordenamento jurídico brasileiro medidas provisórias que tratam de direito processual, como a MP 2180-35/2001.

35. Em sentido contrário, para Leon Frejda Szklarowsky, seria permitido dispor mediante medida provisória sobre processo do trabalho e processo tributário, diante

Há vedação expressa, afirmada pela EC 32/2001 (art. 62, § 1.º, I, *b*, CF), do tratamento de matéria penal[36] por medida provisória. Como afirmado nas edições anteriores, tal espécie normativa não pode cuidar de direito penal (especialmente para instituir ilícitos, redefini-los ou majorar penas).[37] Deveras, nem por lei delegada pode ser regulada questão que envolve talvez o mais precioso dos direitos individuais (o direito à liberdade). E se descabe, a respeito, lei delegada, descabe, igualmente, a medida provisória (matéria sob reserva absoluta do parlamento).

Fundamento da vedação de medida provisória em matéria penal é também o princípio da legalidade estrita.[38] "O princípio da reserva legal em matéria

---

da inexistência de vedação constitucional (SZKLAROWSKY, Leon Frejda. *Medidas Provisórias*: Instrumento de governabilidade. São Paulo: Nova Dimensão Jurídica, 2004. p. 146). Paulo Pimenta esclarece que procedimentos administrativos podem ser regulados por medida provisória, mas não os procedimentos relativos às ações tributárias (porque constituiria tema de processo civil) (PIMENTA, Paulo Roberto Lyrio. As medidas provisórias em direito tributário: inovações da emenda constitucional nº 32/2001. *Revista Dialética de Direito Tributário,* São Paulo, n. 77, p. 106).

36. Como bem observa Lyrio Pimenta (op. cit., p. 105-106), a expressão "direito penal", aqui, deve ser interpretada em sentido amplo para incluir na proibição as sanções administrativas.

37. Nesse sentido, adotando eventualmente fundamentos distintos, conferir, entre outros: FERRARI, Regina Maria Macedo Nery, op. cit., p. 97; ROTHENBURG, Walter. Reflexões sobre as medidas provisórias (inclusive em matéria criminal). *Revista da Procuradoria Geral do Estado do Paraná* 3:72, p. 73; CLARK, Giovani, op. cit., p. 162; FRANCO, Alberto Silva. A medida provisória e o princípio da legalidade. *Revista dos Tribunais, São Paulo, n.* 648, p. 366 e *Revista de Jurisprudência do Tribunal de Justiça do Estado de São Paulo*, São Paulo, n. 125, mar./abr. 1990, p. 16; MARTINS, Ives Gandra, *Medidas provisórias e o direito tributário...*, p. 322; SANTOS, Brasilino Pereira dos. Incompatibilidade entre medida provisória, o direito processual e o direito penal. *Revista da Procuradoria Geral da República,* São Paulo, n. 1, p. 113; PERRUD, op. cit., p. 655; ÁVILA, *Medida provisória...*, p. 100; DAMOUS, Wadih e DINO, Flavio, op. cit., p. 122-124; CHIESA, *Medidas provisórias*: regime jurídico-constitucional, p. 96-99; KADRI, Omar Francisco do Seixo, op. cit., p. 184; artigos contidos em GOMES, Luiz Flávio (Coord.). *Responsabilidade penal da pessoa jurídica e medidas provisórias e direito penal.* São Paulo: Revista dos Tribunais, 1999. Na Argentina, a Constituição veda expressamente que decretos de necessidade e urgência versem sobre matéria penal.

38. CF: "Art. 5.º. *Omissis.* XXXIX – não há crime sem lei anterior que o defina, nem pena sem prévia cominação legal;". Para Luiz Flávio Gomes, o princípio da legalidade penal tem oito dimensões. (i) *Lex scripta*: considera-se em matéria penal apenas o que está expressamente escrito na lei. (ii) *Lex populi*: lei em matéria penal deve ser proveniente do Poder Legislativo, elaborada pelos representantes do povo. (iii) *Lex certa*: o tipo penal deve ser rigorosamente determinado pelo legislador, ser certo. (iv) *Lex clara*: as

penal é encarado de forma absoluta, o que significa dizer que somente a lei em sentido estrito, ou seja, aquela nascida no Congresso Nacional, com rigorosa observância do processo legislativo estabelecido na Constituição, fruto, portanto, da disputabilidade intersubjetiva e da deliberação no contexto da soberania popular, pode definir delitos e cominar penas."[39] "Em consequência, nenhum ato do Presidente da República, ainda que tenha força de lei, pode substituir o legislador nessa tarefa, sobretudo quando se trata de medidas relacionadas com o Direito Penal, que é uma forma de controle social, aliás, a mais contundente em virtude dos instrumentos coercitivos que lhe são típicos."[40]

Certa doutrina entendia, ainda no contexto do regime anterior, que a adoção de medida provisória em matéria penal seria cabível, condicionada a produção de eficácia à manifestação do Congresso (conversão em lei).[41] Com o respeito devido, não é possível concordar com o entendimento.

O regime da tipificação de condutas e o princípio da segurança jurídica repelem a possibilidade de crimes condicionais. Assim, tendo em vista a precariedade da medida provisória, sustentava-se ser inviável fazer uso da espécie normativa para a tipificação de ilícitos penais. A probabilidade de condenação por crime definido em medida provisória implicaria eventual manifestação de efeito incompatível com a legislação de urgência, caracterizada pela provisoriedade de suas disposições.[42] Com a EC 32/2001, a discussão deixa de ser pertinente. Há, agora, proibição expressa.

---

leis penais devem ser redigidas de maneira clara e simples, de modo que todos possam compreendê-las. (v) *Lex determinata*: as leis penais devem descrever fatos passíveis de determinação concreta, de comprovação em juízo. (vi) *Lex rationabilis*: apenas a lei racional deve ser aplicada. (vii) *Lex stricta*: a lei penal deve ser interpretada restritivamente. (viii) *Lex praevia*: a lei penal pode ser aplicada apenas para fatos ocorridos após sua entrada em vigor (GOMES, Luiz Flávio. Princípio da legalidade (ou da reserva legal) e os limites das medidas provisórias em direito penal. In: GOMES, Luiz Flávio (Coord.) *Responsabilidade penal da pessoa jurídica e medidas provisórias e direito penal*. São Paulo: Revista dos Tribunais, 1999. p. 221-226).

39. ROCHA, Fernando Luiz Ximenes. Medida provisória em matéria penal. In: GOMES, Luiz Flávio (Coord.), op. cit., p. 200.

40. GOMES, Luiz Flávio. *Princípio da legalidade*..., op. cit., p. 238.

41. CERNICCHIARO, Luiz Vicente. Medida provisória. In: GOMES, Luiz Flávio (Coord.), op. cit., p. 264. Do mesmo modo: FILOMENO, José Geraldo Brito, op. cit., p. 368-369.

42. Walter Claudius Rothenburg (p. 318) manifesta-se do seguinte modo: "A questão não reside, pois, como pretendem os mais afoitos, numa pretensa inconstitucionalidade face à desatenção do princípio da estrita legalidade. O que há é uma impossibilidade lógica em se estabelecer crime por diploma legal outro que a lei formal" (Reflexões..., p. 73). Para o autor – com o que não se concorda – o argumento também não se fundamenta nas limitações materiais às leis delegadas (o art. 68, § 1.º, II, da CF, veda

Não convertida em lei, a medida provisória perderá eficácia *ex tunc*, devendo decreto legislativo disciplinar as relações jurídicas decorrentes (art. 62, § 3.º, CF). Entretanto, caso não providenciado o referido decreto a tempo, as relações jurídicas constituídas e os atos praticados durante sua vigência (art. 62, § 11, CF)[43] serão preservados. Já não cabe pensar na possibilidade de desconstituição, porque eles serão conservados. Tem-se, aqui, semelhança com as leis penais temporárias e excepcionais.[44]

Entre nós, algumas medidas provisórias cuidaram de matéria penal. "A Medida Provisória 10, de 21.10.1988, depois convertida na Lei 7.689, de 1988, que tratava de pesca, instituiu hipótese de crime e permaneceu em vigor por quase dez anos, até ser revogada pela Lei 9.605, de 12.02.1998, e nunca teve a sua constitucionalidade questionada. A Medida Provisória 50, de 27.04.1989, reeditada como MP 59 de 26.05.1989 e que disciplinava direito de greve, também trazia, no seu art. 13, norma penal incriminadora. Essa, no entanto, foi suprimida quando da conversão na Lei 7.783, de 28.06.1989. Novamente não houve questionamento da constitucionalidade."[45] Ainda, a Medida Provisória 111, de 24.11.1989, convertida na Lei 7.960/89, instituiu prisão temporária e uma nova hipótese de crime de abuso de autoridade.

---

delegação que tenha por objeto os direitos individuais). O problema, portanto, estaria no exame a que a medida provisória está sujeita: ela pode vir a perder sua eficácia se não convertida no prazo de 60 dias, prorrogável uma vez por igual período. Se tivesse criado um tipo penal, ofereceria a figura do chamado "crime excepcional (ou temporário)" que não se submete ao princípio penal da retroatividade da lei supressiva de crime (*abolitio criminis*) (art. 5º, XL, da CF). Com a não conversão da MP, as condutas seriam descriminalizadas e estaríamos diante de uma esdrúxula figura de crime condicional, incompatível com os princípios que regem o direito penal (Reflexões..., p. 73). Para o professor, "por motivo elementar de segurança, não se pode admitir que alguém seja incriminado com base num diploma legal cujos efeitos podem vir a ser aniquilados."

43. O tema da eficácia das medidas provisórias será tratado no capítulo seguinte.
44. O Código Penal trata da lei penal excepcional ou temporária: "Art. 3.º A lei excepcional ou temporária, embora decorrido o período de sua duração ou cessadas as circunstâncias que a determinaram, aplica-se ao fato praticado durante sua vigência." Explica Mirabete que "Leis temporárias são as que possuem vigência previamente fixada pelo legislador e leis excepcionais as que vigem durante situações de emergência (item 1.6.2). Essas espécies de leis, segundo o dispositivo citado, têm ultratividade, ou seja, aplicam-se ao fato cometido sob seu império, mesmo depois de revogadas pelo decurso do tempo ou pela superação do estado excepcional" (MIRABETE, Julio Fabbrini. *Manual de Direito Penal*. São Paulo: Atlas, 1986. v. 1. p. 73).
45. NASCIMENTO, Rogério José Bento Soares do. *Abuso do Poder de Legislar*... op. cit., p. 219.

Duas medidas dos anos 1990 tratavam, igualmente, de tema penal, instituindo crimes de abuso de poder econômico e contra a Fazenda Pública. Ambas foram objeto de ação direta de inconstitucionalidade aforada pelo Procurador-Geral da República.[46] Não houve, porém, manifestação da Suprema Corte, eis que a Medida Provisória 175, de 27 de março de 1990, acabou por declarar nulas e de nenhuma eficácia as referidas medidas provisórias.[47] Sobre as espécies normativas inocorreu, igualmente, manifestação Congressual, o que foi suficiente para tornar prejudicada a ação direta intentada perante o STF.

Mesmo após a vedação trazida pela EC 32/2001 sobrevieram medidas provisórias na seara penal. "A Medida Provisória 62, de 22.08.2002, alterava o art. 25 da Lei 9.605/98, que dispõe sobre crimes ambientais e não se aperfeiçoou porque o projeto de lei de conversão a ela oferecido foi rejeitado. Também

---

46. STF, ADI 221-0/DF. rel. Min. Moreira Alves. *DJ*, 22.10.1993 – Ementário STF 1722-1). Na inicial, o então Procurador-Geral da República, Aristides Junqueira Alvarenga, requerendo declaração de inconstitucionalidade dos arts. 1.º, 2.º, 3.º e 4.º da Medida Provisória 153 e dos arts. 1.º, 2.º e 3.º da Medida Provisória 156, assim se pronunciou: "(...) 2. É certo que a Constituição Federal não limitou expressamente o conteúdo material da medida provisória, que, sem dúvida, é providência legislativa cautelar inspirada na Constituição Italiana. 3. Mas, em face da peculiar garantia individual de que não há crime sem lei anterior que o defina, nem pena sem prévia cominação legal (art. 5.º, XXXIX da CF), não é possível permitir que o Chefe do Poder Executivo se substitua ao Poder Legislativo, ainda que cautelarmente, em tema de definição de crime e de cominação de pena, uma vez que o termo 'lei', posto na norma garantidora de direito individual, acima aludida, há de ser interpretado restritivamente em seu sentido exclusivamente formal, norma criada pelo Poder Legislativo. 4. Saliente-se que tal interpretação restritiva é imperiosa por se tratar de direito concernente à liberdade de locomoção de qualquer um do povo, que só pode ser legitimamente cerceado pela vontade dos representantes eleitos especificamente para o exercício normal do poder de legislar. Entender que o Chefe do Poder Executivo, no uso de sua atribuição de expedir medida provisória com força de lei, cuja excepcionalidade é caracterizada pela relevância, possa assim agir em matéria penal é permitir a possibilidade de dano irreparável ao direito maior da liberdade individual de locomoção, cuja defesa é incumbência constitucionalmente imposta ao Ministério Público (art. 127 *caput* da CF). 6. Com efeito, a eficácia imediata de medida provisória definidora de crimes e impositora de penas privativas de liberdade e pecuniárias, como as ora contempladas, fará com que alguém possa ser constrangido a se submeter a processo penal e a eventual condenação, antes que a medida provisória se converta em lei pelo Congresso Nacional. Se por este rejeitada, o dano à liberdade individual será irreparável, tornando-se inócua qualquer disciplina pelo Poder Legislativo, quanto à situação fática imposta ao indivíduo pela medida provisória (...)."

47. Essas medidas provisórias, como muitas outras, integram uma categoria que merece estudo: a teratologia jurídico-normativa.

houve regência de matéria penal, a partir de medida provisória, na inserção de benefício a quem cometeu crime tributário, no projeto de lei que converteu a Medida Provisória 107, dando lugar à Lei 10.684, de 2003."[48]

Não se pode deixar de frisar ser vedado à medida provisória dispor sobre matéria penal, mesmo em se tratando de medida mais benéfica,[49] tendo em vista tratar-se de questão sob reserva absoluta de lei.

Emendas à Constituição foram e vão, paulatina e assistematicamente, inserindo novas limitações materiais aos provimentos com força de lei. A EC de Revisão 1, de 1.º de março de 1994, acrescentou dispositivo (art. 73) ao Ato das Disposições Constitucionais Transitórias (ADCT), vedando a regulação do Fundo Social de Emergência por meio de medida provisória.[50] A EC 5, de 15 de agosto de 1995, deu nova redação ao art. 25, § 2.º, da Constituição, vedando a edição de medida provisória para a disciplina dos serviços de gás canalizado pelos Estados. A EC 6, de 15 de agosto de 1995, acrescentou nova disposição

48. NASCIMENTO, Rogério José Bento do, op. cit., p. 219.

49. O Supremo Tribunal Federal, todavia, já decidiu ser possível a ingerência de medida provisória na seara penal para beneficiar o réu: "I. Medida provisória: sua inadmissibilidade em matéria penal – extraída pela doutrina consensual – da interpretação sistemática da Constituição –, não compreende a de normas penais benéficas, assim, as que abolem crimes ou lhes restringem o alcance, extingam ou abrandem penas ou ampliam os casos de isenção de pena ou de extinção de punibilidade" (RE 254818-PR, julgado pelo Tribunal Pleno do STF em 08.11.2000, sendo relator o Ministro Sepúlveda Pertence. DJ 19.12.2002, p. 81). Com o devido respeito, temos que a vedação do tratamento, por medida provisória, compreende todas as dimensões da matéria penal. No mesmo sentido: "Medida provisória não pode cuidar de crime e pena *em nenhum aspecto*. Não apenas quando cria figuras típicas novas (*novatio criminis*), ou quando torna mais severa norma já existente (*novatio legis in melius*). *Tudo* o que diga respeito a Direito Penal está fora do alcance desse ato legislativo do Presidente da República" (Grifo do autor). (PALOTTI JÚNIOR, Osvaldo. Medida provisória e direito penal: uma convivência impossível. In: GOMES, Luiz Flávio (Coord.). Responsabilidade penal da pessoa jurídica e medidas provisórias e direito penal. São Paulo: Revista dos Tribunais, 1999, p. 276). Na mesma linha: GARIBE, Maurício. Limite das medidas provisórias em matéria penal. In: SOUZA, Carlos Aurélio (Coord.), *Medidas provisórias e segurança jurídica*. São Paulo: Juarez de Oliveira, 2003, p. 100; JESUS, Damásio de. Estatuto do desarmamento: medida provisória pode adiar o início da vigência de norma penal incriminadora? *Revista dos Tribunais*. São Paulo, n. 827, p. 499; AMARAL JÚNIOR, José Levi Mello do, *Medida provisória e a sua conversão em lei*, p. 217.

50. A EC 10, de 4 de março de 1996, dá nova redação aos arts. 71 e 72 do ADCT, passando a denominar de Fundo de Estabilização Fiscal o Fundo Social de Emergência. A EC 17, de 22 de novembro de 1997, dá, ainda outra vez, nova redação aos mesmos artigos do ADCT. As Emendas citadas, na verdade, prorrogam a vida de um fundo que deveria viger por curto período.

(art. 246) à Lei Magna, proibindo a adoção de medida provisória para a regulamentação de artigo da Constituição, cuja redação tenha sido alterada por emenda promulgada a partir de 1995.[51] A EC 7, de 15 de agosto de 1995, repete idêntica disposição. A EC 8, da mesma data, veda a medida provisória para a regulamentação do disposto no inciso XI do art. 21 com a redação por ela oferecida.[52] A EC 9, de 9 de novembro de 1995, que dá nova redação ao art. 177 da Constituição, veda a edição de medida provisória para a disciplina da matéria prevista nos incisos I a IV e dos §§ 1º e 2º do art. 177 da Constituição Federal.[53]

A EC 32, de 11 de setembro de 2001, remodelou o art. 246 da Lei Maior,[54] determinando ser "vedada a adoção de medida provisória na regulamentação de artigo da Constituição cuja redação tenha sido alterada por meio de emen-

---

51. Assim dispõe o art. 246 da CF: "É vedada a adoção de medida provisória na regulamentação de artigos da Constituição cuja redação tenha sido alterada por meio de emenda promulgada a partir de 1995." Como afirmam Luiz Alberto David de Araújo e Vidal Serrano Júnior (op. cit., p. 337), o art. 246 determina um campo material impróprio para a medida provisória.
52. O inciso XI e a alínea *a* do inciso XII do art. 21 da CF, com a EC 8, de 15 de agosto de 1995, passaram a contar com a seguinte redação: "Art. 21 Compete à União: (...) XI – explorar, diretamente ou mediante autorização, concessão ou permissão, os serviços de telecomunicações, nos termos da lei, que disporá sobre a organização dos serviços, a criação de um órgão regulador e outros aspectos institucionais; XII – explorar, diretamente ou mediante autorização, concessão ou permissão: a) os serviços de radiodifusão sonora e de sons e imagens; (...).".
53. O art. 177 da Lei Fundamental, com a EC 9, assumiu a seguinte redação: "Art. 177 – (...) § 1.º A União poderá contratar com empresas estatais ou privadas a realização das atividades previstas nos incisos I a IV deste artigo, observadas as condições estabelecidas em lei. (...) § 2.º A lei a que se refere o § 1.º disporá sobre: I – a garantia do fornecimento dos derivados de petróleo em todo o território nacional; II – as condições de contratação; III – a estrutura e atribuições do órgão regulador do monopólio da União".
54. José Levi Mello do Amaral Júnior (*Medida provisória e a sua conversão em lei*, p. 137) refere que essa norma derivou de acordo político para impedir a regulamentação de inovações constitucionais sem o concurso do Congresso Nacional. Para Clélio Chiesa (*Medidas provisórias: regime jurídico-constitucional*, p. 100), o art. 246 é salutar, pois "não é razoável admitir-se que dispositivos constitucionais sejam regulamentados por atos normativos produzidos unilateralmente pelo Executivo e cuja eficácia é imediata, mas que pode cessar se não forem convertidas em lei, criando uma situação de instabilidade quanto à regulamentação de dispositivos constitucionais. A precariedade das medidas provisórias não se coaduna com a necessidade de uma complementação normativa estável do texto constitucional." Contudo, o autor aponta que a alteração promovida pela EC 32/2001 ao art. 246 da Constituição operou um retrocesso, "pois se volta a insistir na possibilidade de medida provisória regulamentar os dispositivos da Constituição Federal, acutilando o Estado Democrático de Direito" (Ibidem, p. 101).

da promulgada entre 1° de janeiro de 1995 até a promulgação desta emenda, inclusive", ou seja, 11 de setembro de 2001.[55]

A EC 32/2001, apesar dos avanços, ficou aquém das expectativas. Ao vedar a veiculação de determinadas matérias,[56] parece ter permitido, de outro lado, que aquelas não contidas no rol pudessem sofrer tratamento por meio de medida provisória. Todavia, em consonância com a interpretação sistemática da Constituição, este estudo continua a defender a permanência de alguns limites implícitos à edição de provimentos normativos de urgência.[57] O rol de

55. Como ressalta Sérgio Valladão Ferraz (op. cit., p. 446), "A interpretação literal do art. 246 pode levar a enganos. A superveniência de emenda constitucional (dentro do período vedado) alterando um artigo não impede, necessariamente, que todo o artigo seja regulamentado por medida provisória, mas só o dispositivo (que pode ser até o artigo inteiro, mas também pode ser apenas um parágrafo, inciso ou alínea) que efetivamente foi alterado." Nesse sentido, registra-se o entendimento do STF sobre a constitucionalidade da medida provisória que regulamenta apenas *inciso* de artigo, e não o *caput* ou outras disposições alteradas por emenda constitucional posterior a 1995. Ver: ADI/MC 2125-DF, julgada em 06.04.2000 pelo Tribunal Pleno do STF, sendo relator o Ministro Maurício Corrêa. *DJ* 29.09.2000, p. 69. Concordando com o posicionamento do STF, José Levi Mello do Amaral Júnior (*Medida provisória e a sua conversão em lei*, p. 139-140) afirma tratar-se de necessária flexibilidade do texto constitucional. Ademais, coaduna-se com o intuito do dispositivo constitucional, de impedir apenas a regulamentação por medida provisória de reformas implementadas a partir de 1995, e não as matérias que anteriormente já podiam ser objeto de tal espécie normativa. Rogério José Bento Soares Nascimento cita caso peculiar de medida provisória de 2003 que alterou artigo de medida provisória anterior à EC 32/2001, convalidando atos praticados na vigência da redação modificada, sem que tal medida tenha sido apreciada. Para o autor, isso reforça a impressão de que o Executivo e o Legislativo atribuem à medida provisória tratamento de lei (NASCIMENTO Rogério José Bento Soares, op. cit., p. 190).

56. José Levi Mello do Amaral Júnior (*Medida provisória e a sua conversão em lei*, p. 142) acrescenta mais um limite material expresso: as matérias que podem ser tratadas por decreto autônomo (art. 84, inciso VI, da CF) escapam ao âmbito temático da medida provisória. Discordamos dessa limitação, pois inexiste incompatibilidade. Ainda que reste especificado o campo de incidência dos decretos, ressalte-se que sua utilização – assim como da medida provisória – é apenas uma faculdade; sendo descabido falar de reserva material.

57. Nesse sentido, NIEBUHR, Joel de Menezes, op. cit., p. 108-119; VIEIRA, José Roberto. Legalidade tributária e medida provisória: mel e veneno. In: FISCHER, Octavio Campos (Org.). *Tributos e direitos fundamentais*. São Paulo: Dialética, 2004. p. 209. "Se, por um lado, a previsão de limites materiais expressos para a edição de medidas provisórias mostra-se necessária, parece que a Emenda foi tímida ao não estabelecer mais claramente outras vedações que *decorrem do sistema constitucional*. Em outras palavras, entendemos que a vedação constante do § 1° do art. 62 não exclui

vedações trazido pela Emenda seria, nessa hipótese, apenas exemplificativo. As limitações materiais, portanto, não ficam por aí.[58]

Na temática dos limites implícitos, cumpre concordar com Eros Roberto Grau: tratando-se, a medida provisória, de lei "que tem vigência imediata, porém provisória, não podem ser implementadas através dela soluções que produzam efeitos que não possam ser arredados (Fábio Comparato). Os seus efeitos devem necessariamente poder ser desfeitos".[59] Do mesmo modo, exceto o casos

---

outras decorrentes do sistema constitucional" (FIGUEIREDO, Marcelo, *Reflexões a respeito da medida provisória na Constituição*, p. 401).

58. Nessa seara, cabe retificar afirmação contida na edição anterior. Sustenta-se que o Presidente da República estaria impedido de veicular, por meio do instrumento normativo contingencial, matéria já apreciada, em sede de juízo abstrato incidente sobre medida de idêntica natureza, com censura de inconstitucionalidade, pelo Supremo Tribunal Federal. A reiteração de medida reprovada substanciaria afronta ao Poder Judiciário e violação ao princípio da separação e harmonia entre os Poderes da República. Todavia, em face da Lei 9.868/99, descabido continuar sustentando tal entendimento, eis que resta claro no parágrafo único do art. 28 que "A declaração de constitucionalidade ou de inconstitucionalidade, inclusive a interpretação conforme a Constituição e a declaração parcial de inconstitucionalidade sem redução de texto, têm eficácia contra todos e efeito vinculante em relação aos órgãos do Poder Judiciário e à Administração Pública federal, estadual e municipal." Ao utilizar medida provisória, o Poder Executivo atua, em verdade, como legislador.

59. GRAU, Eros Roberto. Medidas provisórias na Constituição de 1988. *Revista dos Tribunais*, São Paulo, n. 658, ago. 1990, p. 241. Do mesmo modo: MELLO, Celso Antônio Bandeira de. Perfil constitucional das medidas provisórias. *Revista de Direito Público,* São Paulo, jul./set. 1990 n. 95, p. 30; GRECO, Marco Aurélio. *Medidas Provisórias.* São Paulo: Revista dos Tribunais, 1991, p. 37; ROTHENBURG, Walter. Reflexões sobre as medidas provisórias (inclusive em matéria criminal). *Revista da Procuradoria Geral do Estado do Paraná*, n. 3, jul. 1991, p. 72, FIGUEIREDO, Marcelo. *A medida provisória na constituição.* São Paulo: Atlas, 1991. P. 42; ÁVILA, *Medida provisória...*, p. 100; KADRI, Omar Francisco do Seixo, op. cit., p. 183; e FIGUEIREDO, Fran, op. cit., p. 148. Para o último, aplica-se à medida provisória o princípio da irreversibilidade fática: "Com esse princípio, pretende-se evidenciar que a medida provisória só deve incidir sobre matéria que, pela sua natureza, possa reverter ao estado anterior, no caso de recusa pelo Congresso. Ou seja, não pode a ação do Parlamento, em caso de recusa da medida, ser fulminada pela situação do fato consumado". Para o primeiro: "Importa, ademais, que as medidas provisórias não contenham em si providências incompatíveis com sua natureza efêmera, precária e de eficácia suscetível de ser suprimida retroativamente, *ab initio*. Disto decorre que através delas não se pode pretender mais que o indispensável para atendimento do resultado que as justifica. Logo, não podem extinguir situações ou relações jurídicas cuja suspensão bastaria para assegurar o benefício ou impedir o malefício que, em caráter emergencial, é necessário obviar de imediato. Assim também e por igual razão não podem ser extintos órgãos ou pessoas administrativas, já

dos impostos referidos pelo art. 62, § 2º da CF, "não podem consubstanciar matéria de medidas provisórias aquelas cuja eficácia é *diferida*. Se esse o caso, e ainda assim urgente a matéria, o Presidente da República poderá solicitar urgência no projeto de lei que, dele tratando, encaminhar ao Congresso Nacional".[60]

Ainda quanto aos limites implícitos, é certo que a medida provisória não é o instrumento adequado para tratar assunto de iniciativa privativa dos demais Poderes, do Ministério Público e do Tribunal de Contas. De modo que a legislação emergencial apenas incidirá sobre conteúdo sujeito à iniciativa privativa do Presidente da República e à iniciativa comum ou concorrente. Nessa medida, é impensável a criação de cargos públicos no Judiciário através de medida provisória. O Executivo também não está autorizado a interferir no funcionamento dos demais Poderes, tratando, por exemplo, de questões próprias de regimento interno[61] ou desconstituindo decisão judicial, ou aprovando contas reprovadas pelo órgão competente.

O princípio da separação dos poderes, previsto no art. 2º da Lei Magna, vincula o intérprete, orientando a compreensão do campo de incidência da atuação normativa excepcional do Executivo. Se é certo que a competência normativa primária do Presidente da República concilia-se, se tomadas as precauções devidas, com o princípio da tripartição do poder concretizado na Carta Constitucional, não é menos certo que o Executivo está impedido de valer-se do expediente para interferir nos demais órgãos constitucionais, sob pena de grave ofensa aos postulados do Estado Democrático de Direito.[62]

---

que supressão é ato de índole definitiva, excedente, pois, da índole precária inerente a medidas que o próprio texto denomina de provisórias." Quanto ao segundo, admitindo que determinadas conjunturas podem exigir a atuação normativa emergencial, considera que, em geral, não podem ser tratadas por medidas provisórias (limitação lógica ou prática) aquelas matérias que importem inovações jurídicas irreversíveis porque encerram uma impossibilidade prática de livre apreciação pelo Legislativo, único constitucionalmente habilitado a proceder tal análise e órgão ao qual não se pode subtrair o ensejo dessa apreciação.

60. GRAU, Medidas..., op. cit., p. 241 (grifou-se). Nesse sentido: FIGUEIREDO, Marcelo, *A medida provisória...*, p. 42, e AUSINA, Rosário Tur. *El control parlamentario de los Decretos-leyes*. Madrid: Centro de Estúdios Políticos y Constitucionales, 2002, p. 78.

61. O exemplo vale para o Judiciário e para o Tribunal de Contas. No Legislativo, os regimentos estão a salvo da medida provisória em decorrência do especificado no art. 68, § 1.º, da Lei Fundamental.

62. Sustenta José Celso de Mello Filho: "Assim, há pelo menos três princípios cujo valor imperativo restringe o âmbito de incidência material das medidas provisórias: o princípio da divisão funcional do poder, o princípio da Federação, o princípio da liberdade". O primeiro impede "que o Chefe do Poder Executivo invada domínio tematicamente reservado à iniciativa dos demais poderes do Estado. A edição de medidas provisórias

Ademais, certamente que, diante do princípio federativo, o Presidente da República encontra-se impedido de tratar, por meio da legislação de emergência, de conteúdo conferido, pela Constituição, aos Estados, ao Distrito Federal e aos Municípios.

Para a introdução, na ordem jurídica primária, de normas gerais, aquelas delimitadoras da ação normativa da União em matéria de competência concorrente (CF, arts. 24 e 22, XXI, XXIV e XXVII, entre outros), sustenta-se haver, igualmente, inidoneidade da medida provisória. As normas gerais encontram na sua edição por lei formal do Congresso Nacional um mecanismo de garantia do princípio federativo. Com efeito, como adverte Carlos Ayres Britto, "a passagem da lei, ainda em projeto, pelo obrigatório crivo do Senado Federal", órgão representativo dos entes federados constitui, no reino das normas gerais, elemento necessário de sua caracterização.[63] Ora, admitir a providência de urgência em semelhante área normativa significaria conferir ao Presidente da República competência para legislar para os entes federados, autorizando ingerência do Executivo Federal nos negócios dos Estados-Membros, Distrito Federal e Municípios (matéria de licitação, *v.g.*). Eventual medida provisória dispondo sobre a matéria, uma vez realizados os pressupostos habilitantes, haverá de vincular exclusivamente a União.[64]

A codificação de determinado ramo do Direito não é suscetível de tratamento por medida provisória, por dois motivos. Primeiro, porque é muito difícil que os pressupostos habilitantes reclamem a regulação codificada de

---

configuraria, nesses casos, usurpação da competência constitucional do Legislativo e do Judiciário". O segundo "veda ao Presidente da República a interferência normativa em assuntos sujeitos à competência exclusiva daquelas unidades federadas". "O sistema de tutela constitucional das liberdades, por sua vez, opõe-se à disciplina restritiva do *status libertatis*, passível, apenas, de ação legislativa do Congresso Nacional". Em relação ao terceiro princípio, salienta que "Com isso, a privação, mesmo cautelar, de liberdade individual, a tipificação de novas entidades delituosas e a cominação de penas não podem constituir objeto de medidas provisórias, em face, até, da irreversibilidade das situações geradas por essa espécie normativa" (MELLO FILHO, José Celso de. Considerações sobre medidas provisórias. *Revista da Procuradoria Geral do Estado de São Paulo*. São Paulo, n. 33, jun. 1990, p. 218-221).

63. BRITTO, Carlos Ayres. *O perfil constitucional da licitação*. Curitiba: ZNT Editora, 1997. P. 97.

64. Mantém-se, nesse ponto, a mudança de entendimento já anunciada (CLÈVE, Clèmerson Merlin. As restrições à criação de novos cursos superiores e a sua aplicação às universidades reconhecidas e, especialmente, às Universidades Públicas Estaduais. Limites da atuação normativa da União em matéria de diretrizes e bases da educação nacional. Parecer. *Boletim de Direito Administrativo*, a. XI, nov. 1995, n. 11, p. 654-665).

uma determinada província do direito.[65] A contingência sempre demandará uma providência normativa dirigida, fragmentária e pontual. Depois, porque a Constituição veda a apreciação em regime de urgência de projetos de código. Deveras, nos termos do art. 64, § 4º, da Lei Magna, os prazos do § 2º (regime de urgência) "nem se aplicam aos projetos de código". De modo que, quanto à elaboração de lei envolvendo codificação, o Constituinte desconsidera a possibilidade de urgência. Se há proibição de lei formal votada em regime de urgência, com muito mais razão haverá vedação de medida provisória dispondo sobre idêntica substância.[66]

Cumpre, por fim, discutir questão da maior significação: a possibilidade de a medida provisória incursionar sobre a província jurídica tributária. Trata-se de questão complexa envolvendo discussão que se desenvolve desde a época do decreto-lei.[67]

A propósito, na Itália, a possibilidade de o Executivo valer-se das medidas provisórias para dispor sobre Direito Tributário sofreu restrições com a entrada em vigor da Lei 212 de 2000 (Estatuto de direitos do contribuinte),[68] cujo art. 4º prevê que "Não se pode dispor, mediante decreto-lei, sobre a instituição de novos tributos, tampouco prever a aplicação de tributos existentes a outras categorias de sujeitos." Na Argentina, há proibição constitucional expressa de ingerência dos decretos de necessidade e urgência em matéria tributária.

No Brasil, com a EC 32, de 11 de setembro de 2001, o tema ganhou novos contornos, tendo em vista que foi acrescido o § 2º ao art. 62 da Constituição, nos seguintes termos: "Medida provisória que implique instituição ou majoração de impostos, exceto os previstos nos arts. 153, I, II, IV, V, e 154, II, só produzirá efeitos no exercício financeiro seguinte se houver sido convertida em lei até o último dia daquele em que foi editada."

Antes da reforma, a doutrina majoritária era refratária à possibilidade da instituição ou majoração de tributos por medidas provisórias. Já o Supremo

---

65. Para Humberto Ávila (*Sistema constitucional tributário...*, p. 128), é vedada a edição de medidas provisórias sobre matérias de trato permanente, como aquelas relacionadas a códigos.

66. ARANTES, Rogério Bastos. *Judiciário e política no Brasil*. São Paulo: Fabesp, p. 129; DAMOUS e DINO, op. cit., p. 135. Na doutrina italiana conferir: PALADIN, Decreto--legge. *Novissimo Digesto Italiano*, Milano, v. 5, 1960, p. 289.

67. A propósito, conferir: MANEIRA, Eduardo. *Direito tributário*: princípio da não surpresa. Belo Horizonte: Del Rey, 1994. P. 110-111. No contexto do decreto-lei, o Supremo Tribunal Federal fixou entendimento favorável à sua utilização em matéria tributária, inclusive para criar e aumentar tributos (*v.g.*: *RTJ* 62:819 e *RTJ* 116:1138).

68. MANZELLA, Andrea. *Il parlamento*. 3. Ed. Bologna: Il Mulino, 2003. P. 361.

Tribunal Federal aceitava a tese contrária.[69] Com a reforma do texto constitucional, restou confirmada a possibilidade de medida provisória regular a matéria, mas de modo distinto daquela constante da jurisprudência da Suprema Corte. Com a mudança da Constituição, referindo-se à espécie legislativa, lembra Humberto Ávila que se "torna expressa a competência para a instituição de tributos, afastando antigas disputas doutrinárias."[70] Mas há quem defenda, mesmo após a alteração constitucional, que medida provisória não é instrumento normativo apto a instituir ou majorar tributos,[71] ou, ao menos, não todas as espécies tributárias.[72]

Importa realçar, antes de tudo, que o dispositivo constitucional faz menção apenas aos impostos.[73] Tal fato está de acordo com o caráter excepcional da

---

69. "(...) já se acha assentado no STF o entendimento de ser legítima a disciplina de matéria de natureza tributária por meio de medida provisória, instrumento a que a Constituição confere força de lei (cf. ADI 1.417-MC)." (STF, ADI 1.667-MC, j. 25.09.1997, rel. Min.Ilmar Galvão. *DJ* de 21.11.1997)

70. ÁVILA, Humberto, *Sistema constitucional tributário...*, p. 128.

71. KADRI, Omar Francisco do Seixo, op. cit., p. 186; CARRAZZA, Roque Antônio. *Curso de direito constitucional tributário*, p. 295; VIEIRA, *Legalidade...*, p. 211; OLIVEIRA, Karem, *A EC 32 e a criação ou majoração de tributos via medida provisória*: a "constitucionalização do equívoco". Curitiba, 2005. Dissertação de mestrado, Programa de Pós-Graduação em Direito da Universidade Federal do Paraná, p. 108; CARVALHO, Paulo de Barros. *Curso de direito tributário*. 21. Ed. São Paulo: Saraiva, 2009, p. 73.

72. BARIONI, Danilo Mansano, op. cit., p. 109.

73. Entendendo que o texto constitucional abarca todas as espécies de tributos: PIMENTA, Paulo Roberto Lyrio, op. cit., p. 102-103; SZKLAROWSKY, Leon Frejda. *Medidas provisórias...*, p. 154; DAMOUS, Wadih e DINO, Flavio, op. cit., p. 135; GALIANO, Leonardo de Faria, op. cit., p. 204-206. Para este último, os impostos são as espécies tributárias que maiores exigências requerem. Logo, sendo possível editar medida provisória nessa seara, é possível também em se tratando das demais espécies tributárias. No mesmo sentido, José Levi Mello do Amaral Júnior. *Medida provisória: edição e conversão em lei*. 2ª. ed. São Paulo: Saraiva, 2012, p. 136.

    Nesse sentido, é interessante notar que o Decreto 9.191/2017, que estabelece normas e diretrizes para elaboração, redação, alteração, consolidação e encaminhamento de propostas de atos normativos ao Presidente da República pelos Ministros de Estado, interpretou extensivamente a locução "impostos" contida no § 2.º do art. 62 da Constituição. Tal ampliação pode ser notada no art. 11, que alude a tributos *lato sensu*. Ainda, o Anexo do Decreto cuida das expressões "imposto" (12.8) e "taxa" (12.10).

    "Art. 11. No projeto de lei ou de medida provisória que institua ou majore *tributo*, serão observados os princípios da irretroatividade e da anterioridade tributárias, estabelecidos no inciso III do *caput* do art. 150 e no § 6º do art. 195 da Constituição, ressalvado o disposto no § 1º do art. 150 da Constituição.

    (...)

medida provisória no sistema constitucional brasileiro. E bem se sabe que as exceções devem ser interpretadas restritivamente.[74] Portanto, se a Constituição se reporta a "impostos", nela não se pode ler "tributos".[75]

Quanto aos impostos, defendem alguns que o § 2º do art. 62, ao admitir a eficácia diferida, teria inovado o regime jurídico da medida provisória de modo a dispensar, nesse caso, a satisfação do requisito de urgência.[76] Conforme o

---

12.8. No caso de *imposto* instituído ou majorado por medida provisória, foi observado que o ato só produzirá efeitos no exercício financeiro seguinte se aprovada a medida provisória até o último dia daquele exercício em que foi editada?

(...)

12.12. No caso de *taxa*, cuida-se de exação a ser cobrada em razão do exercício de poder de polícia ou da prestação de serviço público específico e divisível prestados ou postos à disposição do contribuinte? Há equivalência razoável entre o custo da atividade estatal e a prestação cobrada?" (Grifamos)

74. Irretocável a lição de Anna Candida da Cunha Ferraz: "Com efeito, afora outros aspectos, ensina a doutrina que cláusulas excepcionais devem ser interpretadas de modo estrito, sob variada ótica: em primeiro lugar, uma norma constitucional de exceção deve ser interpretada em consonância com o princípio da unidade da Constituição e de conformidade com o sistema constitucional; de outro lado, não pode o intérprete lhe dar alcance maior do que a letra constitucional permite, nem pode o intérprete dar à norma excepcional interpretação extensiva para alcançar situações, hipóteses, relações não admitidas na expressa dicção constitucional; e não pode igualmente excluir da expressa previsão constitucional situação ali prevista e contida. Nenhum argumento utilizado pelo intérprete será válido para dar à norma constitucional alcance ou abrangência que nela não se contém; nem mesmo a invocação de razões de equidade, de justiça, de fins politicamente corretos, de economia processual etc. poderá ser adequada e constitucionalmente utilizada. Tal interpretação subverteria o princípio da supremacia constitucional e a cláusula constitucional excepcional, fazendo do intérprete verdadeiro autor de norma constitucional originária, o que repugna à natureza da interpretação constitucional" (FERRAZ, Anna Candida da Cunha. Medidas provisórias e segurança jurídica: a inconstitucionalidade do art. 2.º da Emenda Constitucional 32/2001. *Revista de Direito Constitucional e Internacional*, São Paulo, ano 14, n. 54, jan./mar. 2006 p. 14-15). Ora, "a medida provisória configura, de modo evidente, espécie normativa revestida de excepcionalidade frente ao princípio da separação de poderes, e, por consequência, aos princípios da legalidade e da segurança jurídica: de um lado, por romper o monopólio da função legislativa do Congresso Nacional, e de outro, por ter necessariamente prazos pré-determinados de duração de sua validade e de produção de efeitos" (Ibidem, p. 16-17).

75. Nesse sentido: BARIONI, Danilo Mansano, op. cit., p. 109 e TAVARES, Alexandre Macedo. *Medida provisória em matéria tributária*, p. 97.

76. Aludindo à falta do pressuposto da urgência na hipótese do § 2º do art. 62: SILVA, José Afonso da, *Curso...*, p. 533. Nesse sentido, SZKLAROWSKY, Leon Frejda (*Medidas Provisórias...*, p. 162) aponta que haveria até mesmo uma incongruência entre o § 2.º

dispositivo, a medida não produz efeitos desde logo, como seria natural para os provimentos de urgência, mas apenas após a sua conversão em lei. Diante disso, equivaleria, na prática, a um simples meio de deflagrar o processo legislativo tal como um projeto de lei.[77]

Ganha relevo, aqui, todavia, a advertência de Galiano[78] no sentido de que as medidas provisórias podem *instituir*, mas não *exigir* tributo. Assim, pela nova redação constitucional, tem-se que os impostos não podem ser cobrados simplesmente com base na medida provisória; faz-se necessária a sua conversão em lei.[79] A urgência, portanto, reside exatamente na necessidade de conversão a tempo para que tributo possa ser exigido uma vez satisfeito o princípio da anterioridade anual.

A legalidade estrita continua substanciando importante argumento doutrinário contra a veiculação das demais espécies tributárias por medidas provisórias. Considerando que as limitações constitucionais ao poder de tributar substanciam direitos e garantias individuais, embora plasmadas em distinto capítulo da Constituição,[80] pode-se invocar, com certa dose de cuidado, o especificado no art. 68, § 1°, da CF para sustentar a não incidência das medidas provisórias sobre o território tributário, exceto os impostos.

Entre as garantias fundamentais do contribuinte, encontra-se aquela inscrita no art. 150, I, da Lei Fundamental, vedando à União, aos Estados, ao

---

e o *caput* do art. 62, visto que aquele dispensa e este exige urgência para a edição de medida provisória. Por tal incongruência, José Roberto Vieira (*Legalidade*..., p. 211) alude à inconstitucionalidade da emenda, nessa seara. Karem Oliveira (op. cit., p. 179) proclama que o § 2.° mutila o próprio instituto da medida provisória e, por isso, houve a constitucionalização de um equívoco.

77. Para Paulo de Barros Carvalho (op. cit., p. 74) e Hugo de Brito Machado (*Curso de direito tributário*. 30. ed. rev. atual. e amp. São Paulo: Malheiros, 2009. p. 84), as medidas provisórias, quanto à criação ou ao aumento de impostos, possuem apenas a função de iniciativa legislativa do Chefe do Executivo, desencadeando o processo de elaboração da lei em que será convertido o projeto aprovado. No mesmo sentido MENDES, Gilmar Ferreira e GONET BRANCO, Paulo Gustavo. *Curso de direito constitucional*. 15ª. ed. São Paulo: Saraiva, 2020. p. 1029.

78. "Devemos ter em mente que uma coisa é *introduzir* normas gerais e abstratas no sistema, algo de que o veículo normativo medidas provisórias pode se incumbir. Situação plenamente diversa é a possibilidade dessas normas estarem aptas a *produzir modificações na realidade* social. Por força do princípio da estrita legalidade, o que confere *eficácia* à norma tributária, inserida por medida provisória e pela qual se instituiu ou majorou tributos, é a sua conversão em lei ordinária." (GALIANO, Leonardo de Faria, op. cit., p. 209, grifamos)

79. PIMENTA, Paulo Roberto Lyrio, op. cit., 104.

80. Cf. ADIn 939, *Revista de Direito Administrativo* n. 198, p. 123-324.

Distrito Federal e aos Municípios, "exigir ou aumentar tributo sem lei que o estabeleça".[81] Combinando os dois dispositivos citados, conclui-se que a criação e a majoração de tributo, sujeitos ao princípio da legalidade estrita, reclamam lei formal (reserva de lei do Congresso), vedada a incursão de lei delegada ou medida provisória sobre o sítio, por envolver direito fundamental.

O princípio da legalidade demanda lei formal ou ato com força de lei,[82] como a medida provisória. Reclamará exclusivamente lei formal (ordinária ou complementar) nas situações especiais definidas implícita ou explicitamente na Constituição (criação ou majoração de tributo, exceto alguns impostos). Assim, medida provisória pode disciplinar matéria tributária sem violar o princípio da legalidade (porque ela o satisfaz, salvo ocorrente reserva de lei do Parlamento). A adequação revela-se também com § 2.º do art. 62 da CF, pois os impostos introduzidos por medida provisória só poderão ser *exigidos* após a conversão em lei, ou seja depois do consentimento do Congresso Nacional.

Sustenta-se, no caso das demais espécies tributárias, que os tributos supõem um importante direito individual (a propriedade), por se confundirem, em última análise, com recorrentes mecanismos expropriatórios de certas somas em dinheiro. Nessa circunstância, substanciando o tributo instrumento mediante o qual o Estado, de modo legítimo, invade a esfera patrimonial do contribuinte, supondo, como de fato supõe, um direito (propriedade) tutelado pela ordem constitucional, continua plenamente defensável a tese segundo a qual somente pode ser criado ou majorado (exceto os impostos, por força do art. 62, § 2.º, CF) através de lei formal diante do disposto no art. 68, § 1.º, II, da

---

81. Completo e competente estudo do princípio da legalidade tributária foi realizado por José Roberto Vieira. Para uma versão completa, conferir: VIEIRA, José Roberto. *Medidas provisórias em matéria tributária:* as catalinárias brasileiras. São Paulo, 1999. Tese de Doutorado, Programa de Pós-Graduação em Direito da Pontifícia Universidade Católica de São Paulo.

82. Na mesma linha: GALIANO, Leonardo de Faria, op. cit., p. 196-197. Em sentido oposto, ressaltando a impossibilidade de a medida provisória atender ao princípio da legalidade tributária: NIEBUHR, Joel de Menezes, op. cit., p. 115-116; CHIESA, Clélio. *Medidas provisórias:* regime jurídico-constitucional, p. 81; KADRI, Omar Francisco do Seixo, op. cit., p. 185-186.; TAVARES, Alexandre Macedo, *Medida provisória em matéria tributária...*, p. 85; OLIVEIRA, Karem, op. cit., p. 104; COELHO, Sacha Calmon Navarro. *Comentários à Constituição de 1988*: Sistema Tributário. Rio de Janeiro: Forense, 2006. p. 228. Leandro de Faria Galiano (op. cit., p. 53-55) distingue normas tributárias em sentido amplo e estrito. As primeiras compreendem os deveres instrumentais, e podem ser veiculadas por medidas provisórias. Já as segundas correspondem às normas que descrevem os elementos caracterizadores da regra-matriz de incidência tributária, e devem ser veiculadas por lei emanada do Parlamento.

CF.[83] Ou seja, a impropriedade da medida provisória para disciplinar esse tipo de matéria tributária decorre do fato de taxas e contribuições substanciarem instrumentos de vulneração de um direito individual (a propriedade).

Como mencionado, o imposto apenas poderá ser exigido após a conversão em lei da medida provisória.[84] Ocorreu, então, uma remodelagem do instituto da medida provisória, adaptada às exigências da anterioridade,[85] para tratar de impostos que se submetem ao referido princípio.

Apesar de a anterioridade não constituir mais obstáculo para a instituição de impostos por meio de medida provisória, cumpre atentar para o fato de a EC 32/2001 ter sido publicada antes da introdução, no art. 150, inciso III, *c*, da anterioridade nonagesimal. O dispositivo, proveniente da EC 42, de 19 de dezembro de 2003, veda a cobrança de tributos "antes de decorridos noventa dias da data em que haja sido publicada a lei que os instituiu ou aumentou", respeitada a anterioridade anual. Assim, além de os impostos submetidos à anterioridade anual só poderem ser cobrados no exercício seguinte ao da conversão da medida provisória em lei, soma-se a exigência de que poderão ser exigidos apenas após transcorridos noventa dias contados da edição da medida provisória (com exceção do imposto de renda, que não se submete à anterioridade nonagesimal).[86]

Sobre as contribuições, ao lado da legalidade estrita, outro argumento deduzido para impedir a sua introdução por meio de medidas provisórias é o princípio da anterioridade.[87] Esses tributos vinculam-se a regime jurídico

83. Na mesma linha, Clélio Chiesa (*Medidas provisórias*: regime jurídico-constitucional, p. 76-79) refuta veiculação de matéria tributária por medida provisória (mesmo com o advento da emenda), pois restaria abalado o direito de propriedade e o Estado Democrático de Direito.

84. Por essa razão, há quem considere a atual redação constitucional um avanço em relação ao entendimento anterior, pois a anterioridade é contada a partir da conversão em lei (com a devida publicação do ato), e não da edição da medida provisória. Nesse sentido: ÁVILA, Humberto Bergmann, *Sistema constitucional tributário*..., p. 128; MACHADO, Hugo de Brito, *Curso*..., p. 84; BARIONI, Daniel Mansano, op. cit., p. 111-112.

85. Para José Levi Mello do Amaral Júnior (*Medida provisória e a sua conversão em lei*, 3ª. ed., p. 136), é constitucional o § 2.º em comento, pois não modifica nem elimina qualquer direito fundamental, sendo, inclusive, favorável ao contribuinte, por atender a anterioridade tributária.

86. FERRAZ, Sérgio Valladão, op. cit., p. 447.

87. Na ADI 939-7-DF, julgada pelo Tribunal Pleno do STF em 15.12.1993 (DJ 18/03/94), sendo relator o Ministro Sidney Sanches, firma-se que a anterioridade tributária é garantia individual do contribuinte, o que também reforçaria o posicionamento de não caber medida provisória no campo tributário.

absolutamente incompatível com medida legislativa extraordinária e urgente, exigente de eficácia imediata.

Não resta dúvida de que as contribuições sociais não podem ser criadas ou majoradas por medida provisória em face do princípio elencado no art. 195, § 6.º, da CF,[88] segundo o qual só poderão ser exigidas decorridos noventa dias da data da publicação da lei que os houver instituído ou modificado. Como já sustentado, por mais de uma vez, as medidas provisórias não se prestam a regular matéria que reclame eficácia diferida, como no caso,[89] salvo o caso dos impostos, em virtude de excepcional e expressa previsão constitucional.

Misabel Abreu Machado Derzi,[90] Paulo de Barros Carvalho e Roque Antônio Carrazza demonstraram a inidoneidade das medidas provisórias para a instituição ou majoração de *tributos.*[91] Haveria incompatibilidade entre a eficácia

---

88. As contribuições sociais, com a nova Constituição, submetem-se ao regime jurídico tributário. Constituem, pois, tributo.

89. Com orientação semelhante: DERZI, Misabel Abreu Machado. Princípio da anterioridade – extinção e sobrevida por meio da EC 32, de 11.09.2001. *Revista de Direito Tributário,* São Paulo, n. 90, p. 18-34, 2004, n. 31; CHIESA, Clélio. *Medidas provisórias*: regime jurídico-constitucional, p. 92-93; SOBRINHO, José Wilson Ferreira. Sobre a tributação dos proventos. *Repertório IOB de jurisprudência: Tributário, Constitucional e Administrativo*, São Paulo, n. 3, fev. 1997. p. 67-70.

90. DERZI, Misabel Abreu Machado. *Princípio da anterioridade*, p. 18-34. Para a autora, o diferimento dos efeitos da lei tributária, decorrente do princípio da anterioridade (art. 150, inc. III, *b*), põe-se em antinomia com a vigência imediata que caracteriza a medida provisória. Nessa linha transita, igualmente, a posição de ÁVILA, Humberto Bergmann (*Medida provisória...*, p. 125), para quem a matéria tributária envolve na Constituição um sistema próprio: "há normas que disciplinam não só a instituição e o aumento de tributos para situações normais, mas também para aquelas que regram as situações de relevância e urgência. Trata-se de um sub-sistema constitucional, com princípios gerais autônomos. Aí se vê que a urgência é disciplinada especificamente no sistema tributário nacional (arts. 145 a 162, CF). E, mesmo diante de exceções, mantém a aplicabilidade de certas *garantias asseguradas ao contribuinte* (art. 150, I e III, *b*, CF)".

91. No mesmo sentido já apontavam Geraldo Ataliba (*O decreto-lei na constituição de 1967*. São Paulo: RT, 1967, p. 131), PERRUD (op. cit., 657), Giovani Clark (op. cit., p. 163), Francisco Wildo Lacerda Dantas (O Estado-de-direito e as medidas provisórias. *Revista dos Tribunais*, São Paulo, abr. 1990, n. 654, p. 242), José Souto Maior Borges (Limitações temporais da medida provisória: a anterioridade tributária. *Revista de Direito Tributário*, São Paulo, 1995, n. 64, p. 192), Sidney Souza Cruz (Matéria tributária e medida provisória. Matéria tributária e medida provisória. *Revista de Direito Tributário*, São Paulo, out./dez. 1990, n. 54, 33-34), Humberto Ávila (*Medida provisória...*, p. 122-128) e Dalton Luiz Dallazem (As medidas provisórias e as relações jurídicas tributárias. *Advocacia Dinâmica*, jun. 1995, n. 23, p. 233).

imediata, característica da medida provisória, com o princípio da anterioridade. Ademais, o princípio da segurança do direito seria, por si, suficiente para inibir esse mecanismo.[92]

Para Roque Antônio Carrazza, a matéria tributária requer segurança jurídica, o que não se coaduna com a precariedade dos efeitos das medidas provisórias. Para o autor, os tributos submetidos ao princípio da anterioridade são insuscetíveis de criação ou majoração por ação unilateral do Executivo. Quanto aos tributos não submetidos a esse princípio, o mesmo ocorre pelas seguintes razões: a relevância e a urgência em relação aos impostos enumerados no art. 153, I, II, IV e V, da CF[93] levaram o Constituinte "a permitir que o Executivo venha a aumentá-los, dentro dos limites legais, sem qualquer reexame, por parte do Legislativo. Não, porém, a ponto de permitir que os criasse ou aumentasse, por meio de medidas provisórias".[94] Para o tributarista, essa é a exegese que deve ser feita do art. 153, § 1º, da Constituição Federal. Tais

92. É de Lourival Vilanova a seguinte lição: "(...) Estado de Direito (...) é, justamente, tal Estado que pode planificar racionalmente a vida da comunidade, mediante regras que permitem a previsibilidade da conduta inter-individual e, mais, regras que assegurem, com probabilidade que se aproxime da necessidade susceptível de previsão exata, a conduta do Estado" (VILANOVA, Lourival. *O problema do objeto da teoria geral do estado*. Recife: Imprensa Oficial, 1953. p. 192). José Roberto Vieira chega a sugerir que "A insegurança jurídica decorrente do abuso das medidas provisórias, em igual proporção, confere foros de inautenticidade normativa à declaração enfática com que o legislador constitucional abre o Estatuto Maior: 'A República Federativa do Brasil (...) constitui-se em Estado Democrático de Direito' (art. 1.º)" (VIEIRA, José Roberto. Medidas provisórias em matéria tributária e segurança jurídica. *XVI Jornadas Latinoamericanas de Derecho Tributário*. Setiembre de 1993. t. I. p. 455).

93. A saber: imposto sobre a importação de produtos estrangeiros; imposto sobre a exportação, para o exterior, de produtos nacionais ou nacionalizados; imposto sobre produtos industrializados e imposto sobre operações de crédito, câmbio e seguro, ou relativas a títulos ou valores mobiliários.

94. CARRAZZA, Roque Antônio. *Curso de direito constitucional tributário*, p. 298. Para o autor, ainda que não haja fixação legal dos limites legais máximos e mínimos, descabida a utilização de medida provisória, tendo em vista que o próprio Poder Legislativo terá entendido inexistir relevância e/ou urgência na alteração das alíquotas. Caso posteriormente se apresente situação relevante e urgente, poderá ser utilizado o projeto de lei com trâmite em regime de urgência. Na mesma linha: KADRI, op. cit., p. 186; CHIESA, Clélio. *Medidas provisórias*: regime jurídico-constitucional, p. 85-87. Em sentido oposto, admitindo que medida provisória pode alterar alíquotas: VIEIRA, José Roberto, Legalidade tributária e medida provisória..., p. 201-202; GALIANO, Leonardo Faria, op. cit., p. 231; PIMENTA, Paulo Roberto Lyrio, op. cit., p. 104. Para DAMOUS, Wadih e DINO, Flavio (op. cit., p. 134), medidas provisórias podem apenas alterar os limites das alíquotas, o que não é aceito por VIEIRA, José Roberto, *Legalidade tributária* ..., p. 203.

teses devem agora se adequar à nova redação do art. 62 da Lei Fundamental decorrente da EC 32/2001.

Demonstrou-se, anteriormente, a impossibilidade de medida provisória incidir sobre matéria reservada à lei complementar. Isso porque apontada matéria é indelegável (art. 68, § 1º, CF); depois, porque exige para sua aprovação *quorum* qualificado, ao passo que as medidas provisórias podem ser rejeitadas, aprovadas ou convertidas em lei por maioria simples; e, finalmente, porque, uma vez exigido, pelo Constituinte, *quorum* qualificado, está, desde logo, afastada a possibilidade de invocação de urgência para sustentar a edição da medida provisória.[95] Há necessidade, no caso, de um processo legislativo robusto não compatível com os prazos exíguos da providência de urgência. Não se pode, portanto, admitir a adoção dessa espécie legislativa para atuar as competências tributárias previstas nos artigos 148, I e II, 154, I, e 195, § 4º, da Constituição Federal, todas exigentes de lei complementar.

As medidas provisórias não se prestam nem mesmo para instituir empréstimos compulsórios extraordinários de guerra ou empréstimos compulsórios emergenciais. Assim como o estado de sítio exige a manifestação da maioria absoluta do Congresso Nacional (art. 137, parágrafo único, CF) e ele, com efeito, pressupõe questão emergencial, não podendo o Presidente da República suprir a autorização parlamentar editando ato com força de lei (matéria de competência exclusiva do Congresso Nacional: art. 49, IV c/c art. 68, § 1º, CF), referidos tributos, embora emergenciais, somente serão cobrados se instituídos por lei complementar.[96]

Quanto aos impostos extraordinários (art. 154, II, CF), porque não exigem lei complementar para sua instituição ou majoração; porque não se submetem ao princípio da anterioridade; porque não ferem o princípio constitucional da segurança na medida em que extraordinários e excepcionais (e como tais reconhecidos pelo próprio Constituinte), podem ser objeto de legislação provisória.[97] Leve-se em conta que, nesse caso, a decretação do estado de sítio

---

95. A urgência da edição da lei complementar não se concilia com a urgência justificadora da MP. Não se pode esquecer, entretanto, de que, se no contexto da Constituição anterior a lei complementar era incompatível com o regime de urgência (que implicava, como se sabe, possibilidade de aprovação por decurso de prazo), nada impede, hoje, do ponto de vista constitucional, que o Presidente da República solicite apreciação, pelo Congresso Nacional, em regime de urgência (art. 64, §§ 1.º a 4.º da CF) de projeto de lei complementar de sua iniciativa. A não apreciação pelo Congresso Nacional no prazo definido no art. 64, § 2.º da CF acarreta o sobrestamento das deliberações quanto aos demais assuntos, até que se ultime a votação.

96. Em sentido oposto, Sacha Calmon Navarro Coelho (op. cit., p. 266).

97. No mesmo sentido: PIMENTA, Paulo Roberto Lyrio, op. cit., p. 104-105. Em sentido oposto: KADRI, Omar Francisco do Seixo, op. cit., p. 187, argumentando que se trata

não supre a necessidade de edição da medida, porque este pode ser decretado (art. 137, II, CF) em caso de "declaração de estado de guerra ou resposta a agressão armada estrangeira", ao passo que o imposto extraordinário pode ser instituído sem a decretação desse estado, cabendo não só no caso de guerra externa, como igualmente na sua iminência e, portanto, antes de sua manifestação (art. 154, II, CF).

No campo tributário, em síntese, é dado ao Executivo, por meio da medida provisória, apenas criar ou majorar[98] impostos, nos termos do art. 62, § 2.º, da CF, salvo os exigentes de lei complementar. Ressalte-se que é possível a instituição, por medida provisória, de obrigações tributárias acessórias (exceto sanções pelo seu descumprimento),[99] uma vez satisfeitos os pressupostos de edição, o que não é simples.

Considerando os limites tratados neste capítulo, conclui-se serem insuscetíveis de disciplina por meio de medida provisória baixada pelo Presidente da República, além dos conteúdos expressamente vedados com o advento da EC 32/2001 e de outras emendas constitucionais anteriores, as matérias que (i) não reclamam tratamento legislativo, (ii) satisfazem-se com a disciplina normativa

---

de relevâncias e urgências distintas; BARIONI, op. cit., p. 108, entende que violaria a legalidade formal.

No que concerne aos impostos extraordinários (art. 154, II, da CF), entende Roque Antônio Carrazza (*Curso de direito constitucional tributário*, p. 299) que não podem ser criados por medida provisória, porque "a Constituição concedeu ao Presidente da República um instrumento muito mais expedito e eficiente para cuidar destes tributos: a decretação do *estado de sítio*, mediante autorização da maioria absoluta dos integrantes do Congresso Nacional (art. 137 e seu parágrafo)." Clélio Chiesa (*Medidas provisórias*: regime jurídico-constitucional, p. 89-92) afirma que, diante da excepcionalidade da situação – que justifica a quebra da rígida repartição de competências tributárias e o princípio da não cumulação de impostos sobre uma mesma hipótese de incidência e base de cálculo –, os impostos extraordinários estão atrelados à decretação do estado de sítio.

98. Para Fábio Donisete Pereira, considerando que o sistema tributário objetiva garantir o contribuinte, é possível sustentar medida provisória para eliminar ou reduzir tributos. Trata-se da aplicação da lógica de quem pode o mais pode o menos (PEREIRA, Fábio Donisete. Medidas provisórias em matéria tributária. In: SOUZA, Carlos Aurélio (Coord.), *Medidas provisórias e segurança jurídica*. São Paulo: Juarez de Oliveira, 2003, p. 95). Concordamos apenas com o fato de medida provisória poder eliminar ou reduzir impostos, e não demais espécies tributárias.

99. Nesse sentido: PIMENTA, Paulo Roberto Lyrio, op. cit., p. 107; TAVARES, Alexandre Macedo. *Medida provisória em matéria tributária*, p. 85-86; VIEIRA, José Roberto. *Legalidade tributária...*, p. 198; CARVALHO, Paulo de Barros, op. cit., p. 74; CARRAZZA, Roque Antônio. *Curso de direito constitucional tributário*, p. 288.

secundária ou reservada[100] (iii) não admitem delegação (inclusive os direitos individuais e as competências exclusiva ou privativas das Casas Legislativas), (iv) exigentes de eficácia diferida, exceto a criação e majoração de certos impostos, diante da previsão expressa do § 2.º do art. 62 da CF, (v) reclamam eficácia normativa que, por sua natureza, inadmitam desconstituição, (vi) sujeitas à iniciativa legislativa privativa dos demais poderes (inclusive o Ministério Público e o Tribunal de Contas), (vii) residentes no campo de competência concorrente dos Estados, Distrito Federal e Municípios, (viii) interferentes no exercício da atividade conferida aos demais poderes e órgãos constitucionais, (ix) relativas a codificações e (x) com idêntico conteúdo de medida provisória rejeitada pelo Congresso na mesma sessão legislativa.

Por fim, reitera-se caber medida provisória apenas para criar ou majorar impostos (que não dependam de lei complementar), inclusive os extraordinários e exceto os previstos no artigo 153, I, II, IV e V, da Constituição, vedada a incidência para instituir ou majorar as demais espécies tributárias.

100. Está-se a referir ao poder regulamentar do Presidente da República, inclusive aquele chamado de autônomo por certa doutrina, nos termos do art. 84, IV e VI, *a* e *b*, da CF.

8

Tempo de eficácia

O art. 62, § 3.º, da Constituição da República[1] dispõe que as medidas provisórias perderão a eficácia, desde a edição, se não forem convertidas em lei no prazo de *60 dias*, a partir de sua publicação.[2] O prazo, no direito italiano, é também de 60 dias. No espanhol, o provimento legislativo do Executivo haverá de ser submetido a debate e votação parlamentar no prazo de 30 dias contados da publicação,[3] admitindo-se que a providência continue operando eficácia enquanto pendente de apreciação pelo Legislativo.[4] Na Argentina, a Constituição é omissa quanto ao tempo de eficácia dos decretos de necessidade e urgência.[5]

Considerava-se que o prazo da redação originária do art. 62 da Constituição brasileira (trinta dias) era exíguo para a manifestação, muitas vezes lenta e difícil, do Legislativo. Por isso, a EC 32/2001 o ampliou para 60 dias, possibilitando,

---

1. § 3.º "As medidas provisórias, ressalvado o disposto nos §§ 11 e 12, perderão eficácia, desde a edição, se não forem convertidas em lei no prazo de sessenta dias, prorrogável, nos termos do § 7.º, uma vez por igual período, devendo o Congresso Nacional disciplinar, por decreto legislativo, as relações jurídicas delas decorrentes."
2. Com a redação dada pela EC 32/2001, ficou claro que a eficácia da medida provisória nasce com a publicação do ato.
3. Dispõe o art. 86 da Constituição Espanhola: "2. Os Decretos-Leis deverão ser imediatamente submetidos a debate e votação da totalidade do Congresso dos Deputados, convocado a efeito se não estiver reunido, *no prazo dos trinta dias* seguintes à sua promulgação. O Congresso deverá se pronunciar expressamente dentro de dito prazo sobre a convalidaçao ou derrogação, para o que o Regulamento estabeleça um procedimento especial e sumário." (Tradução livre, grifamos)
4. Sobre o tema, conferir *Curso de derecho constitucional*: el estado constitucional. El sistema de fuentes. Los derechos y libertades. Madrid: Tecnos, 1994, vol. 1, p. 205-206, sem olvidar o posicionamento contrário apresentado por Rosário Tur AUSINA, consoante nota 28, Capítulo 1.
5. O decreto vige até o momento estabelecido pelo instrumento. Não fixado prazo nem declarada a nulidade do ato, o decreto sustenta-se enquanto mantida a sua causa ou até que o Congresso o rejeite (MIDÓN, Mario A. R. *Decretos de necesidad y urgencia* – en la Constitución Nacional y los ordenamientos provinciales. Buenos Aires: La Ley, 2001, p. 121).

ainda, a prorrogação[6] da vigência uma única vez, por igual período, caso ainda não concluída a apreciação pelo Congresso Nacional[7] (art. 62, § 7.º, da CF[8]).

A PEC 511/2006, já arquivada, retirava do texto constitucional a possibilidade de prorrogação da medida provisória. Estabelecia, entretanto, que o prazo de eficácia das medidas passaria a ser de 120 dias. Em verdade, não se tratava de uma alteração substancial, considerando que as medidas provisórias produzem efeitos por, pelo menos, cento e vinte dias, tendo em vista a prorrogação.[9]

---

6. Basta que os primeiros sessenta dias não sejam suficientes para a plena apreciação da medida provisória em ambas as Casas Legislativas. Na prorrogação, não ocorre qualquer modificação no texto da norma; há apenas um ato do Presidente da Mesa do Congresso Nacional comunicando a prorrogação. Nesse sentido, veja-se a Resolução 01/2002 do Congresso Nacional: "Art. 10. Se a Medida Provisória não tiver sua votação encerrada nas 2 (duas) Casas do Congresso Nacional, no prazo de 60 (sessenta) dias de sua publicação no Diário Oficial da União, estará automaticamente prorrogada uma única vez a sua vigência por igual período. § 1.º A prorrogação do prazo de vigência de Medida Provisória será comunicada em Ato do Presidente da Mesa do Congresso Nacional publicado no Diário Oficial da União." Em posição isolada, David Araújo e Vidal Serrano (*Curso de direito constitucional.* 13ª. ed. rev. e atual. São Paulo: Saraiva, 2009, p. 372) entendem que a prorrogação não é automática, devendo haver expressa manifestação presidencial.
7. Essa inovação da EC 32/2001 não foi bem recebida por José Roberto Vieira (Legalidade tributária e medida provisória: mel e veneno. In: FISCHER, Octavio Campos (Org.). *Tributos e direitos fundamentais*. São Paulo: Dialética, 2004, p. 208). Leonardo de Faria Galiano (*As medidas provisórias como veículo introdutor de normas tributárias*. Brasília: Brasília Jurídica, 2006, p. 111) destaca a distinção entre prorrogação e reedição: "A primeira ('prorrogação de vigência') é automática, ocorrendo uma única vez, sempre que se verificar a condição indispensável de não ter sido a sua votação encerrada, no prazo peremptório de sessenta dias, nas duas Casas que compõem o Congresso Nacional. Já a segunda ('reedição'), dependerá da iniciativa do Poder Executivo, vedada para a mesma sessão legislativa, tanto em caso de rejeição expressa, quanto na hipótese de perda da eficácia por decurso do tempo." Na prorrogação, trata-se da mesma medida; na reedição, de nova normativa. A inovação da EC 32/2001 é criticada na doutrina por ter elastecido sobremaneira o prazo de vigência da medida provisória (BARIONI, Danilo Mansano. *Medidas provisórias.* São Paulo: Pillares, 2004, p. 113), mas, por outro lado, pode ser justificada na medida em que se estabeleceu expressamente a impossibilidade de reedição de medida provisória.
8. "§ 7.º Prorrogar-se-á uma única vez por igual período a vigência de medida provisória que, no prazo de sessenta dias, contado de sua publicação, não tiver a sua votação encerrada nas duas Casas do Congresso Nacional."
9. "Poder-se-ia perguntar por que, então, o texto falou em 60 dias ao invés de 120. A única resposta que nos acode ao espírito é que a menção à metade do prazo real teria sido feita com o intento de iludir a opinião pública e inúmeros congressistas pouco avisados, para dar a impressão de que apenas se estava a dobrar, ao invés de quadruplicar,

A PEC 91/2019, que, embora aprovada, não tinha sido ainda promulgada quando da edição deste livro, muda a redação do § 3º. do art. 62 da CF, não mais definindo um prazo, mas uma somatória de prazos peremptórios para a Câmara e para o Senado da República.[10] Embora a mudança deixe mais complexa a fiscalização da satisfação do prazo de vigência, este, tudo somado, não é muito diferente do introduzido pela EC 32/2001 com automática prorrogação e suspensão em virtude dos períodos de recesso parlamentar. Cumpre, agora, aguardar a promulgação da Emenda Constitucional que, ainda não integrada ao discurso constitucional, vem sofrendo inúmeras críticas da doutrina e, mesmo, dos parlamentares que a aprovaram.

A Constituição, no próprio art. 62, contempla situações que ampliam o tempo de vigência da medida provisória.[11] A primeira dessas hipóteses é a possibilidade de prorrogação, como já mencionado.

A segunda diz respeito à suspensão do prazo de eficácia em caso de recesso do Congresso Nacional[12] (art. 62, § 4.º, da CF[13]). Os recessos do Congresso ocorrem de 23 de dezembro a 01 de fevereiro e de 18 a 31 de julho (art. 57 da CF[14]). Caso a medida seja editada durante o recesso parlamentar, a contagem

---

como de fato ocorreu, o prazo previsto anteriormente à Emenda Constitucional que modificou o tratamento da matéria" (MELLO, Celso Antônio Bandeira de. *Curso de direito administrativo*. 25. ed. São Paulo: Malheiros, 2008, p. 128).

10. PEC 91/2019: "Art. 62 (...) § 3º. As medidas provisórias, ressalvado o disposto nos §§ 11 e 12 deste artigo, perderão eficácia, desde a edição, devendo o Congresso Nacional disciplinar, por decreto legislativo, as relações jurídicas delas decorrentes, se não forem: I – aprovadas pela Câmara dos Deputados no prazo de quarenta dias, contado do decurso do prazo previsto no § 9º ou do segundo dia útil seguinte ao recebimento do parecer da comissão mista; II – aprovadas pelo Senado Federal no prazo de trinta dias, contado do segundo dia útil seguinte à aprovação pela Câmara dos Deputados; III – apreciadas pela Câmara dos Deputados eventuais emendas do Senado Federal à medida provisória ou ao projeto de lei de conversão, no prazo de dez dias, contado do segundo dia útil seguinte à aprovação pelo Senado Federal."

11. DAMOUS, Wadih; DINO, Flávio. *Medidas Provisórias no Brasil:* origem, evolução e novo regime constitucional. Rio de Janeiro: Lumen Juris, 2005. p. 106-107.

12. A suspensão da eficácia durante o recesso não se sustenta caso sobrevenha convocação extraordinária do Congresso, nos termos do § 8.º do art. 57 da Constituição Federal: "§ 8.º Havendo medidas provisórias em vigor na data de convocação extraordinária do Congresso Nacional, serão elas automaticamente incluídas na pauta da convocação."

13. "§ 4.º O prazo a que se refere o § 3.º [60 dias, prorrogáveis] contar-se-á da publicação da medida provisória, suspendendo-se durante os períodos de recesso do Congresso Nacional."

14. "Art. 57. O Congresso Nacional reunir-se-á, anualmente, na Capital Federal de 2 de fevereiro a 17 de julho e de 1º de agosto a 22 de dezembro."

do prazo de sua eficácia inicia-se no primeiro dia da sessão legislativa (art. 18 da Resolução 01/2002[15]).

A terceira hipótese de elastecimento do prazo dá-se em razão de a medida provisória continuar em vigor até a sanção ou o veto do Presidente da República ao projeto de conversão da medida em lei, com alterações. A solução é adequada, compatibilizando-se com a segurança jurídica. Afinal, "se projeto de lei ainda não obriga, para que o caos legislativo não se instaure, a medida provisória, mesmo que alterada, deve, nos termos de sua edição original, ser mantida".[16]

Há, ainda, duas situações interferentes no tempo de eficácia da medida provisória que serão tratadas adiante (incidência, para as relações constituídas sob sua égide, da medida provisória que perdeu eficácia, caso não editado decreto legislativo, e continuidade da vigência das medidas provisórias editadas antes da EC 32/2001, até serem revogadas por medida posterior ou definitivamente deliberadas pelo Congresso).

Uma medida provisória, portanto, poderá sustentar-se no mundo jurídico por mais de cento e oitenta dias ou seis meses,[17] o que descaracteriza, de certo modo, a provisoriedade do ato.[18]

---

15. "Art. 18. Os prazos previstos nesta Resolução serão suspensos durante o recesso do Congresso Nacional, sem prejuízo da plena eficácia de Medida Provisória. Parágrafo único. Se for editada Medida Provisória durante o período de recesso do Congresso Nacional, a contagem dos prazos ficará suspensa, iniciando-se no primeiro dia de sessão legislativa ordinária ou extraordinária que se seguir à publicação de Medida Provisória."

16. BASTOS, Celso Ribeiro; MARTINS, Ives Gandra da Silva. *Comentários à Constituição do Brasil*: promulgada em 5 de outubro de 1988. 3. ed. São Paulo: Saraiva, 2002, vol. 4, t. 1, p. 512. Para Sérgio Valladão Ferraz (op. cit., p. 440), a medida continua em vigor durante o período entre a sanção e a publicação da lei, pois a intenção constitucional é evitar a descontinuidade normativa.

17. José Levi do Amaral Júnior (*Curso de Direito Constitucional:* teoria, jurisprudência e 1.000 questões. 2. ed. rev., amp. e atual. até a EC 52/2006. Rio de Janeiro: Elsevier, 2006, p. 237, n. 68) oferece um exemplo da elasticidade da eficácia da medida provisória: no caso de uma medida publicada sessenta dias antes do recesso parlamentar de final de ano, os sessenta dias de eventual prorrogação somente seriam contados a partir do dia 01 de fevereiro seguinte. E "supondo que o Presidente da República utilize por inteiro o prazo para sanção ou veto de eventual projeto de lei de conversão, nesse lapso de tempo, somente de três sábados e três domingos, sem feriados (vinte e um dias, portanto, para sanção ou veto), ter-se-ia uma medida provisória" vigente por mais de cento e oitenta dias (Ibidem, p. 237-238, n. 71). O autor alude (Ibidem, p. 238), ainda, à prática congressual de contar o prazo para apreciação do veto apenas a partir da leitura das razões presidenciais em Plenário. Na prática, os vetos aguardam longo prazo para serem deliberados, o que contribui para que a medida *provisória* se mantenha em vigor.

18. Assevera André Ramos Tavares que o alargamento do período de vigência das medidas provisórias dissolve o conceito de 'provisória' atribuído pelo constituinte originário.

Outra forma de alargar a permanência da medida provisória (ainda que suspendendo sua eficácia) no mundo jurídico é revogá-la – enquanto pendente de apreciação pelas Casas Legislativas – por meio de outra medida provisória, prática admitida pelo STF.[19]

Nessa circunstância, "quando Medida Provisória ainda pendente de apreciação pelo Congresso Nacional é revogada por outra, fica suspensa a eficácia da que foi objeto de revogação até que haja pronunciamento do Poder Legislativo sobre a normativa revogadora, a qual, se convertida em lei, tornará definitiva a revogação; se não o for, retomará os seus efeitos a Medida Provisória revogada pelo período que ainda lhe restava para vigorar."[20]

A não conversão em lei da medida revogante opera a retomada da eficácia da medida anterior, pelo restante do prazo, cabendo ao Congresso decidir, agora, sobre a sua conversão em lei. A primeira medida a ser apreciada é a revogante, porque dela depende a anterior. Portanto, a medida revogadora apenas suspende os efeitos da revogada, invertendo a ordem de votação das medidas, mas sem impedir a apreciação de ambas pelo Congresso.

"Pouco a pouco, seja pela práxis, seja pelas reformas formais da Constituição vai-se transfigurando o instituto originalmente contemplado" (TAVARES, André Ramos. *Curso de direito constitucional*. São Paulo: Saraiva, 2002, p. 848).

19. "Medida provisória. Revogação. Possibilidade. Efeitos. Suspensão da tramitação perante a casa legislativa. Impossibilidade de retirada de MP da apreciação do congresso nacional. Emenda constitucional 32. Impossibilidade de reedição de MP revogada. 1. Porque possui força de lei e eficácia imediata a partir de sua publicação, a Medida Provisória não pode ser 'retirada' pelo Presidente da República à apreciação do Congresso Nacional. Precedentes. 2. Como qualquer outro ato legislativo, a Medida Provisória é passível de ab-rogação mediante diploma de igual ou superior hierarquia. Precedentes. 3. A revogação da MP por outra MP apenas suspende a eficácia da norma ab-rogada, que voltará a vigorar pelo tempo que lhe reste para apreciação, caso caduque ou seja rejeitada a MP ab-rogante. 4. Consequentemente, o ato revocatório não subtrai ao Congresso Nacional o exame da matéria contida na MP revogada. 5. O sistema instituído pela EC 32 leva à impossibilidade – sob pena de fraude à Constituição – de reedição da MP revogada, cuja matéria somente poderá voltar a ser tratada por meio de projeto de lei. 6. Medida cautelar indeferida." (**STF, ADI-MC** 2984/DF, Pleno, j. 04.09.2003, rel. Min. Ellen Gracie, *DJ* 14.05.2004, p. 32).

"Alegada violação ao princípio da independência e harmonia entre os poderes (...) Orientação assentada no STF no sentido de que, não sendo dado ao Presidente da República retirar da apreciação do Congresso Nacional medida provisória que tiver editado, é-lhe, no entanto, possível ab-rogá-la por meio de nova medida provisória, valendo tal ato pela simples suspensão dos efeitos da primeira, efeitos esses que, todavia, o Congresso poderá ver estabelecidos, mediante a rejeição da medida ab-rogatória." (STF, ADI 1.315-MC, j. 10.08.1995, rel. Min. Ilmar Galvão, *DJ* 25.08.1995).

20. STF, ADI 1.665-MC, j. 27.11.1997, rel. Min. Moreira Alves, *DJ* 08.05.1998.

Questão interessante é como tratar os efeitos produzidos pela medida provisória revogada, considerando que a revogação pela medida posterior opera efeitos *ex nunc*. A conversão em lei da medida revogante terá o efeito de retirar a medida revogada com eficácia *ex tunc*; decreto legislativo regulará os interesses advindos, ou a própria lei de conversão, fazendo as vezes de legislação intertemporal. Caso a medida revogante não seja convertida em lei, a medida anterior retomará sua eficácia, sendo apreciada pelo Congresso Nacional. Convertida essa medida provisória em lei, decreto legislativo ou a própria lei de conversão disciplinará os interesses jurídicos decorrentes. Não convertida em lei, os efeitos produzidos pela norma serão disciplinados por decreto legislativo. Na hipótese de o decreto não ser elaborado, a medida provisória rejeitada continuará regendo as relações constituídas sob sua égide. Esse fenômeno será enfrentado mais adiante.

A prática da revogação de medida provisória por outra tem servido para fraudar a Constituição, burlando a proibição da reedição e contornando o bloqueio da pauta da Casa Legislativa que não a aprecia no tempo constitucionalmente fixado.

Expirado o tempo de vigência da providência normativa excepcional sem apreciação pelo Congresso Nacional[21] ou tendo sido expressamente rejeitada, incide a regra constitucional da caducidade (perda da eficácia), atingindo o ato desde a sua edição.[22]

---

21. José Afonso da Silva (*Processo constitucional de formação das leis*... cit., p. 335) sustenta a impossibilidade, diante do regime jurídico atual, de a medida provisória perder eficácia por decurso do prazo. É que não apreciada em até quarenta e cinco dias após sua publicação, a medida provisória entra em regime de urgência, sobrestando a pauta da Casa Legislativa em que se encontra, até que se ultime a deliberação. Assim, sempre haveria deliberação sobre a medida provisória, ainda que restasse indefinido o prazo em que ocorreria.

22. A Constituição Italiana, no seu art. 77, enuncia que "Os decretos perdem eficácia desde o início, se não são convertidos em lei dentro de sessenta dias da sua publicação." Gustavo Zagrebelsky (*Manuale di diritto costituzionale*: il sistema delle fonti del diritto. Torino: UTET, 1993, vol. 1, p. 184) ensina que a perda de eficácia do decreto pelo decurso de prazo sem conversão é uma espécie de "nulidade-inexistência superveniente". Todo efeito que o decreto tenha determinado retrocede, os atos cumpridos sob sua tutela perdem todo fundamento legal e se procede a repristinação da situação de direito nos modos possíveis (judiciários, administrativos e negociais) como se o decreto nunca tivesse sido emanado. Isso não exclui, naturalmente, que o decreto tenha sido eficaz, mas trata-se de uma eficácia aleatória, uma vez que está sujeita, desde o início, à condição resolutiva. A ausência de conversão em lei impõe que se considere o decreto, até agora existente, como se nunca tivesse existido. Por consequência, deverá raciocinar-se como se tivesse sido sempre vigente a lei que o decreto

Como a medida provisória (e o próprio *nomen juris* assim sugere) constitui espécie normativa despida de eficácia permanente, não está vocacionada a revogar definitivamente o direito anterior com ela incompatível. Nesse particular, opera, desde a sua edição, espécie de suspensão (paralisação) da eficácia do direito pretérito. Revogação *definitiva* haverá, caso a medida provisória seja convertida em lei.[23] Aqui, não há diferença substancial entre a medida provisória e o decreto-lei da Constituição anterior (EC 1/69).

---

tenha eventualmente ab-rogado ou modificado e sobre a base de tal lei deveriam ser reguladas as situações constituídas no momento de vigência do decreto não convertido. A perda de eficácia deve considerar-se total, como quer a Constituição ao não colocar exceções. Comentando a sistemática italiana, Amaral Júnior (*Medida provisória e a sua conversão em lei:* a Emenda Constitucional 32 e o papel do Congresso Nacional. São Paulo: 2ª Ed. RT, 2012, p. 81-82) afirma que a "retroatividade da desconstituição do *decreto-legge* é inexorável, inclusive em matéria penal. A Corte Constitucional italiana, em sua Sentença 51, de 19.02.1985, entendeu que mesmo a norma penal mais benéfica constante do *decreto-legge*, alvo de decadência, não pode ser aplicada ao réu infrator da norma penal anterior mais gravosa, que retoma a sua aplicabilidade." Sobre o direito espanhol, consoante nota 28, Capítulo 1.

23. Consultar, na Itália, MORTATI, Costantino. *Istituzioni di diritto pubblico*. Padova: Cedam, 1969. p. 711. Para a discussão no âmbito espanhol sobre a possibilidade de conceder ao decreto-lei efeitos suspensivos da eficácia ou aplicabilidade da norma, ou derrogatórios com a consequente perda de vigência da legislação anterior contrária, ver: AUSINA, Rosário Tur. *El control parlamentario de los Decretos-leyes*. Madrid: Centro de Estúdios Políticos y Constitucionales, 2002, p. 79-85. No Brasil, a lição de Manoel Gonçalves Ferreira Filho (*Do processo legislativo*. 6. ed. rev. e atual. São Paulo: Saraiva, 2007, p. 246) é no seguinte sentido: "Uma das consequências da força de lei é revogar, ou derrogar, as leis anteriores. Daí decorre que a edição de medida provisória válida importa na revogação das leis, ou das normas de leis, que com o seu texto colidirem. Todavia, a medida provisória é um ato sob a 'condição resolutiva' de sua conversão em lei, motivo por que a falta desta implica a extinção de seus efeitos, donde a restauração do Direito anterior. Destarte, parece imperativa a conclusão de que a medida provisória revoga, desde o momento de sua edição, as normas com ela colidentes. Trata-se, porém, de uma revogação condicional que depende para solidificar-se da conversão em lei do texto revocatório. Neste caso, como o efeito da medida provisória é *ex tunc* – desde sua edição –, se deve entender que desde esse momento não mais vigorava a norma colidente. Entretanto, se a conversão não ocorrer, restaura-se o direito anterior." Nessa linha: MACHADO, Hugo de Brito. Efeitos de medida provisória rejeitada. *Revista dos Tribunais*, São Paulo, n. 700, fev. 1994, p. 46-47; FERREIRA, Sérgio de Andréa (Medida provisória: natureza jurídica. *Revista Trimestral de Direito Público*, São Paulo, n. 1, 1993, p. 156-158). Outros autores, entretanto, preferem falar em suspensão da vigência e eficácia, e não em revogação sujeita à condição resolutiva. Cite-se, nessa linha, por exemplo: RODRIGUES, Ana Cláudia Manso Sequeira Ovídio. *A medida provisória no controle abstrato de constitucionalidade:* a compreensão da força de lei, dos pressupostos de relevância e urgência e da apreciação parlamentar e a sua repercussão na ação direta

O decreto-lei também congelava a eficácia das regras jurídicas anteriores antinômicas durante o período de deliberação do Legislativo. Ultrapassado esse prazo sem a manifestação do Congresso ou sem a sua rejeição (aprovação ficta inexistente no regime da MP), aquela suspensão (revogação resolúvel) sofria mutação para operar revogação incondicionada. Uma vez rejeitado, o direito anterior reemergia no universo eficacial. Mas a rejeição do decreto-lei operava efeitos *ex nunc*, enquanto a rejeição (ou não apreciação) da medida provisória opera efeitos *ex tunc* (efeito análogo à repristinação)[24]. Nesse particular, o regime constitucional da medida provisória é mais rigoroso que o aplicável ao antigo decreto-lei.

Em síntese, rejeitada ou não convertida em lei, no prazo de sessenta dias (prorrogável uma vez, por igual período)[25], a medida provisória perde a eficácia,[26] ocasionando a retomada da eficácia da legislação anterior.

---

de inconstitucionalidade de medida provisória, Dissertação de mestrado, Programa de Pós-Graduação em Direito da Universidade de Brasília, Brasília, 2001, p. 37-38; KADRI, Omar Francisco do Seixo. *O Executivo legislador:* o caso brasileiro. Coimbra: Coimbra, 2004, p. 172-175; MASSUDA, Janine Malta. *Medidas provisórias:* os fenômenos na reedição. Porto Alegre: Sergio Antonio Fabris, 2001, p. 87; NIEBUHR, Joel de Menezes. *O novo regime constitucional da medida provisória*. São Paulo: Dialética, 2001, p. 153; CHIESA, *Medidas provisórias*: regime jurídico-constitucional, p. 116-118; BARIONI, Danilo Mansano. *Medidas provisórias*. São Paulo: Pillares, 2004, p. 128; SZKLAROWSKY, *Medidas Provisórias*: Instrumento de governabilidade. São Paulo: Nova Dimensão Jurídica, p. 71; RAMOS, Saulo. Medida Provisória. In: *A nova ordem constitucional*. Rio de Janeiro: Forense, 1990, p. 533; TÁCITO. Medidas provisórias na constituição de 1988. *Revista de Direito Público*, São Paulo, n. 90, p. 54, abr.-jun. 1989.

24. STF, Pleno, ADI 2984 MC/DF, Relatora Ministra Ellen Gracie, DJ de 14.05.2004. Não se trata, propriamente, de repristinação. A repristinação precisa ocorrer de forma expressa, ao passo que o efeito repristinatório se dá automaticamente, com a rejeição da MP. Fala-se, portanto, de um instituto semelhante à repristinação, mas não igual.
25. Ou, após a sua promulgação, se ocorrer, no tempo definido na redação do art. 62 da CF oferecida pela PEC 91/2019.
26. Na Itália, Carlo Lavagna (*Istituzioni di dirittto pubblico*. 6. ed. Torino: UTET, 1993, p. 297), embora a questão envolva polêmica, sustenta que a caducidade *ex tunc* do decreto-lei encontra exceção na coisa julgada por um princípio geral e diverso que o art. 77 parece não ter revogado. Inolvidada a circunstância de que a coisa julgada, no Direito brasileiro, configura garantia fundamental do cidadão, o que desafia atenção quanto às consequências desse fato relevante, a doutrina que a põe a salvo da desconstituição *ex tunc* dos efeitos da medida provisória não convertida merece reflexão. Não parece, todavia, ser possível excepcionar o ato jurídico perfeito e o direito adquirido. Eventual temperamento do princípio da nulidade-inexistência da medida provisória não convertida, sempre ocorrente na via judicial, emergindo caso a caso, decorrerá não da manifestação de ato jurídico perfeito ou de direito adquirido, mas da incidência de

Questão tormentosa concernia às relações jurídicas nascidas sob a égide da medida provisória. Se, durante a sua vigência, tais relações ostentavam um fundamento de legitimidade, inocorrente a conversão em lei, ficaram despidas de fundamento jurídico. O Constituinte (inclusive o poder reformador, com a edição da EC 32/2001) ofereceu solução ao problema prevendo que, na hipótese, deve o Congresso Nacional disciplinar tais relações por meio de decreto legislativo[27] (art. 62, § 3.º, da CF). A Resolução 01/2002 do Congresso Nacional, que dispõe sobre a apreciação das medidas provisórias, em seu art. 11 também prevê que um decreto legislativo disciplinará as relações decorrentes da vigência da medida provisória.[28]

---

outros princípios constitucionais dotados de idêntica importância. Está-se a referir, entre outros, aos seguintes princípios constitucionais: segurança jurídica, moralidade, proteção da confiança, razoabilidade e proporcionalidade.

27. A Constituição Italiana, em seu art. 77, dispõe que "As Câmaras podem, todavia, regular por lei as relações jurídicas surgidas com base nos decretos não convertidos." Notam-se duas diferenças em relação ao sistema brasileiro: A regulamentação do Congresso é facultativa e se dá mediante lei; no Brasil, é obrigatória e mediante decreto legislativo. Gustavo Zagrebelsky (op. cit., p. 184) sustenta que a regulamentação constitui medida legislativa concreta (cuidando de situações individuais) que, na maioria das vezes, opera no sentido da consolidação das relações já constituídas. Não se trata, porém, de um equivalente da lei de conversão (Corte Constitucional 59/82; 307/83). Roberto Romboli (Decreto-legge e giurisprudenza della Corte costituzionale. In: SIMONCINI, Andrea (Org). *L'emergenza infinita*. La decretazione d'urgenza in Italia. Macerata: EUM, 2006, p. 123-124) observa que a doutrina atualmente distingue duas distintas técnicas da lei regulamentadora (*legge di sanatoria*): a de cristalização e a de reprodução. "Por meio da primeira, opera-se sobre as situações criadas e não sobre o futuro, enquanto que por meio da segunda produz-se uma nova regulamentação, mesmo que voltada apenas para o passado, com efeito de novação e estabilização do decreto. Outros [autores], pelo contrário, preferem seguir a tese tradicional segundo a qual as leis de conversão do art. 77 seriam leis de natureza retroativa, equivalentes em substância a uma conversão tardia e circunscrita ao passado." (Tradução livre) O autor ressalta que a sentença 360/1996 deixou registrado que o Parlamento somente poderia editar a lei regulamentadora se esta se afastasse do conteúdo normativo do decreto-lei, sob pena de configurar uma ilegítima conversão tardia do ato normativo de urgência.

28. "Art. 11. Finalizado o prazo de vigência da Medida Provisória, inclusive o seu prazo de prorrogação, sem a conclusão da votação pelas 2 (duas) Casas do Congresso Nacional, ou aprovado projeto de lei de conversão com redação diferente da proposta pela Comissão Mista em seu parecer, ou ainda se a Medida Provisória for rejeitada, a Comissão Mista reunir-se-á para elaborar projeto de decreto legislativo que discipline as relações jurídicas decorrentes da vigência de Medida Provisória.

§ 1.º Caso a Comissão Mista ou o relator designado não apresente projeto de decreto legislativo regulando as relações jurídicas decorrentes de Medida Provisória não

Cumpre lembrar que os decretos legislativos, no sistema constitucional brasileiro, incidem, em princípio, sobre o *campo substantivo de competência exclusiva do Congresso Nacional*. Ora, a rejeição de medida provisória não parece ser capaz de transformar a natureza jurídica da matéria regulada. O que ocorre, sim, é a exigência de que o Congresso discipline *os efeitos* da medida legislativa excepcional caduca ou censurada.

Assim, a rejeição da medida provisória tem o condão de transferir para o Congresso a responsabilidade pela regulação das relações jurídicas derivadas, pouco importando o fato de a iniciativa legislativa repousar entre aquelas de competência privativa do Presidente da República. Se o conteúdo disciplinado pela medida de urgência é exigente de processo legislativo deflagrado pelo Chefe do Poder Executivo (por exemplo, as elencadas no art. 61, § 1.º), nem por isso a Legislatura fica na dependência daquela autoridade para atuar. O § 3.º do art. 62 da CF, convém reiterar, confere ao Congresso Nacional o dever[29] de disciplinar as relações decorrentes da perda de eficácia da providência de necessidade. Não pode o Legislador ficar à mercê de prévia provocação de outro órgão constitucional, sob pena de não realizar o comando constitucional.

O decreto legislativo envolve manifestação que, sendo de competência exclusiva, configurando verdadeira exceção, põe-se a salvo do comando inscrito no art. 48 da Lei Fundamental.[30]

Diante da clara redação derivada da EC 32/2001, importa concordar que o decreto legislativo é o instrumento apto a regular as relações jurídicas que se sustentavam na medida provisória morta.

---

apreciada, modificada ou rejeitada no prazo de 15 (quinze) dias, contado da decisão ou perda de sua vigência, poderá qualquer Deputado ou Senador oferecê-lo perante sua Casa respectiva, que o submeterá à Comissão Mista, para que esta apresente o parecer correspondente.

§ 2.º Não editado o decreto legislativo até 60 (sessenta) dias após a rejeição ou a perda de eficácia de Medida Provisória, as relações jurídicas constituídas e decorrentes de atos praticados durante sua vigência conservar-se-ão por ela regidas.

§ 3.º A Comissão Mista somente será extinta após a publicação do decreto legislativo ou o transcurso do prazo de que trata o § 2.º".

29. Para o Supremo Tribunal Federal (AR na ADI 365-DF, *DJU* 15.03.1991, p. 2.645), a disciplina das relações formadas à sombra de medida provisória não convertida em lei "constitui obrigação indeclinável do Poder Legislativo da União, que deverá regrá-las mediante procedimento legislativo adequado".

30. "Art. 48 Cabe ao Congresso Nacional, com a sanção do Presidente da República, não exigida esta para o especificado nos arts. 49, 51 e 52, dispor sobre todas as matérias de competência da União, especialmente sobre: (...)."

Apesar da dicção constitucional, entende Leonardo Galiano que o decreto legislativo não é exigível apenas na circunstância de rejeição da medida provisória. Poderia servir, também, para adaptar a nova lei (medida provisória convertida) ao sistema normativo do país. Cabe lembrar o lugar onde Paulo de Barros Carvalho situa o terreno de incidência do decreto legislativo:[31] "Aqui, sim, há não só campo fecundo para o desempenho da função legislativa, como necessidade de imediatas providências de teor interativo. Com efeito, ao converter-se em lei, perde a medida seu caráter provisório e ingressa, definitivamente, na ordem jurídica, suscitando adaptações imprescindíveis para que se mantenham a harmonia e o bom funcionamento do direito positivo."[32] Trata-se de "editar *outras normas jurídicas* que promovam os ajustes inerentes ao ingresso das primeiras, consolidando-se o equilíbrio e a funcionalidade do sistema. Daí concluir que a produção de regras disciplinadoras, por via de decreto legislativo, das *relações jurídicas delas decorrentes* se aplica às medidas que encontram apoio no Parlamento e destina-se a adaptar a nova lei (resultado da conversão) às exigências do sistema de que passou a fazer parte, o que certamente requer acertos internormativos de índole axiológica, sintática e semântica."[33] Tem-se aqui, no entanto, uma posição isolada.

Outra situação que também poderia, no entendimento de Galiano, justificar o uso do decreto legislativo é aquela de emenda modificativa ao projeto de lei de conversão vetada pelo Presidente da República. Nesse caso, apesar de o texto não ser introduzido no ordenamento, surgiria espaço para o legislador exercer a sua competência exclusiva por meio do decreto legislativo.[34]

---

31. O tributarista entende que o *Poder Judiciário* (e não o Legislativo, com a edição de decreto) é a seara mais adequada para regular as questões advindas da rejeição da medida provisória. É que "cometida atribuição desse tope ao Legislativo, ficaria ele entretido com assuntos que julgou irrelevantes, inoportunos ou incompatíveis, representando autêntica violência contra esse Poder da República compeli-lo a restaurar a ordem jurídica arranhada por expedientes utilizados com açodo ou imprevisão pelo Executivo" (CARVALHO, Paulo de Barros, *Curso de Direito Tributário*, p. 69-70). As situações constituídas sob a égide de medida provisória que perdeu a eficácia ou foi rejeitada não se encaixam nas linhas genéricas da previsão legislativa. Assim, "em vista da extraordinária gama de eventos que podem assumir tal condição de imutabilidade jurídica, o remédio apropriado será invocar a prestação jurisdicional do Estado, para que, mediante a expedição de normas *individuais e concretas*, o Poder Judiciário atenda às peculiaridades de cada caso, fazendo incidir o direito positivo nos variados tipos de concreção factual insusceptíveis de desfazimento" (Ibidem, p. 69).
32. Ibidem, p. 70.
33. Idem.
34. GALIANO, Leonardo de Faria. As medidas provisórias como veículo introdutor de normas tributárias. Brasília: Brasília Jurídica, 2006, p. 132.

Tratando-se, a regulação das relações jurídicas decorrentes da medida provisória não convertida, de matéria de competência indelegável do Congresso Nacional, padecerá de nulidade absoluta eventual cláusula de convalidação dos efeitos pretéritos providenciada em normativa de urgência.[35]

A cláusula de convalidação visava conferir validade aos atos insuscetíveis de subsistir pela vontade única do Executivo, particularmente nos casos de reedição, pois quem detém competência para disciplinar as relações decorrentes de medidas provisórias não convertidas em lei é o Congresso Nacional.[36]

As cláusulas de convalidação, que acompanhavam as medidas reeditadas, eram, assim, absolutamente inconstitucionais. Aliás, na Itália, sequer são admitidas, já que a Lei 400, de 23 de agosto de 1988, diante de antiga demanda da doutrina, vedou expressamente (art. 15, II, *d*) a disciplina, mediante novo decreto de urgência, das relações derivadas dos decretos não convertidos. Ou seja, a lei em questão proibiu a cláusula de convalidação residente em nova medida legislativa do Executivo. Inadmitido na Itália, entre nós, referido artifício era explorado, de tal modo que de provisória, com as reedições sucessivas, acompanhadas de cláusulas expressas de convalidação, passava a medida de urgência a desenvolver vocação para a vigência permanente. Manifestava-se, aqui, verdadeira fraude à Constituição e, especialmente, ao princípio da divisão funcional do poder.

Não obstante a alusão ao decreto legislativo para reger as relações advindas da vigência da medida provisória, a própria lei de conversão pode fazer as vezes do decreto para o efeito de disciplinar as situações jurídicas constituídas sob a vigência de medida provisória não mais eficaz.[37] Ainda, muitas vezes, o Legislativo encontrará legislação reentrante (revogada condicionalmente)

---

35. Não se olvide o papel do Poder Judiciário na análise de situações particulares.

36. Nesse sentido: MASSUDA, op. cit., p. 168; SANTOS, Gilberto Pinto dos. Reedição de medidas provisórias. In: SOUZA, Carlos Aurélio (Coord.). *Medidas provisórias e segurança jurídica*. São Paulo: Juarez de Oliveira, 2003, p. 135.

37. Nesse sentido: STF, RE 254.818-9/PR, Pleno, j. 08.11.2000, rel. Min. Sepúlveda Pertence, *DJ* 19.12.2002, p. 81. Segundo Galiano (op. cit., p. 134), "No caso de conversão da medida provisória em lei ordinária com emendas aditivas ou modificativas, entendemos que nada impede que a própria lei de conversão traga a disciplina das normas que ela mesma acrescentou ou alterou, tomando-se o lugar do decreto legislativo (...). Para as emendas supressivas pensamos diferente: por terem desaparecido por completo do ordenamento, pelo menos a princípio, precisará ser criado um novo veículo normativo para regular tal 'vácuo legislativo'." Observa José Levi do Amaral Júnior (*Medida provisória e a sua conversão em lei*, p. 188-189) que quando a cláusula de convalidação da medida provisória é veiculada na lei de conversão da medida, assume o papel de decreto legislativo para disciplinar as relações surgidas com esteio na medida. Por essa

suficiente para solucionar, de modo satisfatório, as situações surgidas com a vigência da providência não convertida.

Cabe, a essa altura, indagar como ficarão os atos praticados sob a égide de medida provisória rejeitada ou que perdeu eficácia, se o projeto de decreto legislativo for *rejeitado*. Ora, a situação equivale àquela de *ausência* de decreto legislativo para disciplinar as situações jurídicas existentes.

O art. 62, § 11, da Constituição dispõe que, caso não editado o decreto legislativo em até 60 dias após a rejeição ou perda da eficácia da medida provisória, as relações jurídicas constituídas e decorrentes de atos praticados durante sua vigência conservar-se-ão regidas pela própria medida provisória.[38] Assim, a normativa que é caracterizada pela provisoriedade adquire permanência no tempo exclusivamente para continuar sustentando a legitimidade dos atos constituídos sob sua égide.

Bem nota Ferreira Filho que o § 11 representa "uma profunda modificação relativamente ao que resultava do texto primitivo. Neste, os efeitos da medida provisória não convertida se desconstituíam, salvo se decreto legislativo dispusesse em contrário. Ao invés, hoje eles perduram válidos, [salvo se o decreto legislativo dispuser em contrário]. E isto no prazo de sessenta dias mencionado. Ocorre, portanto, uma presunção a favor da permanência do regime aplicado às relações jurídicas pela medida provisória."[39] Houve algo como a inversão da característica da precariedade.

Salienta Juliana Freitas do Valle que "O § 11 do art. 62 mitigou o efeito *ex tunc* das medidas quando permitiu indiretamente a manutenção de sua vigência no caso de não edição do decreto legislativo até mesmo após a matéria ser rejeitada pelo Congresso Nacional. [...]. Dessa forma, o Executivo pode criar nova norma, com força de lei, mesmo sobre matéria inconstitucional e sem a participação do Legislativo."[40]

---

razão, o voto do Ministro Moreira Alves, no citado RE 254.818-9/PR, propugnou a desnecessidade de sanção ou veto em relação a referida cláusula convalidatória

38. Para Josaphat Marinho (Medidas provisórias e a Emenda Constitucional 32/2001. In: Associação Brasileira dos Constitucionalistas Democratas. *Cadernos de Soluções Constitucionais 1*. São Paulo: Malheiros, 2003, p. 120), a medida provisória não deveria continuar regendo as situações pretéritas; deveria haver um regime de urgência para a edição do decreto legislativo. Para Vieira (*Legalidade*... cit., p. 209), trata-se de aspecto de altíssima negatividade da EC 32/2001.

39. FERREIRA FILHO, Manoel Gonçalves. *Do processo legislativo*...cit., p. 243.

40. VALLE, Juliana Carla Freitas do. *Medidas provisórias:* o procedimento legislativo e seus efeitos jurídicos. Brasília: FDK, 2004, p. 56. A autora cita o exemplo da MP 38/2002, "*Dispõe sobre o parcelamento de débitos tributários de Estados, do Distrito Federal, de Municípios e de empresas públicas e privadas em processo de falência ou de liquidação,*

Defendem alguns que o § 11 do art. 62 da Constituição (assim como o § 12) configura exceção à perda de eficácia da medida provisória desde sua edição, o que gera "um efeito antidemocrático, em sentido semelhante ao das cláusulas de convalidação que visavam à manutenção da validade dos atos praticados na vigência de uma medida provisória no momento da sua reedição no período anterior a entrada em vigor da EC 32/2001."[41]

Faz sentido retomar análise realizada em outra oportunidade, sobre a distinção entre os planos normativo e normado.[42] A medida provisória não mais produz efeitos no campo normativo, pois perdeu sua eficácia por decurso do prazo ou por rejeição pelo Congresso. Deixou de viger. Todavia, as situações

---

institui regime especial de parcelamento da contribuição para o Programa de Formação do Patrimônio do Servidor Público – PASEP, restabelece prazos para pagamento de débitos tributários, inclusive do imposto de renda incidente sobre lucro inflacionário, concede benefícios fiscais à instalação, ampliação ou modernização de unidades industriais e tratamento tributário isonômico entre produção nacional e a importação de papel-jornal, altera a legislação aduaneira e a relativa à cobrança de direitos antidumping e compensatórios, e dá outras providências". Tal medida nunca recebeu parecer da Comissão Mista, tendo perdido sua eficácia. Em 10 de outubro de 2002, sobreveio ato declaratório do Presidente da Mesa do Congresso Nacional, afirmando que "tendo em vista que (a MP 38) não foi convertida em lei até a presente data – último dia de sua vigência –, perde a eficácia, desde a sua edição, a partir de 11 de outubro de 2002". A redação do ato é bastante confusa, pois declara que a medida perde eficácia desde sua edição, mas a partir de momento futuro, datas inconciliáveis. O que se pretendeu declarar, pensa-se, considerando não ter sido editado até hoje decreto legislativo para disciplinar as situações decorrentes da vigência da medida provisória, é que a medida perdeu eficácia apenas a partir do dia 11 de outubro de 2002, mantendo-se válida para as situações jurídicas decorrentes do período em que estava em vigor. Interessante que se trata de irregularidade que permanece no sistema. Apesar de permitir isenções de impostos – o que pelo Código Tributário Nacional deve decorrer apenas de lei aprovada pelo Congresso Nacional – continua regendo os atos praticados durante sua égide.

41. MODENA, César Augusto. *A Natureza Jurídica da Lei de Conversão da Medida Provisória.* Tese de doutorado, Programa de Pós-Graduação em Direito da Universidade Federal do Paraná, Curitiba, 2004, p. 184. No mesmo sentido, Chiesa (op. cit., p. 75) alerta que "essa sistemática poderá criar situações esdrúxulas, ofensivas ao princípio da legalidade em sentido estrito e ao princípio da separação dos poderes, pois relações jurídicas poderão consumar-se e tornarem-se definitivas, fundadas em ato normativo editado unilateralmente pelo Chefe do Executivo, redimensionando a diretriz segundo a qual alguém somente está obrigado a fazer ou não fazer alguma coisa senão em virtude de ato normativo editado pelo Legislativo ou que tenha tido a sua aquiescência, seja prévia ou *a posteriori*."
42. MENDES, Gilmar Ferreira. *Jurisdição constitucional.* 5. ed. São Paulo: Saraiva, 2005, p. 334; CLÈVE Clèmerson Merlin. A fiscalização abstrata da constitucionalidade no direito brasileiro. 2. ed. São Paulo: Ed. RT, 2000, p. 253.

surgidas e/ou consolidadas e os interesses jurídicos decorrentes dos atos praticados enquanto a medida provisória surtia efeitos não podem ser ignorados pelo direito. Diante da inexistência de decreto legislativo que regule essas situações, para evitar um estado de incerteza e insegurança jurídica,[43] oferecendo uma resposta às relações jurídicas firmadas, a medida provisória – embora sem espaço no plano normativo – sustenta-se ainda no plano normado. Nessa nova situação advinda da Emenda, pode-se cogitar da preservação da confiança legítima, gerada por medida provisória, no caso de a medida continuar regendo as relações jurídicas.

Todavia, ressalte-se que o § 11 do art. 62 da Constituição poderia fundamentar um retrocesso, se permitisse que medidas rejeitadas (até mesmo em razão de sua inconstitucionalidade) pudessem continuar produzindo eficácia no plano fático.[44] Mas a hipótese em questão não pode ser aplicada à circunstância

---

43. MASSUDA, op. cit., p. 172; SANTOS, Gilberto Pinto dos, op. cit., p. 137. Niebuhr (op. cit., p. 156) comenta a insegurança jurídica experimentada pelo cidadão durante a vigência da medida provisória: "Se o sujeito cumpre os comandos da medida provisória e se ela vem a ser rejeitada, o ato por ele praticado, se contrário à lei anterior, é inválido. Se o sujeito não cumpre os comandos de medida provisória, e ela vem a ser convertida em lei, o ato praticado por ele é ilegal, inválido e passível de sanção. Em suma, só se tem realmente certeza de qual conduta seguir, após os 120 (cento e vinte) dias a contar da publicação da medida provisória, pois é nesse momento que as relações jurídicas dela decorrentes deixam de ser efêmeras e precárias, passando a galgar estabilidade." No mesmo sentido, observa Sérgio Valladão Ferraz (*Curso de Direito Constitucional:* teoria, jurisprudência e 1.000 questões. 2. ed. rev., amp. e atual. até a EC 52/2006. Rio de Janeiro: Elsevier, 2006, p. 442, n. 81) que "apenas decorridos sessenta dias da rejeição é que se poderá saber se a medida provisória perdeu efeitos desde a sua edição ou apenas a partir da edição. Durante esses sessenta dias, permanece a incógnita. Mas se não for feito o decreto legislativo, a perda da eficácia da medida é a partir da rejeição, e não a partir do decurso dos sessenta dias contados da rejeição. No período dos sessenta dias em que o Congresso pode fazer o decreto legislativo, a medida provisória não está mais vigendo (ou vale a lei anterior ou o 'vazio' normativo)."

44. Por essa razão Niebuhr (op. cit., p. 160) sustenta a inconstitucionalidade desse dispositivo da EC 32/2001. David Araújo e Vidal Serrano (*Curso de direito constitucional.* 13. ed. rev. e atual. São Paulo: Saraiva, 2009, p. 374) afirmam ser uma "triste restauração do instituto do decurso de prazo, banido com a Constituição de 1988", e Galiano (op. cit., p. 128) considera a norma apalermada, por trazer insegurança jurídica ao tornar definitivo o provisório. Pimenta (As medidas provisórias em direito tributário: inovações da emenda constitucional nº 32/2001. *Revista Dialética de Direito Tributário,* São Paulo, n. 77, p. 106-107, fev. 2002.) defende que medida provisória inconstitucional rejeitada, mas que ainda produza efeitos, por força do art. 62, § 11, pode ser questionada judicialmente. Nesse sentido, caberá pedido de repetição de indébito se a norma impositiva tributária for inconstitucional. Ainda que não mais tenha eficácia, pode ser suscitada a invalidade do ato, pois constitui outro plano de discussão. Apesar de Barioni (op. cit., p. 77 e

da edição de medidas provisórias inconstitucionais. Aqui, a solução haverá de ser diferente.

Por fim, no tema da eficácia, cabe referir o contido no art. 2.º da EC 32/2001:[45] "As medidas provisórias editadas em data anterior à da publicação desta emenda continuam em vigor até que medida provisória ulterior as revogue explicitamente ou até deliberação definitiva do Congresso Nacional."[46] São cinquenta e duas medidas provisórias que permaneceram em um limbo legislativo, aguardando votação no Congresso Nacional.[47]

O referido art. 2.º, ao não fixar prazo de vigência das medidas editadas até a promulgação da EC 32/2001, altera elemento essencial do ato normativo em exame: a provisoriedade. Equivale a dizer que atribuiu *perenidade* às medidas *provisórias* anteriores.[48]

---

134) referir-se à previsão constitucional como um absurdo, encontra nela um aspecto positivo, considerando que ao menos "presta-se para afastar a possibilidade de que as mesmas relações fiquem *ad eterno* sem qualquer disciplina, por omissão congressual, o que vai ao encontro do princípio da segurança jurídica." Também José Levi Mello do Amaral Júnior (*Medida provisória e a sua conversão em lei*, p. 188) é favorável à alteração realizada pela Emenda, na medida em que privilegia a segurança jurídica.

45. Interessante ressaltar que tal artigo não foi incorporado ao texto constitucional, inaugurando uma situação anômala: a disciplina de questões constitucionais fora da Carta, desrespeitando a unidade formal e material do sistema constitucional. Cf. FERRAZ, Anna Candida da Cunha, *Medidas provisórias e segurança jurídica*: a inconstitucionalidade do art. 2.º da Emenda Constitucional 32/2001, p. 09-10.

46. Tal determinação deu azo a uma atitude nada louvável por parte do Executivo, como nota Samuel Nobre Sobrinho (op. cit., p. 336): "aprovada a Emenda Constitucional [n. 32], em sua votação final pelo Senado, mas antes que fosse ela promulgada, veio ele [Executivo], de forma sorrateira e abusiva, a editar uma publicação extraordinária do Diário Oficial, para emitir mais 10 (dez) Medidas Provisórias, de uma só vez, e que não serão alcançadas pelas novas normas da reforma constitucional. Teremos, portanto, um entulho autoritário".

47. As medidas tratam ou tratavam de temas variados. Nessa situação – que os congressistas apelidaram de "entulho legal" – estavam, por exemplo, o Código Florestal, três agências reguladoras (Agência Nacional de Transportes Terrestres, Agência Nacional de Transportes Aquaviários e Agência Nacional de Vigilância Sanitária), o Sistema Nacional Antidrogas, normas para a federalização de bancos estaduais, formas de funcionamento da Advocacia-Geral da União, compensação para as empresas do setor elétrico que tiveram prejuízo com o apagão de 2001, artigos da Consolidação das Leis do Trabalho destinados a atribuir maior rapidez às ações trabalhistas, acesso ao patrimônio genético no Brasil e na plataforma continental e a regulamentação dos planos privados de previdência.

48. Pimenta (op. cit., p. 102) refere-se à existência, então, de dois tipos de medidas provisórias: aquelas cujo prazo de vigência é determinado (publicadas após a EC 32/2001) e aquelas cuja vigência tem prazo indeterminado (publicadas anteriormente à EC 32/2001).

Por contraditoriamente permitir que normativas provisórias disciplinem situações presentes e futuras indefinidamente, não faltam vozes defendendo a impertinência[49] desse aspecto da reforma constitucional. Como bem observa Anna Candida da Cunha Ferraz, a "vigência indefinida [das medidas provisórias anteriores à EC 32/2001] provoca uma inequívoca insegurança jurídica aos que estão sob seu comando, já que estarão sempre sob a possibilidade de, em tempo indefinido e prolongado, ser a medida provisória rejeitada ou modificada por outra medida provisória."[50]

Desafia severa crítica o dispositivo em comento, pois causa insegurança jurídica, interferindo ademais na separação de poderes, ao permitir que normativa excepcional emanada do Chefe do Executivo, destinada a ser provisória, produza efeitos permanentes, substituindo os atos normativos que compete ao Legislativo elaborar. Ainda, permite que permaneçam surtindo efeitos no ordenamento jurídico medidas provisórias muitas vezes inconstitucionais, que não atendem aos pressupostos para a sua edição.[51]

---

49. Nesse sentido: MARINHO, Josaphat, op. cit., p. 120; ARAÚJO, Luiz Alberto David de; SERRANO JÚNIOR, Vidal, op. cit., p. 337. Soares do Nascimento (op. cit., p. 374), defendendo a inconstitucionalidade do dispositivo, afirma que "Ao conferir eficácia plena indeterminada, alcançando situações futuras, sob o pretexto de ditar norma intertemporal de transição entre o regime originário e o novo regime, o poder reformador eliminou diferenças essenciais entre as medidas provisórias e a lei." José Roberto Vieira (*Legalidade...* cit., p. 210-211) afirma trata-se de aspecto de altíssima negatividade derivado da reforma. Por sua vez, Pimenta (op. cit., p. 102), considera "a mais infeliz inovação da Emenda". Barioni (op. cit., p. 150) conclui pela inconstitucionalidade do artigo, por violar o princípio da separação dos poderes. Elogiável análise é a realizada por Anna Candida da Cunha Ferraz (*Medidas provisórias e segurança jurídica*: a inconstitucionalidade do art. 2.º da Emenda Constitucional 32/2001, p. 07-08), que se posiciona no seguinte sentido: O art. 2.º da Emenda "viola o princípio da separação de poderes (ao interferir na regra normal de distribuição de poderes legislativos e suprimir o caráter excepcional da função normativa do Presidente da República) e os princípios da segurança jurídica e da estrita legalidade, ambos direitos fundamentais, e afronta a finalidade de norma constitucional de transição. Por todas estas razões, o art. 2.º da EC 32/2001 é manifestamente inconstitucional.".
50. FERRAZ, Anna Candida da Cunha, *Medidas provisórias e segurança jurídica*: a inconstitucionalidade do art. 2.º da Emenda Constitucional 32/2001, p. 19.
51. "Note-se que a Emenda Constitucional não disse que validava ou convalidava as anteriores medidas provisórias, mas simplesmente que estas continuariam em vigor até que fossem ulteriormente revogadas. Ou seja: houve um pronunciamento quanto ao tópico da persistência de sua existência jurídica, não sobre sua validade, assunto este que poderia e poderá sempre ser suscitado ante o Poder Judiciário. É que praticamente todas as medidas provisórias até hoje editadas foram inconstitucionais por ignorarem os requisitos de 'interesse público relevante e urgência'" (MELLO, Celso Antônio Bandeira de. *Curso de direito administrativo*... cit., p. 130, n. 43).

Questão pertinente é de como proceder nas hipóteses em que medida provisória ulterior discipline, de forma incompatível, matéria já regulamentada por medida anterior à referida emenda, sem haver revogação expressa (a redação do art. 2.º da EC 32/2001 menciona a necessidade de revogação explícita). A postura viável é aceitar a revogação, tendo em vista a impossibilidade de permanência de regras contraditórias no sistema jurídico.[52]

Quanto aos efeitos, portanto, a EC 32/2001 operou profundas transformações no regime da providência de urgência. A permanência dos atos ou das relações jurídicas constituídos sob o abrigo da normativa de urgência que foi rejeitada ou caducou, caso não editado o necessário decreto legislativo, é interessante apenas no sentido de que elimina a incerteza jurídica.

Os aspectos negativos, entretanto, também aparecem. A prorrogação da medida provisória, caso não ultimada a deliberação congressual, em verdade serve para que ela tenha eficácia por 120 dias ou mais. A eventual promulgação da PEC 91/2019, com os seus prazos especiais vinculando a Comissão Mista, a Câmara dos Deputados e o Senado Federal, realçará essa tendência de ampliação do tempo de vigência das medidas de urgência e necessidade. As várias hipóteses de elastecimento do período eficacial contribuem para a crescente predominância da legislação de urgência no sistema normativo e o fortalecimento do desempenho de função legislativa pelo Poder Executivo, corroendo a democracia e a atuação parlamentar. A incidência, para as relações constituídas sob seu manto, da medida provisória que perdeu eficácia ou foi rejeitada, caso não editado decreto legislativo, pode estimular a omissão do Congresso quanto à edição do decreto legislativo (decreto este que, se bem manejado, pode ser muito positivo para a harmonia do sistema jurídico). Por fim, a continuidade da vigência das medidas provisórias editadas anteriormente à EC 32/2001 até serem revogadas por medida posterior ou definitivamente deliberadas pelo Congresso revela-se indefensável, por desvirtuar a própria natureza do instituto.

---

52. "Não haverá qualquer dificuldade na solução desse problema, se aplicarmos o § 1.º do art. 2.º da Lei de Introdução ao Código Civil. Reza essa disposição: 'A lei posterior revoga a anterior quando expressamente o declare, quando seja com ela incompatível ou quando regule inteiramente a matéria de que tratava a lei anterior.' Sem dúvida, a Lei de Introdução ao Código Civil tem inteira aplicação, visto que a medida provisória é lei sob condição resolutiva (...). O art. 2.º da Emenda Constitucional 32 realmente quer que medida provisória ulterior revogue explicitamente a medida provisória editada em data anterior, todavia o intérprete deve encontrar uma saída viável para situações não previstas, como na hipótese aventada" (SZKLAROWSKY, *Medidas Provisórias*... p. 143).

9

Controle parlamentar das Medidas Provisórias

Na redação anterior do art. 62, *caput*, da Constituição, previa-se, nos recessos, a convocação extraordinária do Congresso Nacional para apreciação da medida provisória. Todavia, a EC 32/2001 não manteve tal previsão. Pelo contrário; estabeleceu expressamente, no art. 62, § 4º, que a contagem do prazo de eficácia da medida provisória suspende-se durante o recesso parlamentar. Previsão idêntica se encontra na redação oferecida pela PEC 91/2019. Também a Resolução 01/02–CN especificou, como visto no capítulo anterior, que, sendo a medida provisória editada durante o recesso, a contagem do prazo inicia-se no primeiro dia da sessão legislativa seguinte. Conforme observa José Levi Mello do Amaral Júnior, tal suspensão consiste em uma inovação do direito brasileiro.[1]

Deduz-se que cabe às duas Casas parlamentares – a Câmara e o Senado – converter a medida provisória (ato legislativo; lei em sentido *lato*) em lei (lei formal).[2] Note-se que a EC 32/01 estabeleceu, o que foi reiterado pela PEC 91

---

1. AMARAL JUNIOR, *Medida provisória e a sua conversão em lei:* a Emenda Constitucional 32 e o papel do Congresso Nacional. São Paulo. p. 159. Para Rogério José Bento Soares do Nascimento (Abuso do *poder de legislar:* controle judicial da legislação de urgência no Brasil e na Itália. Rio de Janeiro: Lumen Juris, 2004, p. 251), a "novidade, em termos de procedimento e correlacionada com o prazo de eficácia, que visa compensar a rigidez decorrente da proibição de reedições, prevenindo efeitos da dificuldade na apreciação da medida, dificuldade essa que pudesse levar a ponto de fulminá-la, enquanto ainda persistissem as razões que justificaram a edição, vem a ser a suspensão da contagem do prazo nos períodos de recesso parlamentar. Diante do prazo já dilatado de até 120 dias para a eficácia da medida provisória, acrescido eventualmente de até 15 dias úteis, conferidos para sanção ou veto, nas hipóteses de modificação do texto originalmente editado, por iniciativa do Congresso, tal regra me parece inconveniente."
2. Pietro Virga (*Diritto costituzionale*. 9. ed. Milano: Giuffrè, 1967, p. 298) deduz que a lei de conversão cumpre duas funções na Itália: (i) desde a ótica política serve para exonerar o Governo da responsabilidade sobre ele incidente na autoassunção excepcional de competência legislativa e, então, desempenha uma função análoga ao *bill of indemnity* do direito inglês. A rejeição do projeto de lei de conversão poderia dar ocasião à demissão voluntária do Gabinete; (ii) desde a ótica legislativa, opera uma confirmação substitutiva, uma novação de decreto-lei e, portanto, ainda que não contenha nenhuma emenda ao decreto, é considerada uma lei material (isto explica

de 2019, que não se trata mais de deliberação em sessão conjunta, mas sim que cada uma das Casas apreciará separadamente a medida provisória (art. 62, §§ 5º e 8º, da CF).[3]

9.1. Conversão e competência do plenário

Sob o abrigo da redação originária da Constituição de 1988, discutia-se a respeito de a conversão da medida provisória em lei constituir procedimento de competência exclusiva do Plenário (das duas Casas) ou se poderia ser exercida por comissão. Sustentou Saulo Ramos que caberia unicamente ao pleno do órgão parlamentar apreciar o ato legislativo do Presidente da República. Nesse sentido, "questões prejudiciais referentes à constitucionalidade, ou não, da medida provisória, poderão, até influir e condicionar a decisão plenária. Jamais legitimarão, no entanto, a ocorrência de incidentes procedimentais que impeçam a regular instauração do processo de conversão ou, então, operem sua anômala extinção, sem possibilidade de apreciação do ato pelo Plenário do Congresso Nacional".[4]

Com efeito, descabe à Mesa do Congresso indeferir, liminarmente, o processamento da medida provisória. Semelhante atitude configuraria violação ao devido processo legislativo[5] e, mais, usurpação das atribuições da Comissão

---

porque não somente pode conter emendas, como também pode introduzir novas normas em relação ao decreto lei, além de sua natureza de lei formal).

3. A Resolução 01/02–CN disciplina o trâmite da medida provisória nas duas Casas, e prevê que a deliberação sempre se iniciará na Câmara dos Deputados. Nos termos da nova redação oferecida pela PEC 91/2019 ao § 4º. do art. 62 da CF "Os prazos a que se referem os §§ 3º. e 9º. suspendem-se durante os períodos de recesso do Congresso Nacional". Sobre o tema: COELHO, Silvia Regina Santos. *O excesso de medidas provisórias e o problema da autonomia e independência do poder Legislativo:* impasses e dilemas. Brasília: BDJUR, 2007. p. 80-92. Disponível em: [http://bdjur.stj.gov.br/dspace/handle/2011/10209] Acesso em: 11.08.2008. Conforme Rogério José Bento Soares do Nascimento (op. cit., p. 249), "pela primeira vez foi expressamente reconhecido um antigo costume constitucional brasileiro: a votação em separado pelas casas legislativas, em hipótese de competência comum."

4. RAMOS, Saulo. Medida Provisória. In: *A nova ordem constitucional*. Rio de Janeiro: Forense, 1990, p. 540.

5. José Celso de Mello Filho. (Considerações sobre as medidas provisórias. *Revista da Procuradoria Geral do Estado de São Paulo*, São Paulo, n. 33, jun. 1990, p. 209) preleciona que: "A edição de medida provisória gera dois efeitos imediatos. O primeiro efeito é de ordem normativa, eis que a medida provisória – que possui vigência e eficácia imediatas – inova, em caráter inaugural, a ordem jurídica. O segundo efeito prende-se a consequências de ordem ritual, eis que a publicação da medida provisória atua como verdadeira *provocatio ad agendum*, estimulando o Congresso Nacional a

Mista e dos Plenários da Câmara dos Deputados e do Senado Federal. Não obstante, o presidente do Senado, com fundamento em dispositivo pouco adequado do regimento do Senado Federal (art. 48, I e XI)[6], e em nome da Mesa do Congresso Nacional, em algumas oportunidades, pretextando inconstitucionalidade, baixou Ato Declaratório, encerrando a tramitação e devolvendo a medida provisória ao Presidente da República. A norma regimental do Senado teria aplicação por força do artigo 151 do Regimento do Congresso Nacional, segundo o qual, nos casos omissos, aplicam-se subsidiariamente as disposições do Regimento do Senado. A última vez envolveu a MP 979/2020 que tratava da nomeação dos reitores das instituições federais de ensino durante o período excepcional da pandemia, supostamente ferindo a autonomia administrativa das universidades garantida pelo art. 207 da Lei Fundamental.

Na verdade, não há autorização constitucional expressa ou implícita para isso, tratando-se de prática inconstitucional que, ademais, traz não poucos problemas. É que a devolução não cessa nem a vigência nem a eficácia da providência de urgência, que permanece operando efeitos no mundo jurídico. Ora, assim como, uma vez editada, não pode o Presidente da República pedir ao Legislativo, como está facultado em relação aos projetos de lei, a devolução da normativa, parece certo que falece ao Presidente do Senado encaminhar a devolução, subtraindo competência dos plenários. No plano normativo, a providência continua viva pelo tempo previsto no documento constitucional. Ultimamente, para evitar um conflito entre os poderes, o Presidente da República tem preferido revogar o ato normativo questionado, o que implica, como sabemos, a apreciação de ambas as medidas, a revogada e a revogadora, pelas duas Casas do Congresso Nacional[7].

---

instaurar o adequado procedimento de conversão legislativa, que tem, no projeto de lei de conversão, o seu instrumento jurídico. A lei de conversão pressupõe a existência da própria medida provisória, dado que existe, entre elas, um ineliminável nexo causal."

6. "Art. 48. Ao Presidente compete: I – exercer as atribuições previstas nos arts. 57, § 6º, I e II, 66, § 7º, e 80 da Constituição; (...) XI – impugnar as proposições que lhe pareçam contrárias à Constituição, às leis, ou a este Regimento, ressalvado ao autor recurso para o Plenário, que decidirá após audiência da Comissão de Constituição, Justiça e Cidadania;"

7. Nesse sentido: CAVALCANTE FILHO, João Trindade. *Processo legislativo constitucional*. 4ª. Ed. Salvador: Ed. JusPodivm, 2020, p. 248. MALUF, André Luiz. A inconstitucionalidade da devolução de medidas provisórias. *JOTA*, 29 de junho de 2020. Disponível em: <https://www.jota.info/>. Acesso em 03 de ago. de 2020. CÂMARA, Heloísa Fernandes e MOREIRA, Egon Bockmann. Os controles de constitucionalidade de medidas provisórias. *JOTA*, 15 de junho de 2020. Disponível em: <https://www.jota.info/>. Acesso em 03 de ago. de 2020. MOHN, Paulo. Devolução de medida provisória

Sustentava-se, sob o regime anterior, ser cabível a conversão por comissão (com possibilidade de interposição de recurso para o plenário).[8] Se é verdade que, na Espanha, norma constitucional vincula a conversão à manifestação do pleno da Câmara Legislativa,[9] disposição com idêntico conteúdo inexiste nos sistemas constitucionais italiano e inexistia no brasileiro.[10] No Brasil, o Texto Constitucional reclamava apenas a conversão pelo Congresso Nacional. De outro viés, a Constituição Federal admite que as comissões, em razão da matéria de sua competência, possam "*discutir e votar projeto de lei que dispensar, na forma do regimento, a competência do Plenário, salvo se houver recurso de um décimo dos membros da Casa – grifo nosso*" (art. 58, § 2.º, I, da CF). Assim, defendia-se que não se afiguraria despropósito a norma regimental oferecer à comissão, com possibilidade de interposição de recurso ao pleno, competência para decidir, não apenas a respeito da admissibilidade (pressupostos de habilitação), mas também da constitucionalidade e do mérito da medida provisória, sem afrontar a Constituição. Aliás, na Itália, parte da doutrina aceita a conversão pelas comissões.[11]

---

não afasta por completo seus efeitos. *CONJUR*, 28 de junho de 2020. Disponível em: <conjur.com.br>. Acesso em 03 de ago. de 2020. Defendendo a constitucionalidade do ato: NASCIMENTO, Roberta Simões. Sobre a constitucionalidade da 'devolução' de medidas provisórias. *JOTA*, 9 de junho de 2020. Disponível em: <https://www.jota.info/>. Acesso em 03 de ago. de 2020.

8. Conforme art. 58, § 2.º, I, da CF.
9. MACHETTI, Pablo Santolaya. *EI regimen constitucional de los decretos-leyes*. Madrid: Tecnos, 1988, p. 182. Rosário Tur Ausina (*El control parlamentario de los Decretos-leyes*. Madrid: Centro de Estúdios Políticos y Constitucionales, 2002, p. 85, 91), comentando a disposição da Constituição espanhola que prevê que os decretos-lei deverão ser imediatamente submetidos à totalidade da Câmara dos Deputados no prazo de trinta dias após a promulgação (art. 86.2), observa que "cabe advertir que estamos em uma fase que compete exclusivamente a uma das Câmaras, a Câmara dos Deputados, o que constitui mais uma mostra de bicameralismo imperfeito consagrado no texto constitucional" (tradução livre). Ainda, a autora descreve que, incluído o decreto-lei na ordem do dia, a discussão se leva a cabo no Pleno, sem que caiba a verificação em Comissão, nos termos do art. 151.1 do Regulamento do Congresso.
10. Embora haja divergências, posiciona-se Gustavo Zagrebelsky (*Manuale di diritto costituzionale*: il sistema delle fonti del diritto. Torino: UTET, 1993. v. I, p. 180) no sentido de que, na Itália, mesmo na ausência de regras constitucionais para a *práxis*, a conversão em lei é obra das Câmaras e não das suas comissões em sede legislativa, como abstratamente consentiria o art. 72, da Constituição. A observação cabe também para o Brasil.
11. Andrea Manzella (*Il parlamento*. 3. ed. Bologna: Il Mulino, 2003, p. 362-363) recorda que se a Constituição italiana, de fato, vedasse a conversão pelas comissões, tal prática não teria tido lugar já nas legislaturas próximas à Constituinte, o que, como afirma o autor, ao contrário, era normalmente aceito. "A questão é mais de oportunidade do

Segundo Espósito,[12] entre tantos, o procedimento é aceito por Paladin, Berio e Pergolesi.

Contudo, a Resolução 01/89-CN atribuiu, de modo privativo, ao pleno das duas Casas do Congresso, a responsabilidade para apreciar as medidas provisórias. É o que dispõe, também, o art. 62, § 9º. da Constituição com a redação oferecida pela EC 32/2001. Caminha no mesmo sentido a PEC 91/2019. O trabalho da Comissão, à época, restringia-se, portanto, à análise dos pressupostos constitucionais de relevância e urgência, nos termos do art. 5º da Resolução revogada.

A EC 32/2001, acrescentando o § 9º ao art. 62 da Constituição, estabeleceu a necessidade do exame prévio das medidas provisórias por Comissão Mista.[13]

---

que de legitimidade constitucional" (Ibidem, p. 362). O autor registra que o Parlamento, em vista da desconfiança em relação à produção normativa governamental, até poderia evitar que a conversão se resumisse à comissão legislativa que, certamente por gozar de menor publicidade, dentre outros fatores, poderia facilmente converter os decretos. Contudo, alerta que tal constatação pode ser equivocada, porque, em vista do estreito prazo para apreciação do decreto, somada ao volume de trabalho habitual das Câmaras, as comissões poderiam minimizar o problema da "lentidão da urgência". Além disso, ressalta que a Constituição impede que o Governo edite decreto-lei sobre matéria sujeita à reserva de assembleia.

12. ESPOSITO, Carlo. Decreto-legge. *Enciclopedia dei diritto.* Milano: Giuffrè, 1958.

13. Semelhante à disciplina pátria, a Constituição Argentina aponta a necessidade de apreciação dos decretos de necessidade e urgência por uma comissão mista permanente (art. 99, III). A tarefa da comissão é basicamente aconselhar as Câmaras sobre o caminho a seguir em relação aos decretos, tendo em vista que seu despacho não é vinculante (MIDÓN, Mario A. R. *Decretos de necesidad y urgencia* – en la Constitución Nacional y los ordenamientos provinciales. Buenos Aires: La Ley, 2001, p. 137-139). Na doutrina, reclamava-se a regulamentação das comissões permanentes, que têm a função de compensar o desequilíbrio de poderes em favor do Executivo (MOLINA, Ramón Torres. *Absolutismo presidencial:* decretos de necesidad y urgência. Buenos Aires: Ediar, 2001, p. 81-89). A Lei Nacional 26.122/06, que regulamentou o regime dos decretos de necessidade e urgência, da delegação legislativa e da promulgação parcial de leis, atendendo à exigência constitucional, disciplinou a comissão bicameral permanente. Na normativa, estabeleceu-se que a Comissão bicameral permanente é composta por oito Deputados e oito Senadores, designados pelos Presidentes de suas respectivas Casas, mediante propostas dos blocos parlamentares. Há que se respeitar a proporção das representações políticas segundo expressa determinação do art. 3.º. A Comissão funciona inclusive durante o recesso parlamentar (art. 6.º) e delibera com a presença da maioria absoluta dos seus membros (art. 7.º). Especificamente sobre os decretos de necessidade e urgência, a referida lei prevê que a Comissão deve manifestar-se sobre a validade do decreto, bem como sobre a observância dos requisitos formais e substanciais previstos constitucionalmente para sua edição, podendo consultar, para tanto, as comissões permanentes em função da matéria (art. 10). Disponível em: <http://www.diputados.gov.ar/> Acesso em: 03 de ago.2020.

A Resolução 01/89 do Congresso Nacional já previa a análise da medida provisória por Comissão Mista de Deputados e Senadores; mas, com a EC 32, essa exigência passa a assumir hierarquia constitucional[14].

Conforme Juliana Freitas do Valle, a Comissão Mista fiscaliza o manejo legítimo das medidas provisórias: "O parecer prévio da Comissão assume condição de instrumento indispensável para regularizar o processo legislativo porque proporciona a discussão da matéria, uniformidade de votação e celeridade na apreciação das medias provisórias."[15] Por sua importância, supõe-se que qualquer ato com o sentido de afastar ou frustrar os trabalhos da Comissão (ou mesmo para substituí-los pelo pronunciamento de apenas um parlamentar) padeceria de inconstitucionalidade. Nessa esteira, são questionáveis os dispositivos da Resolução 01/2002-CN, quando permitem a votação da medida provisória sem o parecer da Comissão Mista.

A possibilidade de atuação apenas do Relator gerou acomodação no Parlamento e ineficácia da Comissão Mista; tornou-se praxe a manifestação singular:[16] "No modelo atual, em que há várias Comissões Mistas (uma para cada medida provisória editada), a apreciação ocorre, na prática, diretamente nos Plenários das Casas do Congresso Nacional. Há mais: com o esvaziamento da Comissão Mista, instaura-se um verdadeiro 'império' do relator, que detém amplo domínio sobre o texto a ser votado em Plenário".[17]

---

14. Na ADI 4.029/2012 – Rel. Min. Luiz Fux (*DJ* 27 de junho de 2012), a Suprema Corte declarou a inconstitucionalidade dos artigos 5º., *caput* e 6º, *caput* e §§ 1º e 2º, da Resolução n. 1/2002 do Congresso Nacional que permitiam análise direta pelo Plenário da medida provisória, firmando o entendimento no sentido de que é obrigatória a manifestação da Comissão Mista. Em sentido análogo disciplina a PEC 91/2019.
15. VALLE, Juliana Carla Freitas do. *Medidas provisórias:* o procedimento legislativo e seus efeitos jurídicos. Brasília: FDK, 2004, p. 54.
16. No endereço eletrônico do Senado Federal [http:www.senado.gov.br/sf/atividade/comissoes/defalt.asp?origem=CN] pode-se perceber a falta de reunião das Comissões Mistas. Ao acessar o banco de pareceres da Comissão sobre as medidas provisórias, os documentos disponíveis revelam que se trata de manifestações apenas do Relator. Por sua vez, no endereço eletrônico da Câmara dos Deputados, [http://www2.camara.gov.br/comissoes/mistas/papel.html], não há qualquer indicação de atividade da Comissão Mista para apreciação das medidas provisórias.
17. José Levi Mello do Amaral Júnior, *Medida provisória e a sua conversão em lei:* a Emenda Constitucional 32 e o papel do Congresso Nacional. São Paulo p. 177. "Na prática do modelo vigente, a Comissão Mista tem papel bastante reduzido na apreciação da medida provisória. É o relator quem verdadeiramente dinamiza os trabalhos parlamentares relativamente à medida provisória, podendo, até mesmo, propor, em seu relatório – que, no mais das vezes, é apresentado em Plenário –, modificações outras

Cumpre lembrar que a apreciação pela Comissão é exigência constitucional. Nesses termos, sustenta-se não serem aceitáveis as medidas provisórias convertidas em lei que não foram, antes, examinadas pela Comissão Mista, sendo que o pronunciamento do relator não deveria suprir o parecer exigido pelo constituinte.[18] O mesmo raciocínio vale para normas aprovadas por manifestação de lideranças, situação na qual o voto do líder vale para toda a bancada do partido, inclusive os que não estão no Plenário. Aqui, acaba por inexistir, verdadeiramente, o processo de deliberação coletiva exigido pela Constituição. A citada PEC 91/2019, já aprovada mas ainda não promulgada, resolveu esse problema, afirmando, na nova redação do § 9º. que as duas casas do Congresso Nacional apreciarão as medidas provisórias após "a emissão de parecer *indispensável* por comissão mista de Deputados e Senadores, que deverá ser proferido no prazo de quarenta dias, contado do segundo dia útil seguinte à sua edição".

Na altura, importa sublinhar o importante papel do controle jurisdicional sobre o procedimento de apreciação dos textos legais.[19] Cabe ao Judiciário proteger o devido processo legislativo, declarando a inconstitucionalidade dos atos normativos que desrespeitem os trâmites de aprovação previstos na Carta.[20]

---

que não aquelas constantes das emendas protocolizadas no prazo próprio de seis dias contados da publicação da medida" (Idem).

18. No mesmo sentido: Juliana Carla Freitas do Valle, op. cit., p. 65-67 e Joel de Menezes Niebuhr. *O novo regime constitucional da medida provisória*. São Paulo: Dialética, 2001, p. 130.

19. A necessidade de que o controle dos modos pelos quais decide o Congresso adentre a esfera judicial é ressaltada por Roberto Gargarella. Sustenta o constitucionalista argentino: "não se afirma aqui que os juízes decidam o conteúdo das leis, senão o contrário: se lhes pede que sejam, como devem ser, mais exigentes sobre os procedimentos com que as leis se criam. Não se trata de afogar a democracia, senão do contrário: dar-lhe, por fim, mais de oxigênio, para que todos respirem um pouco melhor" [GARGARELLA, Roberto. Controlar el procedimiento legislativo (reloaded): La Corte Sudafricana y la deliberación pública. Disponível em: <http:seminariogargarella.blogspot.com/2009/03/controlar-el-procedimiento-legislativo.html>. Acesso em: 03 ago. 2020. Tradução livre].

20. Em 2009 foi protocolado junto ao STF o MS 27.971 (Relator Ministro Celso de Mello.), com pedido de liminar para (i) evitar novas apreciações no Plenário de medida provisória que não tenha passado pela comissão mista específica de admissão, e (ii) garantir a criação da comissão mista quando necessário. O tema voltou a ser discutido na ADI 4.029, em 2012, de Relatoria do Min. Luiz Fux, porquanto em relação ao MS extinguiu-se "monocraticamente o feito em virtude da perda da condição de parlamentar pelo impetrante, bem como por entender (...) impossível a apreciação em abstrato, na sede escolhida, de uma conduta inconstitucional do Congresso, sem que se aponte um ato concreto."

Ao agir desse modo, não se entende haver intervenção indevida no âmbito de atuação do Poder Legislativo, pois o Judiciário justamente contribuirá para a saúde democrática da comunidade e para a consolidação de um Estado Democrático de Direito em que as normas são frutos de autêntica e robusta discussão.[21-22]

A respeito do pronunciamento da Comissão Mista, o dispositivo constitucional não restringiu a análise aos pressupostos de relevância e urgência, e a Resolução 01/02–CN disciplinou que o parecer da Comissão deve se ater à matéria, aos aspectos constitucionais, ao mérito, à adequação financeira e orçamentária e a motivação do ato presidencial.[23] Dessa forma, admitiu-se uma apreciação mais ampla pela Comissão Mista, conforme antes se sustentava.[24] A conversão, entretanto, agora, em virtude de expressa determinação constitucional (art. 62, § 9.º da CF) constitui matéria sob reserva do plenário das duas Casas do Congresso Nacional.

---

21. Acompanhando as atividades do Congresso Nacional, inclusive por meio da transmissão das reuniões em rede televisiva, é possível notar, muitas vezes, a palidez das discussões realizadas no âmbito do processo legislativo.

22. Roberto Gargarella (op. cit. Tradução livre) observa um fator que compromete a adequada deliberação legislativa na Argentina e que se aplica ao Brasil: "o fato de que há anos (o Congresso) se tenha convertido em mero anexo do Poder Executivo; a realidade de que não há debates se as partes estão abertas a mudar de opinião; o dado habitual, inquestionado, de que se intercambiam – abertamente, à luz do dia, como se isso fosse a própria essência da democracia – favores por votos; a inatividade de meses contrastando com urgências angustiantes que dotam a política de um tom desesperado, exasperado."

23. Questionava-se o fato da Resolução 01/02-CN não ter previsto como necessário o exame prévio pela Comissão Mista, limitando-se a fixar prazos. Dessa maneira, Juliana Carla de Freitas do Valle (op. cit., p. 65) já sustentava a inconstitucionalidade da Resolução por não honrar a imposição constitucional de parecer prévio da Comissão Mista.

24. Uma crítica pertinente envolve a não adoção de uma Comissão Mista permanente nos termos da proposta do Senador José Fogaça, que ensejaria um controle parlamentar mais efetivo, tendo em vista a continuidade dos trabalhos da comissão (José Levi Mello do Amaral Junior, *Medida provisória e a sua conversão em lei:* a Emenda Constitucional 32 e o papel do Congresso Nacional. São Paulo, p. 170). Ainda, a ideia de uma comissão temporária coaduna-se com edições esporádicas de medidas provisórias, o que não se verificou e não se verifica na prática (Joel de Menezes Niebuhr, op. cit., p. 124). Note-se que a medida provisória que abrir crédito extraordinário (art. 167, § 3.º, da CF) deverá ser analisada por uma Comissão Mista *permanente*, prevista no art. 166, § 1.º, da Carta. A Resolução 01/06-CN dispõe sobre essa Comissão – denominada Comissão Mista de Planos, Orçamentos Públicos e Fiscalização (CMO) –, mas no trâmite para análise da medida provisória segue-se a Resolução 01/02-CN (art. 1.º, § 6.º), conforme determinação expressa da Resolução 01/06-CN (art. 110).

O prazo de vigência da medida provisória conta-se da sua publicação. Realizada estará, a conversão, com a promulgação da respectiva lei. A propósito cumpre concordar com a lição de Luiz Mélega:

"A Constituição não exige que a lei de conversão seja publicada naquele prazo, mas tão só que a medida provisória seja convertida em lei, o que ocorre mediante uma série de atos do Congresso Nacional, que termina pela promulgação, ato que se destina, como já se disse, a atestar a existência da lei perfeitamente acabada, pronta para ser executada (Res. 01, de 02.05.1989, do Congresso Nacional). (...) A publicação da Medida Provisória já terá produzido os efeitos da necessária divulgação, isto é, já a terá tornado conhecida do público a que se destina, atribuindo-lhe os predicados da executoriedade e fazendo valer a obediência às suas determinações. E essa situação só se modificará se o Congresso Nacional recusar a sua aprovação à Medida Provisória, seja por via expressa, ou por ausência de pronunciamento, naquele período de trinta dias".[25]

A conversão a destempo implica a inconstitucionalidade da lei. O procedimento de conversão da medida provisória, diante do que especifica a normativa regimental e, mais, em face dos rígidos prazos estabelecidos, não é o mesmo exigido para a aprovação da lei ordinária. A lei resultante de conversão que ocorra após o período de vigência da medida provisória, não observando o devido processo legislativo aplicável à legislação comum, não pode ser tida como autônoma lei ordinária. Ainda que a deliberação não se dê mais em sessão unicameral, como no regime anterior, é evidente que o procedimento é distinto e mais exíguo, com restrição ao exercício da disputabilidade intersubjetiva e da dialética processual publicizada. Da mesma forma que a lei resultante de conversão tardia não é capaz de operar eficácia prospectiva, não está autorizada a regular as relações pretéritas, especialmente aquelas surgidas no período de vigência da medida provisória. Ainda que regularmente promulgada e publicada, a lei em questão haverá de ser nula, eivada do vício insanável de ilegitimidade constitucional.

9.2. Controle político ou jurídico?

O controle parlamentar assume dupla dimensão: é político e jurídico, a um só tempo.[26] A atividade do Legislativo não é absolutamente livre, circuns-

---

25. MÉLEGA, Luiz. Medida provisória: conversão em lei, promulgação e publicação. *Repertório IOB de Jurisprudência:* Tributário e Constitucional, São Paulo, n. 9, mai.1992. No mesmo sentido: MASSUDA, Janine Malta. *Medidas provisórias:* os fenômenos na reedição. Porto Alegre: Sergio Antonio Fabris, 2001, p. 94.

26. Para Humberto Bergmann Ávila (*Medida provisória na constituição de 1988.* Porto Alegre: Sergio Antonio Fabris, 1997, p. 97), a apreciação do Congresso Nacional é

crevendo-se às diretrizes, normas e princípios aprovados pelo Constituinte.[27] Por isso, o Congresso Nacional haverá de formular juízo político, mas também jurídico, no tocante à admissibilidade (concretização dos pressupostos de edição) da medida provisória. É inegável que, neste particular, a dimensão política do controle vai prevalecendo sobre a jurídica. Superada esta fase e apreciado o conteúdo da medida provisória desde a perspectiva de sua compatibilidade com a Constituição, os critérios da conveniência e oportunidade orientarão a manifestação congressual (conversão ou rejeição).[28] Aliás, a constitucional é questão prejudicial desta.[29] Neste ponto, a apreciação do Congresso não deve

---

de cunho marcadamente político, mas a sua manifestação não é capaz de sanar vícios materiais ou formais que estão submetidos ao controle de constitucionalidade por parte do Judiciário. Em sentido semelhante é a lição de Carlos David S. Aarão Reis (Medida provisória: controle jurisdicional de seus pressupostos. *Revista Trimestral de Direito Público*, São Paulo, n. 8, 1994, p. 116): "A circunstância de o Congresso exercer controle sobre a ocorrência dos pressupostos para adoção de medidas provisórias não é decisiva no concernente ao exame de sua constitucionalidade. E isto porque tal revisão se reveste, antes de tudo, de caráter político. Não há dúvida, tratar-se, também, de controle jurídico, mas como o órgão é político, aquela verificação assume, necessariamente, aspectos igualmente políticos." (...) "Se o Legislativo também controla a constitucionalidade dos pressupostos – e certamente tem de fazê-lo –, tal verificação está desprovida daquele *final enforcing power*, próprio das decisões judiciais e, principalmente, está destituída da imparcialidade característica da apreciação judicial." Também, Wadih Damous e Flávio Dino (*Medidas Provisórias no Brasil:* origem, evolução e novo regime constitucional. Rio de Janeiro: Lumen Juris, 2005, p. 109) observam que embora o controle exercido tenha natureza híbrida (jurídico e político), o que prepondera é a sua natureza política, tendo em vista que o Congresso pode rejeitar uma medida provisória conforme a Constituição pelo simples fato de julgá-la inoportuna e inconveniente.

27. CANOTILHO, José Joaquim Gomes. *Constituição dirigente e vinculação do legislador.* Coimbra: Coimbra, 1982. Conferir especialmente o capítulo I, da Parte II.

28. José Celso de Mello Filho (op. cit., p. 209) lembra o seguinte: "Desde que a instauração de conversão legislativa das medidas provisórias, na instância parlamentar, traduz ato ritual obrigatório, indeclinável e constitucionalmente vinculado, torna-se evidente que o controle político e também jurídico desses atos presidenciais, insere-se na esfera das atribuições indisponíveis do Congresso Nacional (...). As Casas do Congresso Nacional dispõem, nesse contexto, de amplos poderes para verificar tanto os aspectos políticos da medida provisória, referentes aos pressupostos justificadores de sua edição ou ao próprio conteúdo material que ela exprime, quanto os aspectos jurídicos pertinentes à sua legitimidade constitucional."

29. A EC 32/01 explicitou, com o § 5.º do art. 62, a exigência de um prévio controle jurídico, estabelecendo que a deliberação das Casas sobre o mérito deverá ser precedida de um juízo anterior sobre o atendimento aos pressupostos constitucionais de edição da medida provisória.

ser mais do que jurídica. Havendo compatibilidade da matéria disciplinada pela medida com a Lei Fundamental, superada a questão prejudicial, o Parlamento estará livre para apreciar politicamente o ato legislativo provisório. Lamentavelmente, porém, o Congresso Nacional tem relegado a segundo plano o exercício do controle jurídico das providências normativas de urgência. Consequência: medidas provisórias de duvidosa constitucionalidade têm sido, às dezenas, convertidas em lei. Na prática, o controle duplo vem sendo simplificado até sua redução àquele de natureza exclusivamente política (no menor sentido da expressão, infelizmente).[30]

9.3. Possibilidade de reedição

A possibilidade de reedição das medidas provisórias gerou muita controvérsia sob a égide da redação original da Constituição de 1988.[31] Devido ao número excessivo de reedições, uma das tarefas da EC 32/2001 foi justamente conter esta possibilidade antes tolerada pela experiência constitucional.[32]

30. O que é lamentável também em face da importância institucional do controle pelo Congresso Nacional. Nesse sentido, embora repila a leitura clássica da separação dos poderes (como dogma constitucional fundamental), Omar Francisco do Seixo Kadri (*O Executivo legislador:* o caso brasileiro. Coimbra: Coimbra, 2004, p. 195) propõe que "a necessária intervenção *a posteriori*, do Parlamento, sobre as medidas provisórias, revela-se indispensável e necessária no sentido de, por um lado, se permitir, através de uma articulação orgânico-funcional (abertura de canais comunicativos interorgânicos) um efetivo controle político-constitucional como necessário contraponto à capacidade legislativa governamental e, por outro, atender às exigências constitucionais impostas, através da concretização do princípio democrático e do pluralismo político que inspiram todo o ordenamento constitucional (art. 1.º da CF), compensando-se assim, o vazio procedimental que afeta as medidas provisórias."

31. Há vários estudos sobre o tema. Em especial, conferir o trabalho de Janine Malta Massuda (op. cit.). Partindo da premissa de que as medidas provisórias efetivamente não perdiam a sua eficácia, perpetuando-se no tempo, a autora constata que eram as sucessivas reedições que inflacionavam o ordenamento, e não as medidas provisórias em si. Analisa (Ibidem, p. 80, 121-124) as diversas hipóteses de reedição (sem alterações, com alterações, com alterações supressivas ou aditivas, migração no texto, cisão de medidas provisórias e fusão) e apresenta um gráfico que demonstra a discrepância entre o número de medidas aprovadas e número de reedições.

32. Conforme observa Gilberto Pinto dos Santos (Reedição de medidas provisórias. In: SOUZA, Carlos Aurélio (Coord.). *Medidas provisórias e segurança jurídica.* São Paulo: Juarez de Oliveira, 2003. p. 123-142, p. 129-133), antes da EC 32/2001 não se proibia nem se autorizava expressamente a reedição de medidas provisórias, e desta omissão surgiram interpretações no sentido da impossibilidade absoluta de reedição e impossibilidade restrita aos casos de rejeição expressa e rejeição de mérito. Com a Emenda, não há que se falar em reedições sucessivas. Voltar-se-á ao tema na sequência.

As reedições ocorriam porque, embora devesse fazê-lo, nem sempre o Congresso Nacional conseguia apreciar a medida provisória no prazo constitucional de 30 dias à época. O fato, todavia, não autorizava o Executivo, por força desta exclusiva circunstância, a reeditá-la. Parcela significativa da doutrina condenava a reedição ao argumento de que a inércia do Parlamento substanciava tácita rejeição.[33] O Presidente da República estaria, em qualquer hipótese, impedido de adotar renovada medida contemplando idêntico conteúdo. Em determinadas situações excepcionalmente graves, se o Congresso Nacional permanecesse inerte e os pressupostos de edição fossem renovados, de maneira autônoma, poderia ser inevitável a reedição da providência de urgência. Retirar este instrumento do Presidente da República autorizaria, ocorrente reemergência do estado de necessidade, manifestação de paralisia do Estado ou da insuficiência dos instrumentos postos à disposição do Executivo para enfrentar eventual demanda normativa atípica. O que não era aceitável, entretanto, era a transformação de ato normativo excepcional em meio ordinário de legislação, inclusive mediante a reedição multiplicada de medidas dotadas de conteúdo que, por sua natureza, poderiam perfeitamente suportar o procedimento legislativo ordinário. Ocorre, aqui, abuso do poder de legislar, desafiador de pronta censura do Judiciário.[34]

---

33. Por exemplo: CARRAZZA, *Curso de direito constitucional tributário* p. 292; FERRAZ JUNIOR, Tércio Sampaio. *Interpretação e estudo da constituição de 1988.* São Paulo: Atlas, 1990. p. 93; DANTAS, lvo. *Aspectos Jurídicos das Medidas Provisórias.* 3. ed. Brasília: Brasília Jurídica, 1997, p. 105; WEISS, Fernando Lemme. Medidas provisórias: reedição: responsabilidade do Executivo: recusa no processamento: descumprimento. *Revista de Direito Público,* São Paulo, n. 99, p. 138, jul./set. 1991; FIGUEIREDO, Fran. As medidas provisórias no sistema jurídico constitucional brasileiro. *Revista de Informação Legislativa*, Brasília, n. 110, abr./jun. 1991, p. 151; DINIZ, Vânia Fernandes. Medidas provisórias: sua especificidade precária e a infringência de direitos adquiridos. *Revista de Informação Legislativa*, Brasília, n. 136, out./dez. 1997, p. 226; MACHADO, Hugo de Brito. Princípio da legalidade tributária na constituição de 1988. *Revista de Direito Tributário* n. 45, jul./set. 1988, p. 185; BORGES, José Souto Maior. Limitações temporais da medida provisória: a anterioridade tributária. *Revista de Direito Tributário*, São Paulo, n. 64, [1995?], p. 195; ÁVILA, *Medida provisória... cit.*, p. 92-93; DALLAZEM, As medidas provisórias e as relações jurídicas tributárias. p. 234; CORRÊA, Antônio Celso di Munno. Medidas provisórias, natureza, prorrogação, ato jurídico perfeito. *Revista dos Tribunais. Cadernos de Direito Constitucional e Ciência Política*, n. 11, abril/junho de 1995, p. 301 e FERREIRA, Sérgio de Andréa, Medida provisória: natureza jurídica. *Revista Trimestral de Direito Público*, São Paulo, n. 1, p. 153, 1993. Breve relato da crítica consta em NICOLAU, Gustavo Rene. *Medidas Provisórias:* o Executivo que legisla. Evolução histórica no constitucionalismo brasileiro. São Paulo: Atlas, 2009, p. 133-135.
34. Diante da excepcionalidade da atuação normativa do Presidente da República e da absoluta excepcionalidade da edição de novo provimento com idêntico conteúdo,

Não se admitia, entretanto, e em qualquer caso, a reedição quando tivesse o Congresso Nacional rejeitado expressamente a conversão.

O Supremo Tribunal Federal, em posição compartilhada com o Congresso Nacional, inadmitia a reedição apenas nesta hipótese.[35]

---

cumpria não admitir a reapresentação da providência normativa por várias vezes (em alguns casos, no Brasil, por quatro dezenas de vezes). Havia aqui evidente usurpação da competência legislativa pelo Poder Executivo capaz de malferir, gravemente, o esquema de divisão funcional do poder arquitetado pelo Constituinte, pondo, inclusive, em risco, o Estado Democrático de Direito. Não é crível, afinal, que o estado de necessidade legislativa possa, em todos os casos, prolongar-se por três, dez ou trinta meses. Na circunstância da reedição, aliás, advogava-se o afastamento da presunção de constitucionalidade do ato de urgência por substanciar *verdadeira legislação suspeita*. Cumpria ao Poder Executivo o ônus da prova da nova emergência (não se fala de mera permanência, perceba-se) dos pressupostos habilitantes. Isto facilitaria a função de controle exercitada pelo Judiciário. Sobre o afastamento da presunção de constitucionalidade da lei, embora enfocando ângulo diverso, conferir MORO, Sérgio Fernando. *Legislação Suspeita?* Curitiba: Juruá, 1998. Aliás, como será visto mais tarde, a Corte Constitucional italiana, em semelhante situação, chega a sugerir a existência de verdadeira presunção de ilegitimidade do ato (*Sentenza* 360, de 1996).

35. O STF, em sessão realizada em 06 de junho de 1990, em ação direta de inconstitucionalidade proposta pelo Procurador-Geral da República contra a reedição da MedProv 185, rejeitada pelo CN e repetida sob o n. 190, concedeu liminar sustando os seus efeitos por unanimidade. Nessa oportunidade, o Ministro José Celso de Mello Filho, em seu relatório, chegou a sugerir que a insistência do Presidente em face de medida rejeitada poderia configurar hipótese de crime de responsabilidade. Aliás, o Ministro ensina em seu livro (op. cit., p. 210), que: "A rejeição parlamentar da medida provisória – ou de seu projeto de conversão –, além de desconstituir-lhe *ex tunc* a eficácia jurídica, opera uma outra relevante consequência de ordem político-constitucional, consistente na impossibilidade de o Presidente da República renovar esse ato quase legislativo, de natureza cautelar, pois o Congresso Nacional, ao assim decidir, descaracteriza, de modo definitivo, o juízo presidencial que, num primeiro momento, emprestou relevância e conferiu urgência àquilo que o Parlamento, como instância última, reputou irrelevante ou destituído de caráter emergencial. (...) Essa circunstância reveste-se de grande significação, pois o pronunciamento contrário do Congresso Nacional sobre o conteúdo da medida provisória extingue, em caráter definitivo, o procedimento de conversão, e inibe o Chefe do Poder Executivo de reeditar a medida rejeitada, ainda que presente o mesmo contexto cuja realidade justificou a edição do ato não convertido. Modificações secundárias de texto, que em nada afetam os aspectos essenciais e intrínsecos da medida provisória expressamente repudiada pelo Congresso Nacional, constituem expedientes incapazes de descaracterizar a identidade temática que existe entre a medida provisória rejeitada e a nova medida provisória editada. Posso até compreender a tese, sustentada com apoio na constatação feita por Lívio PALADIN (*Commentario della costituzione*: la formazione delle leggi. Bologna: Nicola Zanichelli, 1979. p. 62-63. t. II), que proclama, com fundamento numa situação de *urgenza*

Na Itália, a Lei 400, de 2 de agosto de 1988, limitou-se a vedar a continuidade normativa promovida por meio de cláusula de convalidação contida em nova medida normativa de urgência. Não proibiu, portanto, a prática da reedição. Coube à Corte Constitucional (Sentença 360, de 17 de outubro de 1996), em julgado unânime no qual figurou como relator o Juiz Enzo Cheli, repelir a possibilidade constitucional de o Executivo reeditar provimento normativo dotado de caráter provisório. Assim está ementada a paradigmática decisão:[36]

"Leis e decretos – Decreto-lei – Reiteração – Reiterações ulteriores com idêntico conteúdo e não convertidas – Procrastinação de fato do termo inalterável previsto na Constituição para a conversão em lei – Substituição sub-reptícia da lei ordinária pelo decreto-lei – Invocação da sentença da Corte 302/1988 recomendando reforma considerada relevante para a matéria – Alteração da natureza provisória da decretação de urgência subordinada aos pressupostos

---

perdurante, a possibilidade de renovação da medida não convertida em lei. Note-se, porém, que o magistério do jurista peninsular adstringe-se nesse ponto, somente ao plano dos pressupostos justificadores do ato presidencial, posto que estes – ao menos em tese – poderão protrair-se no tempo, legitimando, desse modo, em face de sua própria subsistência, a renovação da medida. Não deixa, contudo, o publicista italiano, de registrar a desenvoltura do Governo no reproduzir, nas hipóteses de puro e simples decurso do prazo constitucional, decretos-lei não convertidos. Outra, porém, é a situação das medidas provisórias expressamente rejeitadas quanto ao mérito – e não quanto aos pressupostos de sua edição –, que deixam de ser convertidas em lei por decisão do Congresso Nacional." No sentido de que o poder de reeditar a medida provisória subsiste enquanto não rejeitada, o STF manifestou-se nos seguintes julgados: ADI 295-DF; 1397-DF; 1516-RO; 1610-DF (rel. Min. Sydney Sanches, *DJ* 21.11.97), 1135-DF; ADI-MC 2984-DF. Rel. Min. Ellen Gracie, julgada em 04.09.03, publicada em 14.05.04. Registre-se, contudo, a posição do Min. Marco Aurélio. Em seus votos vencidos, entendia que a ausência de conversão no prazo de trinta dias importava rejeição da medida provisória, vedando-se, portanto, a reedição (ADI/MC 1397, Rel. Min. Carlos Velloso, j. 28.04.97, *RDA* 210:299; ADI 1614-MG, Rel. Originário Min. Marco Aurélio, Rel. para o acórdão Min. Nelson Jobim, j. 18.12.98; ADI 1.660-SE, Rel. Originário Min. Marco Aurélio, Rel. para o acórdão Min. Nelson Jobim, j. 18.12.98; ADI/MC 1992-DF, Rel. Min. Sydney Sanches, j. 18.08.99). A questão inclusive foi objeto da súmula 651 do Supremo com o seguinte teor "a medida provisória não apreciada pelo Congresso Nacional podia, até a Emenda Constitucional 32/2001, ser reeditada dentro do seu prazo de eficácia de trinta dias, mantidos os efeitos de lei desde a primeira edição".

36. O direito argentino não experimentou o problema das reedições dos decretos de necessidade e urgência. Isso porque a Constituição não fixa prazo para o Congresso e nem atribui um valor negativo ao silêncio das Câmaras. Assim, os decretos de necessidade e urgência permanecem inalterados e vigentes até que o Congresso os rejeite expressamente (Mario A. R Midón, op. cit., p. 153-154).

'extraordinários' de necessidade e de urgência ausentes na hipótese da falta de superveniência de alterações substanciais – Atenuação da sanção de perda retroativa de eficácia do decreto não convertido – Alteração das características da forma de Governo e da atribuição da função legislativa ordinária ao Parlamento – Prática incidente negativamente sobre os equilíbrios institucionais – Lesão à certeza do direito nas relações entre os diversos sujeitos, especificamente mais grave em matéria penal e na esfera dos direitos fundamentais com risco de produção de efeitos irreversíveis (v. sentença da Corte 161/1995 e ordenança 197/1996) – Quebra da vedação implícita no desenho constitucional à iteração ou reiteração – Alteração do curso normal do processo de produção normativa – Ilegitimidade constitucional." (Tradução livre)

A Corte italiana, na decisão em comento, admite que uma medida de urgência reproduza o conteúdo de uma anterior não convertida em uma única situação: quando o *decreto-legge* esteja fundado em motivos novos, autônomos e, sempre, extraordinários, de necessidade e urgência. Tratando-se de mera permanência dos pressupostos antes realizados, não há possibilidade de reiteração de conteúdo da medida não convertida. Ainda de acordo com essa decisão, a lei de conversão teria o condão de sanar o vício da reiteração.[37]

O pronunciamento da Corte Constitucional da Itália vai, porém, além. Para impedir que as reiterações admitidas excepcionalmente transformem-se em cotidianas, "e é a contribuição essencial da decisão de 1996, a Corte pondera

37. Aqui surge o que Simoncini chama de lei de "conversão-sanatória". Trata-se de uma espécie de "superconversão", pois há a conversão do último decreto-lei e, ao mesmo tempo, a conversão de todas as reiterações anteriores. Nesse caminho, o autor aponta que, em verdade, haveria um novo tipo legislativo, na medida em que o Parlamento não estaria a *converter* o decreto-lei, mas, apenas, limitar-se-ia a dar uma regulação jurídica às relações havidas sob a égide do decreto-lei caduco, aliviando, com isso, o Governo da responsabilidade pelos respectivos efeitos produzidos (SIMONCINI, Andrea. *Tendenze recente della decretazione d'urgenza in Italia e linee per una nuova riflessione*. In: SIMONCINI, Andrea (org). *L'emergenza infinita*. La decretazione d'urgenza in Italia. Macerata: EUM, 2006, p. 24). O autor entende, ainda, que o principal motivo que teria levado a Corte a admitir o efeito sanatório da lei de conversão seria a preocupação com os efeitos da decisão (no mesmo sentido: ROMBOLI, Roberto. Decreto-legge e giurisprudenza della Corte costituzionale. In: SIMONCINI, Andrea (Org). *L'emergenza infinita*. La decretazione d'urgenza in Italia. Macerata: EUM, 2006, p. 119), ou seja, que as inúmeras normas erigidas sob os decretos-lei reiterados decaíssem *ex tunc*, ficando à mercê da competente regulamentação pelo Parlamento, bem como que houvesse uma paralisação do sistema normativo. Segundo o autor (SIMONCINI Andrea, *Tendenze recente della*... cit., p. 28-29), essa decisão mostrou o compromisso da Corte em trabalhar não tanto pelo rigor dogmático, mas pela a maior efetividade possível sobre o plano prático.

que o decreto-lei que reproduz o conteúdo de um decreto-lei precedente como um ato legislativo governamental doravante contaminado de uma presunção de irregularidade, que só pode ser derrubada pelos motivos de urgência. Dessa maneira, atualmente, e nisso a decisão 360 de 1996 é revolucionária, é ao Governo que cabe derrubar a presunção de irregularidade para demonstrar a prova da urgência e da necessidade de sua decisão".[38]

De modo que, e nesse ponto reside a importância da motivação das medidas provisórias, aliás, reclamada neste estudo, apenas a demonstração pelo Executivo da emergência de novos motivos de urgência e necessidade será capaz de afastar a presunção de ilegitimidade que recai sobre a reiteração de conteúdo residente em medida anterior não convertida. Ora, incumbe à jurisdição constitucional exercer um controle da exatidão material dos fatos invocados pelo Governo. Não há dúvida de que a Corte Constitucional está autorizada a anular, em virtude de vício de inconstitucionalidade, as disposições de reprodução de medida precedente, sempre que inocorra demonstração séria e convincente da existência de nova e autônoma situação de urgência e necessidade.

No Brasil, o controle jurisdicional das medidas provisórias haveria de ser, ainda, mais rigoroso que o praticado na Itália em face do regime de governo adotado. Todavia, o Supremo Tribunal Federal manteve a sua postura cautelosa, deferente, recusando-se a avançar em direção ao caminho já trilhado, com sucesso, pela Corte italiana. Não se pode esquecer, entretanto, a insistência dos Ministros que, não obstante vencidos, mantiveram-se firmes na posição de repulsa à reedição dos decretos de necessidade e urgência.[39]

---

38. BAUDREZ, Maryse. Décrets-lois reitérés en Italie: l'exaspération mesurée de la Cour Constitutionnelle en 1996. *Revue Française de Droit Constitutionnel*, n. 32, 1997, p. 757-758. Tradução livre. No original: "(...) et c'est l'apport essentiel de sa décision de 1996, la Cour envisage le décret-loi qui reproduit le contenu d'un décret-loi précédent comme un acte législatif gouvernemental désormais entaché d'une *présomption d'irrégularité* que seuls des motifs d'urgence peuvent faire tomber. Ainsi, aujourd'hui, et en cela la décision n. 360 de l996 est révolutionnaire, c'est au Gouvernement qu"il appartient de faire tomber cette présomption d'irrégularité en apportant la preuve de l'urgence et de la nécessité de sa décision".

39. Cite-se, nesta oportunidade, o Ministro Celso de Mello. No voto proferido na ADI/MC 1687-0-UF (j. 26.11.97) sustentou que "É preciso insistir, antes de mais nada, na advertência de que se impõe ao Supremo Tribunal Federal iniciar o processo de reação institucional contra o uso excessivo de medidas provisórias pelo Presidente da República, à semelhança do que já se vem registrando na Itália (...)." Disse mais: "Entendo – na linha de decisão que proferi na ADin l558-DF (*DJ* 04/02/97), como Presidente em exercício do Supremo Tribunal Federal – que a indiscriminada utilização de medidas provisórias pelo Presidente da República traduz comportamento institucional que não presta a necessária reverência ao texto da Constituição da República." No mesmo

A EC 32/2001 resolveu, satisfatoriamente, a discussão sobre a possibilidade de reedição, prevendo no art. 62, § 10, da CF, a sua vedação, na mesma sessão legislativa, de medida que tenha sido rejeitada ou que tenha perdido sua eficácia por decurso de prazo. A PEC 91/2019 avança um pouco mais, e nesse ponto segue a melhor doutrina, proibindo não apenas a reedição da providência de necessidade e urgência, mas já de qualquer matéria nela constante, o que resolve definitivamente o desafio das reedições parciais que atormentam a experiência constitucional brasileira no momento.

Assim, clara está a impossibilidade de reedição de medida provisória inclusive na hipótese de rejeição tácita (perda da eficácia pelo decurso do prazo).[40] Contudo, resta pontuar se é cabível a reedição em outra sessão legislativa e, sendo, em que termos.

Com efeito, parcela da doutrina entende viável a reedição em outra sessão sem qualquer restrição;[41] outra vertente encara a possibilidade como uma forma de burlar a Constituição, estabelecendo restrições[42] e, ainda, há quem sustente a impossibilidade absoluta de reedição no sistema constitucional brasileiro.[43]

---

sentido, o Ministro Celso de Mello proferiu voto no julgamento da ADI/MC 2213-DF (julgada em 04.04.02, sendo relator o Ministro Celso de Mello. *DJ* de 23.04.04).

40. Nesse sentido, observa Humberto Ávila (*Sistema constitucional tributário*. São Paulo: Saraiva, 2004, p. 128) que a alteração constitucional explicitou ser o silêncio do Congresso Nacional uma forma de rejeição.

41. Nesse sentido: CHIESA, Clélio, *Medidas provisórias*: regime jurídico-constitucional., p. 109; DAMOUS, Wadih e DINO, Flávio op. cit., p. 107; FERRAZ, Sérgio Valladão (*Curso de Direito Constitucional:* teoria, jurisprudência e 1.000 questões. 2. ed. rev., ampl. e atual. até a EC 52/2006. Rio de Janeiro: Elsevier, 2006, p. 443); SANTOS, Gilberto Pinto dos, op. cit., p. 133; PAULO, Vicente e ALEXANDRINO, Marcelo (*Processo legislativo*. 2. ed. Niterói: Impetus, 2005, p. 150); VALLE, Juliana Carla Freitas do, op. cit., p. 51. José Levi Mello do Amaral Júnior (*Medida provisória e a sua conversão em lei*, p. 194-202) inclusive, defende a possibilidade de apresentação do conteúdo da medida provisória rejeitada, na mesma sessão legislativa, pela maioria absoluta dos membros de qualquer das Casas do Congresso, nos termos do art. 67 da Constituição Federal.

42. Nessa linha: NASCIMENTO, Rogério, op. cit., p. 248-249; NOBRE SOBRINHO, Samuel. Medidas provisórias: suas origens, deformação de seu uso e a nova regulamentação advinda da Emenda Constitucional n. 32/2001. In: SOUZA, Carlos Aurélio (Coord.). *Medidas provisórias e segurança jurídica*. São Paulo: Juarez de Oliveira, 2003., p. 333; SZKLAROWSKY, *Medidas Provisórias*: Instrumento de governabilidade. São Paulo: Nova Dimensão Jurídica p. 126; VIEIRA, José Roberto. Legalidade tributária e medida provisória: mel e veneno. In: FISCHER, Octavio Campos (Org.). *Tributos e direitos fundamentais*. São Paulo: Dialética, 2004. p. 209.

43. Para Joel de Menezes Niebuhr (op. cit., p. 150) mesmo diante de fatos novos flagrantemente urgentes e relevantes, não é o caso de se admitir a reedição da medida provisória

De fato, aceitar a simples reedição da medida provisória rejeitada tácita ou expressamente pelo Congresso Nacional na sessão legislativa seguinte não se coadunaria com a própria natureza do instituto. Assim, entende-se – em coerência com o que se defendia no âmbito do regime jurídico anterior – que a reedição da medida provisória na sessão seguinte está condicionada à demonstração, pelo Executivo, da reemergência dos pressupostos constitucionais habilitadores de relevância e urgência.[44]

Contudo, se por um lado a EC 32/2001 vedou a reedição da medida provisória, admitiu, como já tratado em capítulo anterior, a sua prorrogação por uma única vez, por igual período, quando, no prazo de sessenta dias, contado da sua publicação, a medida provisória não tiver a sua votação encerrada nas duas Casas do Congresso Nacional. Caso inocorra a apreciação, após a prorrogação, reputar-se-á rejeitada tacitamente.[45] A PEC 91/2019 torna a questão, como já afirmado, um pouco mais complicada, estabelecendo prazos para a Comissão Mista e para as duas Casas do Congresso Nacional. A Comissão Mista tem quarenta dias, contados do segundo dia útil seguinte à edição da medida provisória, para se manifestar. A Câmara dos Deputados terá quarenta dias, contados do segundo dia útil ao recebimento do parecer da Comissão Mista ou do decurso do prazo de quarenta dias e o Senado Federal terá, por seu turno, trinta dias, contados do segundo dia útil seguinte à aprovação pela Câmara dos Deputados. Nessa hipótese, eventuais emendas do Senado serão apreciadas pela Câmara no prazo de dez dias contados do segundo dia útil à aprovação pela Câmara Alta.

Tem-se a seguinte situação quanto ao prazo para apreciação das medidas provisórias: nos termos do art. 62, § 6.º, da Constituição, não ocorrendo a apreciação da medida provisória em até quarenta e cinco dias, entrará em regime de urgência, subsequentemente, em cada uma das Casas do Congresso Nacional, ficando sobrestadas, até que se ultime a votação, todas as demais deliberações legislativas da Casa em que estiver tramitando. Lembrando que, conforme o § 7.º, na hipótese de a votação não ser concluída em sessenta dias, pode ocorrer a prorrogação da medida provisória por igual período, que será comunicada por meio de ato do Presidente da Mesa do Congresso Nacional.

---

rejeitada. Na hipótese, caberia ao Congresso Nacional assumir a responsabilidade de legislar em tempo ou ainda transferi-la ao Executivo, mas por meio de lei delegada.

44. Para Rogério José Bento Soares do Nascimento (op. cit., p. 249) o que se tem não é rigorosamente uma reedição da medida provisória, mas sim uma nova medida provisória, com semelhante conteúdo ao da medida original, editada diante de uma nova situação de fato.

45. Outra hipótese de prorrogação das medidas provisórias é a prevista no art. 2.º da EC 32/2001, já examinada.

A Resolução 01/02-CN cuidou de esmiuçar o previsto na Constituição, disciplinando no art. 9.º o regime de urgência por meio do qual ficam sobrestadas todas as deliberações legislativas do Plenário da Casa em que a medida provisória estiver tramitando. Já o seu art. 10 trouxe a disciplina da prorrogação do prazo de vigência da medida provisória.[46] A PEC 91/2019 propõe novo tratamento ao regime de urgência. Com efeito, ela dá nova redação ao § 6º. afirmando que o regime de urgência se manifesta (i) na Câmara dos Deputados a partir do trigésimo dia do seu prazo para deliberar, (ii) no Senado Federal a partir do vigésimo dia do prazo para deliberar e, havendo emenda do Senado (iii) durante todo o prazo de sua apreciação (dez dias) pela Câmara baixa.

Quanto ao sobrestamento da pauta, em março de 2009, o Presidente da Câmara dos Deputados, Michel Temer, reformulou a interpretação do § 6.º do art. 62 da Constituição Federal. Como visto, o dispositivo determina que a medida provisória não examinada no prazo de 45 dias sobresta *todas as demais deliberações legislativas* da Casa em que estiver tramitando.

Segundo Michel Temer, considerando que a medida provisória versa exclusivamente sobre temas atinentes a leis ordinárias (com as exceções listadas no inciso I do § 1.º do art. 62 da CF), somente as deliberações de projetos de leis ordinárias que envolvam matéria suscetível de tratamento por medida provisória

---

46. "Art. 9.º Se a medida provisória não for apreciada em até 45 (quarenta e cinco) dias contados de sua publicação no Diário Oficial da União, entrará em regime de urgência, subsequentemente, em cada uma das Casas do Congresso Nacional, ficando sobrestadas, até que se ultime a votação, todas as demais deliberações legislativas do Plenário da Casa em que estiver tramitando.

"§ 1.º A prorrogação do prazo de vigência da Medida Provisória será comunicada em Ato do Presidente da Mesa do Congresso Nacional publicado no Diário Oficial da União.

"§ 2.º A prorrogação do prazo de vigência de Medida Provisória não restaura os prazos da Casa do Congresso Nacional que estiver em atraso, prevalecendo a sequência e os prazos estabelecidos nos arts. 5.º, 6.º e 7.º.

"Art. 10. Se a Medida Provisória não tiver sua votação encerrada nas 2 (duas) Casas do Congresso Nacional, no prazo de 60 (sessenta) dias de sua publicação no Diário Oficial da União, estará automaticamente prorrogada uma única vez a sua vigência por igual período.

"§ 1.º A prorrogação do prazo de vigência de Medida Provisória será comunicada em Ato do Presidente da Mesa do Congresso Nacional publicado no Diário Oficial da União.

"§ 2.º A prorrogação do prazo de vigência de Medida Provisória não restaura os prazos da Casa do Congresso Nacional que estiver em atraso, prevalecendo a sequência e os prazos estabelecidos nos arts. 5.º, 6.º e 7.º."

são sobrestadas. Deste modo, não se sujeitam às regras de sobrestamento as propostas de emenda à Constituição, os projetos de lei complementar, os decretos legislativos, as resoluções e outros projetos que não podem ser objeto de medida provisória. Também os projetos de lei ordinária que cuidam de questão insuscetível de tratamento por normativa de urgência não poderão ter sua tramitação sobrestada. Não há, por este lado, hipótese de sobrestamento em sessões extraordinárias. O Supremo Tribunal Federal chancelou o entendimento do Presidente da Câmara dos Deputados. Relatando o caso levado à Suprema Corte, o Ministro Celso Mello salientou que "a competência extraordinária de editar medidas provisórias não pode legitimar práticas de cesarismo governamental nem inibir o exercício, pelo Congresso Nacional, de sua função primária de legislar".

Ainda, verificou estar em debate a integridade do sistema de poderes, notadamente a preservação, pelo Legislativo, da função de legislar. Considerou que o abuso na edição de medidas provisórias tem provocado a impossibilidade de o Legislativo administrar sua pauta de deliberações, pois fica amarrado ao exame do que o Executivo entende ser conveniente e relevante. Deste modo, a interpretação do § 6.º do art. 62 da CF, proposta pelo Presidente da Câmara dos Deputados, teria buscado reequilibrar as relações institucionais entre a Presidência da República e o Congresso Nacional.

Com efeito, o Ministro Relator entendeu que a fórmula adotada pelo Presidente da Câmara dos Deputados constituiria uma reação legítima à possibilidade indevida de controle do Presidente da República sobre o poder de agenda do Congresso Nacional. Substanciaria, portanto, uma interpretação da Constituição compatível com o princípio da separação de poderes, preservando o equilíbrio sistêmico necessário à essência da ordem democrática. Nesse sentido, o entendimento "teria, aparentemente, a virtude de fazer instaurar, no âmbito da Câmara dos Deputados, verdadeira práxis libertadora do desempenho, por essa Casa do Congresso Nacional, da função primária que, histórica e institucionalmente, sempre lhe pertenceu: a função de legislar."

Concluiu-se que a construção jurídica formulada "preserva, íntegro, o poder ordinário de legislar atribuído ao Parlamento. Mais do que isso, a decisão em pauta teria a virtude de devolver, à Câmara dos Deputados, o poder de agenda"[47].

Respeite-se a decisão da Suprema Corte. Cumpre, todavia, manifestar estranheza. É que, na circunstância, não há exceção, na Lei Fundamental, para o sobrestamento da pauta; tampouco o princípio da separação dos poderes permite interpretação desse quilate. O regime das medidas provisórias afirmado pela EC 32, compõe a arquitetura da separação dos poderes, sugerindo diálogo,

47. STF, MS 27931-1 MC/DF, j. 27.03.2009, rel. Min. Celso de Mello, DJ 01.04.2009.

debate e persuasão, ou seja, harmonia entre Legislativo e Executivo. Não há subordinação do Legislativo ao Executivo, mas apenas um ônus caso não aprecie a medida provisória no tempo certo. A nova interpretação, estimula ainda mais o uso da normativa extraordinária. O problema, todavia, cabe realçar, não está na Constituição, mas, antes, na omissão do Legislativo.

Eventual alteração do regime das medidas provisórias exigiria emenda constitucional, e não solução hermenêutica jeitosa. Talvez fosse o caso de, por meio de emenda, restringir ainda mais o uso da normativa de urgência ou até mesmo, num futuro quadro de maturidade política, extingui-la. Porém, enquanto viger o art. 62 da Lei Fundamental nos moldes em que se apresenta, nenhuma solução jurídica poderá, sem artificialismo, impedir o sobrestamento de *todas* as deliberações legislativas até que se ultime a votação da medida provisória dentro do prazo estipulado. Ao não estabelecer exceção alguma ao sobrestamento (diferente do que se observa no § 2.º do art. 64), o Constituinte estava como a dizer que, editada medida provisória, este instrumento gravíssimo e excepcional, o Congresso Nacional deve se reunir para, com absoluta precedência, oferecer resposta clara e urgente ao assunto. Esse é o papel que se imaginou para o Congresso comprometido com a robustez do processo público de deliberação. Mas a solução integra já, diante da citada decisão judicial, a prática constitucional. Mais do que isso, será expressamente constitucionalizada. Com efeito, a PEC 91/2019, aprovada mas, reitere-se, não promulgada, oferece nova redação ao art. 62, § 6º. da CF, nos termos da qual o regime de urgência da medida provisória implicará o sobrestamento das "demais deliberações legislativas da respectiva Casa, com exceção das que tenham prazo constitucional determinado e *das proposições que veiculem matéria vedada à medida provisória*".

9.4. Lei de conversão e veto

Alguns juristas italianos como Mortati,[48] asseveram que o Presidente da República italiana não dispõe do poder de reenvio, em se tratando de leis de conversão,[49] porque o prazo para a conversão do ato normativo de urgência em

48. MORTATI, Costantino. *Istituzioni di diritto pubblico*. Padova: Cedam, 1969, p. 636.

49. Diversamente, já com relação à fase de elaboração do decreto-lei, Ugo de Siervo ([Introduzione]. In: SIMONCINI, Andrea (Org.). *L'emergenza infinita*. La decretazione d'urgenza in Italia. Macerata: EUM, 2006) levanta dúvida acerca da verdadeira existência de um poder de reenvio outorgado constitucionalmente ao Chefe de Estado, uma vez que a Constituição italiana não prevê, expressamente, tal competência. Nesse caminho, Siervo questiona se o Presidente da República teria "um poder informal de reenvio" ou um "verdadeiro e próprio poder de veto" na emanação do ato normativo. Note-se, aqui, que o autor trata de momento específico da produção do provimento de urgência, qual seja, de sua *emanação*, pois, para o autor, na fase de *promulgação* do

lei formal é curto.[50] Outros, como Paladin,[51] preferiram sustentar tese conciliatória. O Presidente não possui o *potere di rinvio* na hipótese de *decreti-legge* aprovados sem emenda (procedimento de ratificação). Quanto àqueles aprovados com emenda, as respectivas leis de conversão submeter-se-iam, sim, à faculdade constitucionalmente deferida ao Chefe de Estado.

No Brasil, promulgada a Constituição Federal de 1988, o então Consultor Geral da República[52] sustentou a tese correta de que o procedimento de conversão tem no projeto de lei o instrumento de sua realização. Assim, "é por ele que se concretiza a determinação constitucional de transformação da medida provisória em lei".[53] Não obstante, entendeu que, em razão da urgência, o Congresso poderia decidir pela ratificação direta da medida provisória. Neste caso, inexistente emenda à medida, ao Presidente não seria facultada oportunidade para aposição de veto. Seria, todavia, encaminhado ao Presidente da República o projeto de lei de conversão aprovado com emendas, sobre o qual incidirá sanção ou veto, inclusive parcial, na forma do art. 66 da CF.

O Congresso Nacional adotou a sistemática. Medidas provisórias simplesmente aprovadas pelo Congresso Nacional são promulgadas pelo Presidente do Senado Federal (no exercício da função de Presidente do Congresso Nacional) como lei. Há um equívoco na formulação. No Brasil, a promulgação de medidas provisórias como lei pelo Presidente do Senado, conquanto aprovadas sem emendas, agride a ordem constitucional. As leis submetem-se ao processo legislativo disciplinado na Constituição Federal, convindo concordar que, ao Presidente da República, na forma do art. 84, IV, da Lei Magna, compete

---

decreto-lei, o Presidente possuiria competência constitucionalmente outorgada para o exercício do reenvio (no que discorda parte da doutrina, justamente por não haver permissão constitucional explícita). Pergunta, pois, Ugo de Siervo (Ibidem, p. 12), "Quem é destinatário do hipotético reenvio e quem pode decidir modificar o texto originário do decreto-lei deliberado pelo Conselho de Ministros? Como se conciliam hipóteses desse gênero, que evidentemente causam atraso na edição do decreto-lei, com a afirmada existência de uma situação extraordinária de necessidade e urgência?"

50. A esse respeito, Andrea Simoncini (*L'emergenza infinita.* La decretazione d'urgenza in Italia..., p. 42-43) afirma que os únicos dois casos registrados até então de reenvio presidencial do decreto-lei, em sede de promulgação, não importaram em suspensão do decreto-lei, como pretende a Constituição, mas sim acabaram resultando em verdadeiros vetos, por conta do breve prazo para apreciação, levando à decadência do provimento de urgência. Simoncini observa que a possibilidade de o Presidente reenviar o decreto, à luz do art. 87 da Constituição, analogicamente à expressa permissão do art. 74 por ocasião da promulgação, é motivo de profundo dissenso doutrinário.
51. PALADIN, Livio, *Commentario*... cit., p. 77.
52. Parecer SR-92, da Consultoria Geral da República, publicado no D.O.U de 23/06/1989.
53. RAMOS, op. cit., p. 534.

sancionar, promulgar e fazer publicar as leis. De outro ângulo, o Congresso Nacional, com a sanção do Presidente da República, disporá sobre todas as matérias de competência da União, salvo as hipóteses de competência exclusiva do Congresso, ou de competência privativa do Senado e da Câmara (CF, art. 48). Nos termos do art. 66, *caput*, da CF, concluída a votação, será enviado o projeto de lei ao Presidente da República que, aquiescendo, o sancionará. O § 7.º do mesmo artigo determina que o Presidente do Senado promulgará, apenas, as leis que, no prazo de quarenta e oito horas, não forem antes promulgadas pelo Presidente da República. Os dados normativos indicados são suficientes para demonstrar a equivocada orientação do Congresso Nacional Brasileiro.

Nesse sentido, Raul Machado Horta observa que "acha-se consagrado no procedimento legislativo das medidas provisórias a promulgação pelo Presidente do Senado Federal da lei federal de conversão, formalizando aprovação do Congresso Nacional. O referido procedimento deveria ser reexaminado. A sanção, a promulgação e a publicação das leis são atos da competência constitucional privativa do Presidente da República (Constituição da República, art. 84, IV)".[54]

Do mesmo modo, entende Manoel Gonçalves Ferreira Filho que, após a manifestação do Congresso, a lei de conversão deve ser submetida à sanção presidencial, oportunidade em que "(...) poderá ocorrer o veto (não se olvide a possibilidade de emendas, aplicando-se à apreciação de tal veto o que a esse respeito prevê a Constituição (art. 66, especialmente §§ 4.º, 5.º e 6.º). Não haja surpresa no fato de que caiba veto com relação a um ato normativo provindo do Presidente da República, que é o titular do poder de veto: isto tranquilamente ocorre e em relação a projetos de lei de iniciativa do Presidente da República, que, uma vez aprovados pelo Congresso Nacional, são submetidos ao próprio Presidente para a sanção ou o veto".[55]

A Resolução 01/89-CN, do Congresso Nacional contemplou a prática condenada e a Resolução 01/02-CN a sistematiza. Assim, nos termos da normativa atual, (i) aprovado o projeto de lei de conversão, será ele enviado à sanção do

---

54. HORTA, Raul Machado. *Direito Constitucional*. 4. ed. rev. e atual. Belo Horizonte: Del Rey, 2003, p. 581. No mesmo sentido, José Levi Mello do Amaral Junior (*Medida provisória e a sua conversão em lei*. p. 254) manifesta-se pela inconstitucionalidade da promulgação pelo Congresso Nacional.

55. FERREIRA FILHO, As medidas provisórias: novas observações particularmente quanto aos efeitos de sua renovação. p. 87. Em outro texto (Ferreira Filho, *Do processo legislativo*... cit., p. 245), reforça que "o Presidente da República deverá sancionar – e evidentemente poderá vetar, total ou parcialmente – o projeto de lei de conversão, se este alterar o que consta da medida provisória (§ 12)." Todavia, altera, em parte, o entendimento, acrescentando que "*A contrario sensu*, essa sanção é dispensada se a conversão nada modificar do texto da medida provisória."

Presidente da República (art. 13).[56] Porém, sendo a Medida Provisória aprovada sem alteração de mérito, (ii) será o texto promulgado pelo Presidente da Mesa do Congresso Nacional e publicado no Diário Oficial da União (art. 12).[57] Neste particular, aparece a impropriedade. É evidente que a norma regimental do Congresso Nacional não é capaz de retirar o poder conferido pela Lei Fundamental ao Presidente. Mesmo as providências de urgência, aprovadas sem alteração de mérito, haveriam de ser sancionadas pelo Chefe do Poder Executivo, comportando, se necessário, a aposição de veto. Na primeira hipótese (sanção), cumpriria, ainda, ao Chefe do Poder Executivo, promulgar e providenciar a respectiva publicação.[58]

Cumpre lembrar, todavia, que o Supremo Tribunal Federal, ao se manifestar sobre o tema no julgamento do RE 217194/PR, não reconheceu qualquer inconstitucionalidade na ausência de sanção presidencial da medida provisória apreciada, acolhendo, assim, o entendimento de que é inexigível a sanção do Presidente da República na hipótese de conversão em lei sem alteração no seu texto.[59]

9.5. Poder de emenda

No procedimento de conversão, o Legislativo pode aprovar emendas (aditivas, modificativas ou supressivas) às medidas provisórias.[60] Nessa dimensão,

---

56. "Art. 13 – Aprovado o projeto de lei de conversão será ele enviado, pela Casa onde houver sido concluída a votação, à sanção do Presidente da República."
57. "Art. 12 – Aprovada Medida Provisória, sem alteração de mérito, será o seu texto promulgado pelo Presidente da Mesa do Congresso Nacional para publicação, como Lei, no Diário Oficial da União."
58. VIANNA, Rubens Raimundo Haddad. Inconstitucionalidade das leis de conversão de medidas provisórias promulgadas pelo Presidente do Senado Federal e sem sanção pelo Presidente da República. *Lex–Jurisprudência do STJ e Tribunais Regionais Federais*, São Paulo, n. 30, fev. 1992. Deduz o autor (p. 10): "O Congresso Nacional, após aprovar algumas dessas medidas provisórias, tem-nas convertido em lei, adotando, entretanto, procedimento não apenas desautorizado pela Constituição, mas atentatório ao seu próprio texto (...)." O autor conclui que: "O fato de as medidas provisórias terem, ou não, sofrido alterações quando de sua apreciação pelo Congresso, é irrelevante para a obrigatoriedade da análise final, pelo Presidente da República, do projeto de lei em que se converteram."
59. STF, RE 217194/PR, j. 17.04.01, rel. mi. Maurício Corrêa, *DJ* 01.06.2001.
60. Na Itália, alerta ZAGREBELSKY (op. cit., p. 180) que o iter de conversão é drasticamente simplificado nos casos em que o governo decida colocar a "questão de confiança" sobre o artigo que contém a fórmula da conversão em lei. Esta providência do Governo tem duas finalidades: (i) eliminar a possibilidade de emendas e (ii) acelerar o procedimento de discussão para alcançar o voto sobre a conversão dentro dos sessenta dias previstos pela Constituição. Este autor (op. cit., p. l83) lembra, ainda, que

cabe tratar as leis de conversão[61] como decorrentes de um procedimento normal de atuação legislativa, conforme ensina Manzella.[62]

---

a jurisprudência italiana distingue as seguintes situações: (1) emendas supressivas (que eliminam totalmente disposições do decreto convertido); (2) emendas substitutivas (que mudam totalmente o sentido e o objeto da disposição substituída); (3) emendas modificativas (que incidem sobre uma disposição do decreto convertido sem alterar-lhe de modo total o objeto ou o sentido); (4) emendas aditivas (que introduzem disposições totalmente novas em relação ao conteúdo ordinário do decreto). O ato submetido à conversão é suscetível de ser parcelado, de forma que é possível a conversão parcial (e correlativamente a não conversão parcial). Ele é, de outro lado, emendável com qualquer gênero de emendas.

61. No regime anterior, com base na lição de PITRUZZELLA, Humberto Bergmann Ávila (*Medida provisória*... cit., p. 114) deduziu que a lei de conversão impõe a análise sob dois prismas: (i) quanto à relação entre a lei de conversão e o ato governamental, emergem as figuras da substituição e transformação de um ato legislativo do governo por um (em um) do parlamento; (ii) quanto aos efeitos da lei de conversão em relação àqueles produzidos pelo ato governamental, afloram as categorias da convalidação e da novação. Porém, para Ávila, a lei de conversão não substitui o ato oriundo do governo. Ao autor parece que semelhante entendimento permitiria considerar-se o ato do governo como emanado do próprio Parlamento. Argumenta (Ibidem, p. 114-115): "Isto porque obedecem, ambos, a pressupostos deflagradores de competência diversos. A participação do Congresso Nacional não supre os requisitos de existência e de validade do ato governamental. A medida provisória é um ato de competência do Poder Executivo, cujos efeitos duram trinta dias. Depois disso, passa a existir a lei, proveniente do Congresso Nacional. São, portanto, atos de natureza diversa. Ainda que autônomos, possuem, como adiante se analisa, relação de pressuposição, comprovada pela distinção procedimental da lei de conversão, relativa ao processo de formação de outras leis". Para Humberto Bergmann Ávila (ibidem, p. 68), com o que se concorda, a lei de conversão é o ato que atribui validade à ação normativa do Poder Executivo, procedimento indispensável para a preservação do princípio democrático. Mas ela não tem o condão de sanar vícios formais, relativos à deflagração da competência ou ao objeto da medida provisória. A posição do Supremo Tribunal Federal é no sentido de que a conversão não convalida os vícios formais da medida provisória (ADI/MC 3090, j. 11.10.2006, rel. Min. Gilmar Mendes, *DJ* de 26.10.2007). Em sede doutrinária, sustentam a impossibilidade de convalidação dos vícios formais: CHIESA, Clélio, *Medidas provisórias*: regime jurídico-constitucional., p. 113-114; AMARAL JUNIOR, José Levi do. *Medida provisória e a sua conversão em lei*. p. 237. Este último apresenta uma posição peculiar no sentido de que os vícios específicos da medida provisória (pressupostos constitucionais habilitadores) não afetam a lei de conversão, o que não significa que seja obstada a análise da constitucionalidade da medida provisória em si após a conversão. Há também quem sustente que não há convalidação, inclusive no que concerne ao desrespeito pela medida provisória dos pressupostos de relevância e urgência: BARIONI, *Medidas provisórias*, p. 125-127; e KADRI, Omar Francisco do Seixo, op. cit. p. 208.

62. Em atualização à sua obra, Andrea Manzella, op. cit., p. 357-365, acrescenta que o Parlamento deveria providenciar procedimento adequado à tramitação da lei conversão.

Segundo Esposito, "é possível defender que se os decretos-lei têm de ser necessariamente convertidos em leis para manter seus efeitos, se bem que são admissíveis emendas, não é possível que essas mudem o objeto ou o sentido do decreto que tem que converter, transformando-os em uma norma de natureza ou efeitos distintos".[63]

Dentro dos limites acima apontados, ao Legislativo é dado modificar a medida provisória, adicionando, modificando ou suprimindo dispositivos.[64] Na circunstância, porém, as partes da lei de conversão não reprodutivas da medida provisória, ao entrarem em vigor, operam eficácia *ex nunc*, não produzindo efeitos retroativos.[65] A supressão de dispositivo implica a rejeição parcial da

---

Muito embora a Constituição preveja uma série de mecanismos destinados à célere votação do projeto de lei de conversão (apresentação às Câmaras no mesmo dia da edição; reunião das Casas em cinco dias, em caso de recesso; deliberação em 60 dias), o regimento interno das Câmaras, mesmo após a revisão por que passou em 1997, ainda não atende à necessidade de garantir a brevidade do procedimento. Daí o autor defender a possibilidade de conversão de decreto-lei pela comissão em sede legislativa (conforme apontado em nota anterior), apesar da previsão regimental que impõe a reserva de assembleia (art. 96, *bis* do Regulamento da Câmara e arts. 35 e 36 do Regimento do Senado). Nessa conjuntura, destaca a contribuição da sentença 360/1996 no sentido de ter liquidado com a danosa reiteração dos provimentos de urgência. Ressalta, por outro lado, que a produção normativa governamental manteve-se alta, exigindo, pois, a revisão do procedimento ordinário de conversão dessa espécie de ato normativo.

63. ESPOSITO, Carlo, op. cit., p, 193. Tradução livre.

64. Nesse sentido: PALADIN, Lívio, *Commentario*... cit., p. 57; ZAGREBELSKY, Gustavo, op., cit., p. l81; CRISAFULLI, Vezio. *Lezioni di diritto costituzionale*. 5. ed. Padova: Cedam, 1984, p. 89 e BOZZI, Aldo. *Istituzioni di diritto pubblico*. Milano: Giuffrè, 1965, p. 230. No Brasil, conferir, entre outros: CLARK, Giovani. Medidas provisórias. *Revista de Informação Legislativa*, Brasília, n. 113, jan./mar. 1992, p. 160; CAGGIANO, Emendas em medidas provisórias. *Revista de Direito Público*, São Paulo, n. 93, jan./mar. 1990, p. 144. DINIZ, op. cit., p. 227, TÁCITO, Caio. Medidas provisórias na constituição de 1988. *Revista de Direito Público*, São Paulo, n. 90, abr./jun. 1989, p. 55; MELLO FILHO, José Celso de, op. cit., p. 209 e SZKLAROWSKY, Leon Frejda, *Medidas Provisórias*: Instrumento de governabilidade. São Paulo: Nova Dimensão Jurídica, p. 111. Em sentido contrário, no direito argentino, Mario Midón nega ao Congresso a faculdade de criar novo direito através de um decreto de necessidade e urgência. É possível suprimir conteúdos da legislação de urgência. Assim, é possível que rejeite ou aprove, total ou parcialmente, o ato. Todavia, não pode adicionar novos preceitos ao decreto originário (MIDÓN, op. cit., p. 141-143).

65. LAVAGNA, *Istituzioni di dirittto pubblico.*, 6. ed., p. 299. Sobre isso, aliás, Raul Machado Horta (*Medidas*... cit., p. 09) observa: "Mortati sustenta que a emenda supressiva contém efeito *ex tunc*, apagando a eficácia da norma desde o início, e a aditiva, efeito *ex nunc*, a par de sua adoção, para o futuro. Biscaretti, sem assumir posição prévia preferindo acompanhar o juízo de Pizzorusso, para quem o assunto não comporta

medida provisória, decisão que autoriza eficácia *ex tunc*, sempre considerando, não obstante, o disposto no art. 62, § 11, da Constituição, com a redação oferecida pela EC 32/2001.

A Resolução 01/2002 do Congresso Nacional (art. 4.º, § 4.º), no mesmo sentido da disciplina anterior, corretamente, veda a apresentação de emendas versando matéria estranha àquela tratada na medida provisória, cabendo ao Presidente da Comissão indeferi-las. Na proposta de EC 511/2006, havia determinação expressa de homogeneidade temática das medidas provisórias. Há na PEC 91/2019 dispositivo segundo o qual as emendas não podem dispor sobre "matéria estranha ao objeto da medida provisória ou a este não vinculada por afinidade, pertinência ou conexão". No mesmo sentido, a Lei Complementar 95, de 26.02.1998, que dispõe sobre a elaboração, redação, alteração e consolidação das leis e regulamenta o art. 59, parágrafo único, da Constituição do Brasil, aplicável às medidas provisórias (art. 1.º, parágrafo único), por seu turno especifica, no art. 7.º, que (i) excetuadas as codificações, cada lei tratará de um único objeto e (ii) a lei não conterá matéria estranha a seu objeto ou a este não vinculada por afinidade, pertinência ou conexão.

Referida normativa, indubitavelmente, põe, embora de modo indireto, limite ao poder de emenda. Disposição semelhante àquela da Resolução 01 é encontrada, também, no art. 96, *bis*, § 7.º, do Regulamento da Câmara Italiana, segundo o qual: "*O Presidente declarará inadmissíveis as emendas e artigos adicionais que não se refiram estritamente a matéria do Decreto-lei*".[66] Trata-se, ensina

---

resposta de caráter geral, admite dupla colocação: a eliminação da regra por emenda supressiva pode ser interpretada como denegação de conversão, com efeito *ex tunc*, ou como ab-rogação, contemporânea à lei de conversão, dotada de eficácia *ex nunc*." Como se vê, a questão não é simples.

66. "Il Presidente dichiara inammissibili gli emendamenti e gli articoli aggiuntivi che non siano strettamente attinenti alla materia del decreto-legge." Nos termos do Regulamento do Congresso dos Deputados espanhol, vigente a partir de 10 de fevereiro de 1982, tem-se que não é possível a apresentação de emendas durante o prazo de deliberação de trinta dias, que pode ter como resultado apenas a aprovação ou a rejeição do real decreto-lei. Todavia, nos termos do artigo 151.4, "convalidado um Real Decreto-lei, o Presidente perguntará se algum Grupo Parlamentar deseja que tramite como projeto de lei. Em caso afirmativo, a solicitação será submetida a apreciação da Câmara. Se esta se pronunciar a favor, tramitar-se-á como projeto de lei pelo procedimento de urgência, sem que sejam admitidas emendas de totalidade de devolução" (Tradução livre). Ou seja, é possível emendas apenas ao projeto de lei e, ainda, são vedadas emendas de totalidade de devolução, pois isso resultaria em uma forma de rejeição de algo já aprovado anteriormente pelo Congresso dos Deputados. Sobre o tema: GARCIA DE ENTERRIA, Eduardo e FERNÁNDEZ, Tomás-Ramón, *Curso de direito administrativo*. São Paulo: Revista dos Tribunais, 1990, p. 150.

Pablo Santolaya Machetti, de estrita aplicação do princípio da congruência que rege os atos parlamentares.[67] As emendas devem guardar relação de pertinência com a matéria tratada na medida provisória.

Se é certo que o Constituinte de 1988 não vedou a possibilidade de o Congresso Nacional modificar o texto normativo adotado pela medida provisória, também é certo que, exceto o ensaio da PEC 91/2019, não ofereceu condicionamentos expressos a essa faculdade.[68] Na dimensão exclusiva do texto expresso da Lei Fundamental, os limites seriam aqueles que, igualmente, vinculam o Congresso na sua atividade legiferante ordinária (art. 166, §§ 3.º e 4.º e art. 63, I e II, da CF).[69] Mas, como se sabe, o direito constitucional é mais do que isso.

Por isso não se pode admitir a apresentação perante a Comissão Mista (Resolução n. 01/2002) ou mediante proposta do relator e a aprovação, pelo Congresso Nacional, de emendas ao texto da medida provisória ou do projeto de conversão cuidando de temas estranhos e sem nenhuma pertinência, afinidade ou conexão com os assuntos ali disciplinados[70]. Fala-se aqui dos chamados

---

67. MACHETTI, Pablo Santolaya, op. cit., p. 194.
68. Note-se que o art. 62, § 12, da Constituição Federal, inserido pela EC 32/01, alude à hipótese de aprovação do projeto de lei de conversão alterando o texto da medida provisória. Todavia, não estabelece requisitos para essas alterações.
69. Preleciona ZAGREBELSKY, Gustavo (op. cit., p. 182) que o poder de emenda está condicionado a determinados limites materiais, de congruência entre a matéria das emendas e a matéria do decreto a ser convertido. Isto visa excluir a possibilidade de regras novas, estranhas à matéria para a qual subsiste a necessidade e urgência, sejam incluídas no decreto a ser convertido com a única finalidade de desfrutar da rapidez do procedimento. Falava-se, a propósito, de *decretos-leis ônibus*. (Regimento da Câmara dos Deputados e Regimento do Senado). Ugo de Siervo (op. cit.) destaca que, no final de 2005, foram editados inúmeros decretos-lei nos quais se pode ver que o Presidente da República fez uso dessa prática, ao exercer sua hipotética competência de reenvio na fase de emanação do decreto-lei. Também, Alfonso Celotto (Decreto-legge e attività del Governo [nella XIV Legislatura]. In: SIMONCINI, Andrea (Org.). *L'emergenza infinita.* La decretazione d'urgenza in Italia. Macerata: EUM, 2006, p. 81) oferece o exemplo do decreto-lei ônibus 269/2003 o qual, trazendo disposições urgentes para favorecer o desenvolvimento e corrigir o andamento das contas públicas, tratava-se de decreto-lei complicadíssimo, com 53 artigos, muitos dos quais com dezenas de parágrafos, limitando-se, no preâmbulo, a dizer: "Diante da extraordinária necessidade e urgência de emanar disposições para favorecer o desenvolvimento e a correção do andamento das contas públicas."
70. Nesse sentido ver as lições de ÁVILA, Humberto Bergmann. *Medida provisória na Constituição de 1988*. Porto Alegre: Sérgio Antonio Fabris, 1997, p. 118; NIEBUHR, Joel de Menezes. *O novo regime constitucional da medida provisória*. São Paulo: Dialética, 2001, p. 129; CAVALCANTI FILHO, João Trindade. *Processo legislativo constitucional*. 4ª. ed. Salvador: Ed. JusPodium, 2020, p. 283; MACHADO, Antônio Pedro. O último dos 'jabutis'. *JOTA*, 27 de out. de 2015. Disponível em: <https://www.jota.info/>. Acesso

"jabutis" ou contrabandos legislativos que desafiam censura por inconstitucionalidade. São ilegais, por ofensa ao disposto nos arts. 4º., § 4º. da Resolução n. 1/2002 do Congresso Nacional e 7º., II, da Lei Complementar n. 95/1998.

São, também, inconstitucionais por violação ao (i) requisito autônomo implícito (explícito com a PEC 91/2019) da pertinência temática que incide sobre as proposições legislativas em geral e, também, por agressão aos princípios (ii) do devido processo legislativo (CF, art. 5º, LIV), (iii) democrático (CF, art. 1º, par. único) e (iv) da separação dos poderes (CF, art. 2º.), significando, no último caso, a emenda não congruente com a matéria tratada na providência de urgência, hipótese de usurpação de iniciativa privativa do presidente da república.

Não é diferente a orientação do Supremo Tribunal Federal assentada na ADI 5.127/2015 – Rel. Min. Rosa Weber e Rel. p/ o Acórdão Min. Fachin que afirma o entendimento, *ex nunc*, "segundo o qual não é compatível com a Constituição da República a apresentação de emendas parlamentares sem relação de pertinência temática com a medida provisória submetida à apreciação do Congresso Nacional".

9.6. Procedimento de conversão

Tendo em conta que a Constituição é econômica na disciplina normativa do procedimento de conversão em lei da providência de urgência adotada pelo Presidente da República, o Congresso Nacional promulgou Resolução 01/2002, que substituiu a Resolução 01/1989.

Nos termos da Resolução, passadas 48 horas da publicação de medida provisória no Diário Oficial da União, a Presidência da Mesa do Congresso Nacional fará publicar e distribuir avulsos da matéria e designará comissão mista com a responsabilidade de emitir parecer sobre ela (art. 2.º).[71] Destaque-se que no

---

em 03 de ago 2020; NASCIMENTO, Roberta Simões. A emenda 'supressiva de jabutis' e o devido processo legislativo. *CONJUR*, 06 de julho de 2020. Disponível em <https://www.conjur.com.br/>. Acesso em 03 de ago. de 2020; MARRAFON, Marco Antônio e ROBL FILHO, Ilton Norberto. Controle de constitucionalidade no projeto de lei de conversão de medida provisória em face dos 'contrabandos legislativos': salvaguarda o Estado de Direito. In: Novelino, Marcelo. Fellet, André (Orgs.). *Constitucionalismo e democracia*. Salvador: Editora JusPodivm, 2013, p. 238-239.

71. Nos termos do § 2.º do art. 2.º da Resolução, a comissão mista será composta por doze Senadores, doze Deputados e igual número de suplentes, indicados pelos respectivos líderes. Deve ser obedecida a proporcionalidade dos partidos ou blocos parlamentares em cada Casa. Estabeleceu-se, também, que este número de membros será acrescido de mais uma vaga na composição destinada a cada uma das Casas do Congresso Nacional. Esta vaga deve ser preenchida em rodízio, exclusivamente, pelas bancadas minoritárias que não alcancem, no cálculo da proporcionalidade partidária, número suficiente para participar da Comissão (art. 2.º, § 3.º). Contudo, conforme já ressaltado, note-se que para fins de apreciação das medidas provisórias que abram crédito

mesmo dia da publicação da medida provisória, o seu texto deverá ser enviado ao Congresso, acompanhado, necessariamente, de mensagem e de documento expondo a motivação do ato (art. 2.°, § 1.°). Conforme se observa, a Resolução supõe que o Presidente da República apresente de modo fundamentado os pressupostos de relevância e urgência que ensejam a edição de medida provisória.

Nos seis dias que se seguirem à publicação da medida provisória, poderão ser oferecidas emendas, que deverão ser protocoladas na Secretaria-Geral da Mesa do Senado Federal (art. 4.°, *caput*).[72] A resolução veda, no § 4.° do art. 4.°, como vimos, a apresentação de emendas que versem sobre matéria estranha àquela tratada na medida provisória, cabendo ao Presidente da Comissão o seu indeferimento liminar.

Os trabalhos da comissão iniciam-se com a presença, no mínimo, de um terço dos membros de cada uma das Casas (art. 4.°, § 6.°).

A Resolução impõe que a comissão analise o mérito da medida provisória, ainda que se manifeste pelo não atendimento dos requisitos constitucionais ou pela inadequação financeira ou orçamentária (art. 5.°, § 2.°). E na análise do mérito, a comissão poderá emitir parecer pela aprovação total ou parcial, pela alteração da medida provisória, pela sua rejeição ou, ainda, pela aprovação ou rejeição de emenda a ela apresentada. No caso de a comissão decidir alterar o texto, deverá concluir: (i) pela apresentação de projeto de lei de conversão relativo à matéria, e (ii) pela apresentação de projeto de decreto legislativo, disciplinando as relações jurídicas decorrentes da vigência dos textos suprimidos ou alterados cuja tramitação será iniciada na Câmara dos Deputados (art. 5, § 4.°).

O parecer, em qualquer hipótese, será encaminhado à Câmara dos Deputados, acompanhado do processo e, se for o caso, do projeto de lei de conversão e do projeto de decreto legislativo (art. 5.°, § 5.°).[73] A Câmara terá até o vigé-

---

extraordinário o exame será realizado pela comissão mista prevista no art. 166, § 1.°, da CF, com observância dos prazos da Resolução.

72. A Resolução só admite que se ofereçam emendas perante a comissão mista (art. 4.°, § 1.°). Em caso de não aceitação da emenda, nos termos do art. 4.°, § 1.°, é cabível recurso pelo seu autor, com o apoio de três membros da Comissão, contra a decisão da Presidência, cabendo ao Plenário decidir a questão. Ainda, estabeleceu-se no § 2.° do art. 4.° que no prazo de oferecimento de emendas, o autor de projeto sob exame de qualquer das Casas do Congresso Nacional poderá solicitar à Comissão que o projeto tramite sob a forma de emenda, em conjunto com a medida provisória. Este projeto será declarado prejudicado e arquivado, exceto se ocorrer a rejeição da medida provisória por inconstitucionalidade, situação em que o projeto retornará ao seu curso normal (art. 4.°, § 3.°).

73. Na hipótese de a comissão não apresentar o parecer no prazo, o processo é encaminhado para análise da Câmara. Nesta situação, a comissão mista poderá proferir, pelo Relator ou Relator Revisor designados, o parecer no Plenário da Câmara dos Deputados (art. 6.°, §§ 1.° e 2.°).

simo oitavo dia de vigência da medida provisória para concluir seus trabalhos (art. 6.º) e, sendo aprovada a medida, será encaminhada ao Senado que, por sua vez, terá até o quadragésimo segundo dia de vigência da medida provisória para apreciá-la (art. 7.º).[74]

Na hipótese de modificação no Senado Federal (restabelecimento de matéria ou emenda rejeitada na Câmara, ou supressão), será esta encaminhada para exame na Câmara dos Deputados, sob a forma de emenda, a ser apreciada em três dias em turno único, vedadas novas alterações (art. 7.º, §§ 3.º e 4.º).

O Plenário das Casas deve decidir, em apreciação preliminar, sobre o atendimento dos pressupostos constitucionais de relevância e urgência e sobre a adequação financeira ou orçamentária. Na sequência, deliberará sobre o mérito da medida provisória. Caso decida pelo não atendimento dos pressupostos constitucionais ou pela inadequação financeira ou orçamentária, a medida provisória será arquivada (art. 8.º e seu parágrafo único).

A Resolução também disciplina, nos arts. 9.º e 10, o regime de urgência e o consequente sobrestamento da pauta, bem como a hipótese de prorrogação automática da medida provisória não apreciada no prazo legal.

Prevê também (art. 11) que a comissão mista se reunirá para elaboração de projeto de decreto legislativo nas hipóteses de: (i) finalização do prazo sem apreciação da medida; (ii) aprovação do projeto de lei com alteração em relação à proposta no parecer da comissão mista, e (iii) rejeição da medida provisória.[75] Na hipótese de o decreto legislativo não ser editado no prazo de sessenta dias após a rejeição ou perda da eficácia da medida provisória, como já analisado anteriormente, as relações jurídicas constituídas e decorrentes de atos praticados durante sua vigência conservar-se-ão por ela regidas, nos termos do art. 62, § 11, da CF, e art. 11, § 2.º da Resolução.

Aprovada a medida provisória sem alteração de mérito, será o seu texto promulgado pelo Presidente da Mesa do Congresso Nacional (art. 12). Aprovado o projeto de lei de conversão, será enviado, pela Casa em que houver sido concluída a votação, à sanção do Presidente da República (art. 13), sempre observado o especificado no art. 62, § 12, da Constituição.[76]

---

74. Caso a Câmara não conclua a votação no prazo, o Senado pode iniciar a discussão da medida provisória, mas deverá aguardar a deliberação da Câmara para votá-la (art. 7, § 2.º).

75. Se a comissão mista ou o relator designado não apresentar projeto de decreto legislativo no prazo de 15 (quinze) dias, contado da decisão ou perda de sua vigência, poderá qualquer Deputado ou Senador oferecê-lo perante sua Casa respectiva, que o submeterá à Comissão Mista, para que esta apresente o parecer correspondente (art. 11, § 1.º).

76. Com a redação da EC 32/01: "Art. 62. *Omissis.* § 12. Aprovado projeto de lei de conversão alterando o texto original da medida provisória, esta manter-se-á integralmente em vigor até que seja sancionado ou vetado o projeto."

Como se pode perceber, o procedimento de conversão não se confunde com o comum, mesmo tramitando em regime de urgência, de produção legislativa. A lei de conversão não pode, por isso, ser considerada um modo ordinário de manifestação do Congresso Nacional. Deste fato emergem importantes consequências jurídicas, inclusive a permanência, na lei decorrente, do vício maculador presente na medida provisória que lhe deu origem.[77]

De outro ângulo, cumpre verificar se o procedimento adotado pelo Congresso Nacional é compatível com a Lei Fundamental da República. Se é certo que uma das consequências da medida provisória é a deflagração do processo legislativo de conversão, então é perfeitamente possível advogar a incompatibilidade do procedimento previsto na Resolução do Congresso Nacional com a disciplina constitucional do processo legislativo. Deveras, o procedimento previsto na Resolução do Congresso Nacional estaria a violar os arts. 48, 57, § 3.º, 64 (*caput* e § 3.º), 65 (*caput* e parágrafo único) e 66 da Constituição da República, pouco importando o argumento segundo o qual os prazos constitucionais definidos no art. 62, cuja inobservância implica caducidade do provimento, inviabilizaria a tramitação da lei de conversão como projeto convencional de lei ordinária. A lei de conversão da medida de urgência não é tratada, expressamente pela Constituição, como exceção integral ao procedimento legislativo constitucionalizado. Cumpriria ao Legislativo, observadas as exigências do Constituinte, abreviar os prazos por ele definidos, a fim de converter a medida provisória a tempo de preservar seus efeitos.

Admitindo-se, entretanto, que o art. 62 da Carta Fundamental contempla implícita autorização para o Congresso Nacional dispor, de modo singular e excepcional, sobre o procedimento de conversão, sem observância dos dispositivos retrocitados, então importa aceitar que a lei de conversão decorre de procedimento anômalo, distinto daquele exigido para a lei ordinária. E se isto é certo, a jurisprudência, a propósito das medidas provisórias, erigiu-se a partir de bases equivocadas. Está-se a referir, em especial, à falsa ideia segundo a qual, convertida em lei ordinária, estará suprido eventual vício maculador da medida provisória. O entendimento, parece cristalino, desafia juízo de censura.

A Resolução nº. 1/2002, uma vez promulgada a PEC nº. 91/2019, particularmente em relação ao procedimento e aos prazos antes referidos, deverá se ajustar aos termos desta.

---

77. Este é, inclusive, o entendimento da Corte Constitucional italiana, quando o vício decorrer da ausência dos pressupostos habilitadores para a edição da medida de urgência. É o que foi decidido na *Sentenza* 29/95, conforme se verá adiante.

10

Controle judicial das Medidas Provisórias

Na Itália, o controle jurisdicional das medidas provisórias incide, especialmente, sobre as leis de conversão. Na Argentina, foi o Judiciário que, inicialmente, assentou a possibilidade dos decretos de necessidade e urgência, variando, no entanto, a sua postura quanto à intensidade do controle.[1] Na Espanha, a fiscalização envolve tanto as medidas provisórias, propriamente ditas (os decretos-leis), como também as respectivas leis de conversão. O mesmo se passa no Brasil, já que a Suprema Corte considerou, acertadamente, em ação direta de inconstitucionalidade, tratar-se a medida provisória de ato normativo com força de lei sujeito ao controle jurisdicional de constitucionalidade.

A fiscalização jurisdicional das providências normativas emergenciais pode ocorrer em três níveis. Está-se a referir (i) primeiro, ao controle dos pressupostos de habilitação (se, afinal, estão ou não presentes); (ii) depois, ao controle da matéria objeto da medida provisória (se suporta regramento legislativo

1. Antes de 1994, os decretos de necessidade e urgência não tinham previsão constitucional expressa na Argentina. Na doutrina, havia grande discussão sobre a possibilidade de sua edição. Em 1990, no julgamento do caso "Peralta", a Corte Suprema de Justiça da Nação se manifestou pela constitucionalidade da edição do decreto de necessidade de urgência. Em 1994, o decreto ganhou assento constitucional, sendo disciplinado no art. 99 da Constituição Argentina. Não obstante, os decretos já eram uma prática paraconstitucional conforme relata Ramón Torres Molina (*Absolutismo presidencial:* decretos de necesidad y urgência. Buenos Aires: Ediar, 2001, p. 49-66). O caso "Peralta" é famoso por não ter estabelecido uma baliza temporal para o decreto de necessidade e urgência e por prescindir da posterior ratificação congressual. Quanto à fiscalização da constitucionalidade, o que se verifica é uma alternância de posições. Em determinados momentos, como no caso "Rodriguez" e "Guida", entendeu-se que o espaço por excelência da fiscalização dos decretos de necessidade e urgência é o Congresso. Todavia, no julgamento do caso "Verrochi", a Corte decidiu por maioria que cabe ao Judiciário avaliar a constitucionalidade do decreto, considerando a presença ou não dos pressupostos habilitadores. Segundo Mario Midón (*Decretos de necesidad y urgencia* – en la Constitución Nacional y los ordenamientos provinciales. Buenos Aires: La Ley, 2001, p. 54-57, 179-181, 185-193, 211-212), a extensão do controle de constitucionalidade dos decretos de necessidade e urgência é ainda um tema pendente de sistematização.

provisório ou não); e, (iii) finalmente, ao controle da constitucionalidade da matéria propriamente dita (se é compatível, desde o ponto de vista substantivo, com as normas e princípios plasmados no Estatuto Fundamental).[2]

O Judiciário vem exercendo a última dimensão de controle plenamente. Quanto às primeiras, não há dúvida de que poderia exercê-la, se assim desejasse.

Analise-se o problema do tratamento, por medida provisória, de determinado campo substantivo. Como visto, antes da EC 32/2001, a doutrina procurava delimitar de modo geral o âmbito material de incidência das medidas provisórias. No entanto, o esforço não sensibilizou o STF.[3] Nesse campo, os julgadores preferiam, ao que tudo indica, a segurança da interpretação literal ao eventual risco da uma lógica hermenêutica mais exigente. É indubitável que a exagerada

---

2. Uma interessante análise a ser feita pelo Tribunal é da conexão das disposições da medida provisória com a circunstância relevante e urgente alegada pelo Presidente. Há necessidade de uma conexão entre o conteúdo da medida provisória e a questão a ser resolvida pela intervenção normativa do Executivo. Nesse sentido, as Cortes Constitucionais Italiana e Espanhola têm realizado esse juízo de conexão (RODRIGUES, Ana Cláudia. *A medida provisória no controle abstrato de constitucionalidade:* a compreensão da força de lei, dos pressupostos de relevância e urgência e da apreciação parlamentar e a sua repercussão na ação direta de inconstitucionalidade de medida provisória. Dissertação de mestrado, Programa de Pós-Graduação em Direito da Universidade de Brasília, Brasília, 2001).

3. Na ADI/MC 162 (rel. Min. Moreira Alves, *Informativo do STF* n. 84, 24.09.1997), o Supremo afirmou a relevância jurídica da arguição de inconstitucionalidade da disciplina de matéria penal por medida provisória. Todavia, não suspendeu cautelarmente o dispositivo da medida provisória que previa a disciplina de prisão temporária: "nessa oportunidade processual, não se evidencia manifesta incompatibilidade entre o § 1.º, do art. 3.º, da MP 111 e o disposto no inc. LXIII, do art. 5.º da CF, em face do que se contém no § 2.º do art. 3.º daquela, quanto à comunicação do preso com o seu advogado". Mas, no RE 254.818-9/PR, j. 08.11.2000, rel. Min. Sepúlveda Pertence, *DJ* 19.12.2002), o Supremo assentou que a inadmissibilidade de medida provisória em matéria penal não abarca as hipóteses de norma benéfica, reforçando, todavia, seu não cabimento para veicular norma penal incriminadora. Na ADI/MC 691-TO (rel. Min. Sepúlveda Pertence, *DJU* 19.06.1992, p. 9.519), o Supremo declarou a inconstitucionalidade formal de medida provisória que fixava vencimentos da magistratura estadual, em detrimento da iniciativa reservada aos Tribunais de Justiça. Na ADI/MC 1516 (rel. Min. Sydney Sanches, *DJU* 13.08.1999), a Corte também estabeleceu a impossibilidade de medida provisória para tratamento de matéria reservada à lei complementar. Todavia, a jurisprudência do STF já era pacífica antes da EC 32/2001 quanto à legitimidade da disciplina de matéria de natureza tributária por meio de medida provisória. ADI 1.667, rel. Min. Ilmar Galvão, *DJU* 21.11.97. Para análise mais pormenorizada do tema, remete-se ao Capítulo 7.

deferência no tratamento das questões constitucionais contribuiu, e muito, para o recorrente abuso do Executivo no desempenho da função legiferante.[4]

Como se sabe, a medida provisória tanto pode introduzir norma geral e abstrata quanto norma de efeitos concretos.[5] Na jurisprudência consolidada no STF, somente as primeiras estariam sujeitas ao controle abstrato.[6] A posição desafia questionamento. Afinal, muitas medidas de urgência são adotadas para introduzir dispositivos concretos na ordem jurídica, tendo em vista o papel que, nos dias atuais, o Poder Executivo desempenha. A permanecer semelhante entendimento, boa parte das medidas provisórias apenas sofrerá eventual contraste judicial em sede de controle difuso-incidental de constitucionalidade, uma vez admitida a hipótese de seu cabimento.[7] Contudo, em análise de medida cautelar na ADI 4048/DF, na qual se discute a constitucionalidade da MP 405/2007, que abriu crédito extraordinário em favor da Justiça Eleitoral e de diversos órgãos do Poder Executivo, o Supremo Tribunal Federal sinalizou uma mudança de entendimento, pois conheceu da ação mesmo tratando-se de ato jurídico de efeitos concretos. No voto, o relator, Ministro Gilmar Ferreira

---

4. Não se desconhece que a questão do abuso é delicada, envolvendo múltiplas dimensões, como a governabilidade, a fragmentação da representação política, a inexistência de coesão partidária e a conivência da maioria eventual instalada no Legislativo, maioria que prefere, muitas vezes, não votar a medida provisória para não assumir eventual ônus político decorrente de normativa impopular. Porém, tudo isto não é suficiente para dotar o Presidente da República de poder para legislar sobre toda e qualquer matéria, presentes ou não os requisitos constitucionais, através de medidas emergenciais que guardam, inevitavelmente, reitere-se, uma natureza excepcional.
5. Aliás, na Itália, a Lei 400 de 1988, no art. 15, § 3º, prevê que "os decretos devem conter medidas de imediata aplicação e seu conteúdo deve ser específico, homogêneo e correspondente ao título."
6. ADI 1.789-DF, rel. Min. Néri da Silveira, *DJU* 12.06.1998. ADI/MC/QO 1937-PI, j. 20.06.2007, rel. Min. Sepúlveda Pertence.
7. "Medida provisória: limites materiais à sua utilização: autorizações legislativas reclamadas pela Constituição para a prática de atos políticos ou administrativos do Poder Executivo e, de modo especial, as que dizem com o orçamento da despesa e suas alterações no curso do exercício: considerações gerais. Ação direta de inconstitucionalidade, entretanto, inadmissível, não obstante a plausibilidade da arguição dirigida contra a MP 1.600/97, dado que, na jurisprudência do STF, só se consideram objetos idôneos do controle abstrato de constitucionalidade os atos normativos dotados de generalidade, o que exclui os que, malgrado sua forma de lei, veiculam atos de efeito concreto, como sucede com as normas individuais de autorização que conformam originalmente o orçamento da despesa ou viabilizam sua alteração no curso do exercício. Ação direta de inconstitucionalidade: normas gerais e individuais; caracterização". ADI 1716, rel. Min. Sepúlveda Pertence, *Informativo do STF* 104, 02.02.1998.

Mendes, asseverou que embora a jurisprudência anterior fosse no sentido de que os atos do Poder Público sem caráter de generalidade não se prestam ao controle abstrato de normas, outra deveria ser a interpretação quanto aos atos editados sob a forma de lei, ou seja, leis formais. Para o Ministro, não há razões de índole lógica ou jurídica para excluir as leis formais do âmbito do controle abstrato da constitucionalidade. A cautelar foi deferida e, após, suspenso o julgamento da ação direta.[8]

Em relação ao controle dos pressupostos autorizadores da medida provisória, a postura do Supremo Tribunal Federal tem sido tímida.[9] Temia-se que, neste particular, a Excelsa Corte reproduzisse o entendimento adotado por ocasião dos antigos decretos-leis. Deveras, no contexto da Constituição de 1967, a Suprema Corte Federal manifestou-se no sentido de que "os pressupostos de urgência e relevante interesse público escapam ao controle do Poder Judiciário",[10] por envolverem, afinal, questão

---

8. STF, ADI 4048 MC/DF, j. 17.04.2008, rel. Min. Gilmar Ferreira Mendes (Informativo 502). Em 17.02.2011 (Relatoria para a Min. Ellen Gracie), restou prejudicada a ação pela perda superveniente do objeto. Alguns julgados posteriores que seguem este entendimento: ADI 4049 MC (j. 05.11.2008 – Relator Min. Carlos Britto); ADI 4426 (j. 09.02.2011 – Rel. Min. Dias Toffoli); ADI 5287 (j. 18.05.2016 – Rel. Min. Luiz Fux); ADI 5468 (j. 30.06.2016 – Rel. Min. Luiz Fux).

9. De maneira geral, a doutrina critica a postura contida do Supremo Tribunal Federal, defendendo um controle mais incisivo. Nesse sentido: CHIESA, *Medidas provisórias:* regime jurídico-constitucional, p. 144-147; CONCEIÇÃO, Márcia Dominguez Nigro. *Conceitos indeterminados na Constituição:* requisitos de relevância e urgência (art. 62 da CF). São Paulo: Celso Bastos, 1999, p. 105-117; CUNHA, Sérgio Sérvulo da. Anamnese da medida provisória. *Revista Trimestral de Direito Público*, São Paulo, n. 26, p. 77-114, 1999; GRECO, Marco Aurélio. Reedição de medidas provisórias e abuso do poder de legislar. *RDDT*, n. 66, p. 130-156; MASSUDA, Janine Malta. *Medidas provisórias:* os fenômenos na reedição. Porto Alegre: Sergio Antonio Fabris, 2001, p. 175; STEINMETZ, op. cit., p. 163-164. Em sentido contrário, defendendo uma postura de contenção do Judiciário na análise das medidas provisória: KADRI, Omar Francisco do Seixo. *O Executivo legislador:* o caso brasileiro. Coimbra: Coimbra, 2004, p. 214-220.

10. Conferir, a este respeito, RE 62731-GB (rel. Min. Aliomar Baleeiro, j. 23/08/67, *RTJ* 45:559); RE 62739-SP (rel. Min. Aliomar Baleeiro, j. 23.08.1967, *RTJ* 44: 54); RE 74096-SP (rel. Min. Oswaldo Trigueiro, j. 13.06.1972, *RTJ* 62:819). Saliente-se que já no julgamento do RE 62731, o então Ministro Evandro Lins sustentou, contrariando a interpretação de 'segurança nacional' do Ministro Hermes Lima, que "a urgência ou o interesse público relevante, ao invés de ampliar o poder do Presidente da República, aí funciona como condição restritiva: só nos casos de urgência ou de interesse público relevante é que ele poderá expedir decretos-leis sobre matéria de segurança nacional e finanças públicas. V. Exa. está interpretando esse dispositivo como sendo ampliativo dos poderes do Presidente da República, quando essas condições são restritivas."

política.[11] Com a Constituição de 1988, a Corte Constitucional poderia rever o entendimento. Foi assim que, em 1989, o Supremo, em *leading case*, conferindo matiz à posição anterior, admitiu o controle dos pressupostos da medida provisória, todavia apenas na hipótese de excesso do poder de legislar, diante de abuso manifesto do juízo discricionário de oportunidade e de valor do Presidente da República.[12] O

A doutrina, porém, já adotava postura distinta do Supremo, preconizando pelo controle judicial da urgência e do interesse público relevante do decreto-lei: SAMPAIO (*O processo legislativo*. 2. ed. Belo Horizonte: Del Rey, 1996, p. 84-85), ATALIBA (*O decreto-lei na constituição de 1967*. São Paulo: Ed. RT, 1967, p. 29) e Celso Antônio BANDEIRA DE MELLO (O decreto-lei no direito brasileiro. *Revista de Direito Público*, São Paulo, n. 72, out.-dez. 1964).

11. Assim decidiu, não obstante, o STF na ADI 1.667, rel. Min. Ilmar Galvão, DJU 21.11.1997: "Contrariamente ao sustentado na inicial, não cabe ao Poder Judiciário aquilatar a presença, ou não, dos critérios de relevância e urgência exigidos pela Constituição para a edição de medida provisória."

12. Como demonstra Ávila (*Medida provisória na constituição de 1988*. Porto Alegre: Sergio Antonio Fabris, 1997, p. 84-85), quanto aos pressupostos de relevância e urgência, o STF parece admitir que não estão de todo imunes ao controle jurisdicional, circunscrevendo o controle à verificação de abuso, embora ressalvada a apreciação discricionária que integra a prática do ato de edição.

José Celso de Mello Filho (Considerações sobre as medidas provisórias. *Revista da Procuradoria Geral do Estado de São Paulo*, São Paulo, n. 33, p. 206, jun. 1990), no Supremo, adota interessante posicionamento: "O Chefe do Executivo da União concretiza, na emanação das medidas provisórias, um direito potestativo, cujo exercício – presentes as razões de urgência e relevância – só a ele compete decidir. Sem prejuízo, obviamente, de igual competência do Poder Legislativo, a ser exercida *a posteriori e*, quando tal se impuser, dos próprios Tribunais e juízes. Esse poder cautelar geral – constitucionalmente deferido ao Presidente da República – reveste-se de natureza política de caráter discricionário. É ele, o Chefe de Estado, o árbitro inicial da conveniência, necessidade, utilidade e oportunidade de seu exercício. Essa circunstância, contudo, não subtrai ao Judiciário o poder de apreciar e valorizar, até se for o caso, os requisitos constitucionais de edição das medidas provisórias. A mera possibilidade de avaliação arbitrária daqueles pressupostos, pelo Chefe do Poder Executivo, constitui razão bastante para justificar o controle jurisdicional. O reconhecimento de imunidade jurisdicional, que pré-excluísse de apreciação judicial o exame de tais pressupostos – caso admitido fosse – implicaria consagrar, de modo inaceitável, em favor do Presidente da República, uma ilimitada expansão de seu poder para editar medidas provisórias, sem qualquer possibilidade de controle, o que se revelaria incompatível com o nosso sistema constitucional." Ainda, no voto proferido na ADC/MC 11-DF (rel. Min. Cezar Peluso, *DJU* 29.06.2007), o Ministro assentou que "a carga de discricionariedade política, subjacente à formulação inicial, pelo Chefe do Executivo, do juízo concernente aos requisitos da urgência e da relevância, não pode legitimar o exercício abusivo da prerrogativa extraordinária de legislar. Vê-se, pois, que a relevância e a urgência – que se revelam noções redutíveis

controle excepcional, diante da natureza política do juízo do Presidente da República, limitar-se-ia à censura do excesso do poder de legislar.[13] Um longo caminho ainda deve ser perseguido pela Suprema Corte. Alguns Ministros, inclusive, têm, de modo incansável, mas nem sempre com sucesso, procurado convencer seus pares a respeito da necessidade de uma atuação mais firme.[14] O modo de composição do

---

à categoria de conceitos relativamente indeterminados – qualificam-se como pressupostos constitucionais legitimadores da edição das medidas provisórias. Constituem requisitos condicionantes do exercício desse poder extraordinário de legislar que a Carta Política outorgou ao Presidente da República."

13. É preciso dizer que a teoria do "excesso do poder de legislar" é antiga na jurisprudência do Supremo. O MS 1423, j. 22.02.1951, rel. Min. Luis Gallotti, tem a seguinte ementa: "As medidas políticas são discricionárias apenas no sentido de que pertencem à discrição do Congresso ou do governo os aspectos de sua conveniência ou oportunidade, a apreciação das circunstâncias que possam autorizá-las; mas essa discrição legislativa ou administrativa não pode exercitar-se fora dos limites constitucionais ou legais." *Revista Forense*, vol. 152, p. 149, mar.-abr. 1954.

Em relação ao controle dos pressupostos da medida provisória, conferir: ADI/MC l62, rel. Min. Moreira Alves, j. 14.12.1989, *DJU* 19.09.1997. Admitindo o controle dos pressupostos de relevância e urgência: ADI/MC 526-DF (rel. Min. Sepúlveda Pertence, j. 12.12.1991, *RTJ* 145:101); ADI/MC 1.417-0-DF (rel. Min. Otávio Gallotti, j. 07.03.1996, *LEX* 215:35); RE 223021-PE (rel. Min. Carlos Velloso, DJU 26.06.1998). Nas ADI 526 e 1.417-0, o STF decidiu que a fase de julgamento cautelar era imprópria para aferição do pressuposto de urgência, pois esta matéria envolvia, em última análise, a afirmação do abuso do poder discricionário, na sua edição. Todavia, na ADI/MC 1.753-DF (rel. Min. Sepúlveda Pertence, *DJU* 12.06.1998), embora afirmando a excepcionalidade desta espécie de censura judicial, suspendeu cautelarmente medida provisória em virtude de ausência do pressuposto de urgência à sua edição e na ADC/MC 11-DF (rel. Min. Cezar Peluso, *DJU* 29.06.2007) também analisou os pressupostos da medida provisória em questão, deferindo a liminar, embora reiterando que o controle judicial dos pressupostos habilitadores só se faz em caráter excepcional.

Assim está redigida a ementa da decisão proferida na ADI 1.397 (rel. Min. Carlos Velloso, j. 28.04.1997): "Reedição de medida provisória não rejeitada expressamente pelo Congresso Nacional: possibilidade. Precedentes do STF: ADI 295-DF e ADI 1.516-RO. Requisitos de urgência e relevância: Caráter político: em princípio, a sua apreciação fica por conta dos Poderes Executivo e Legislativo, a menos que a relevância ou a urgência evidenciar-se improcedente. No sentido de que urgência e relevância são questões políticas, que o Judiciário não aprecia: RE 62.739-SP, Baleeiro, Plenário, RTJ 44/54; RDP 5/223. Pedido de suspensão cautelar da alínea c, do § 1.º do art. 9.º da Lei 4.024/61, com a redação da Lei 9.131/95, bem assim das alíneas *d, e, f* e g do mesmo artigo: indeferimento. Medida cautelar indeferida."

14. Na ADI 1441-DF (rel. Min. Octavio Gallotti, j. 28.06.1996), o Ministro Marco Aurélio foi voto vencido, ao deferir a cautelar sob o fundamento de que não via, na espécie, a urgência necessária à edição da medida provisória. Na ADI 1576 (rel. Min. Marco

Supremo Tribunal Federal pode, em parte, explicar o tipo de atuação que tem levado a termo neste sítio.[15]

Na Itália, há doutrina no sentido de que os pressupostos de habilitação da medida provisória substanciam conceitos cuja valoração compete, exclusivamente, ao Governo, que a edita, e ao Parlamento, que a converte em lei.[16] A doutrina mais recente, entretanto, admite a possibilidade de controle jurisdicional. É o caso de Zagrebelsky, por exemplo, para quem o controle, por parte da Corte Constitucional, haverá de ater-se não ao mérito da valoração política em relação à necessidade e urgência, mas à congruência em relação ao escopo constitucionalmente estabelecido. Este tipo de controle, que atende a uma hipótese de excesso de poder, na forma de desvio, foi entendido como admissível quando os pressupostos "revelem-se manifestamente insubsistentes, ou quando ocorra um contraste evidente entre a alegada situação de necessidade e o conteúdo do próprio provimento".[17] Não é outro o pensamento de Biscaretti di Ruffia. Para o autor, deve ser relevado que "(...) além do acenado controle político das Câmaras ao ato de conversão, subsistirá também um controle jurídico por parte da Corte Constitucional (art. 134, I, Constituição), que poderá verter não somente sobre os elementos formais do decreto e sobre a observância dos termos para a apresentação e conversão, mas mesmo sobre o requisito da urgente necessidade (seja limitadamente ao vício de legitimidade do decreto em exame, definido pelos administrativistas como excesso de poder".[18] (Tradução livre).

Aurélio, j. 16.04.1997), os Ministros Celso de Mello e Sepúlveda Pertence foram vencidos, pois concediam a liminar por entenderem que não haveria urgência a justificar a edição da medida provisória.

Conferir também, nesse sentido, voto vencido do Min. Marco Aurélio na ADI 1397-DF (rel. Min. Carlos Velloso, j. 28.04.1997) e na ADI/MC 1754-DF (rel. Sydney Sanches, j. 12.03.1998); voto do Ministro Marco Aurélio como relator na ADI/MC 1849-DF (j. 19.08.1998, Informativo do STF 119, de 26.08.1998).

15. Mantido o modo de investidura atualmente adotado pela Constituição, defende-se uma maior participação da sociedade civil na escolha dos Ministros do STF. Quanto ao Senado, não há dúvida de que deve conduzir mais seriamente o relevante papel a ele conferido pela norma constitucional.

16. É o caso, por exemplo, de G. Baschieri, L. Bianchi d'Espinosa, C. Giannattasio, G. Solazzi, U. Gragola e L. Preti, segundo informa Paladin (Decreto-legge. *Novissimo Digesto Italiano*, Milano, vol. 5, p. 290, 1960). Igualmente, Alfonso Tesauro (*Istituzioni di diritto pubblico*. 12. ed. Napoli: Jovene, 1957, p. 124).

17. ZAGREBELSKY, Gustavo. *Manuale di diritto costituzionale*: il sistema delle fonti del diritto. Torino: UTET, 1993. vol. I, p. 178-179.

18. RUFFIA, Paolo Biscaretti di. *Diritto costituzionale*: istituzioni di diritto pubblico. 10. ed. Napoli: Jovene, 1974, p. 486.

Em Seminário de Estudos realizado pela Corte Constitucional Italiana nos anos noventa, Alessandro Pizzorusso manifestou-se sobre a questão dos pressupostos de necessidade e urgência do *decreto-legge*. O autor afirmou que mudou sua opinião quanto à qualificação do vício derivado da insubsistência dos pressupostos constitucionais do decreto-lei. Agora, essa condição deve ser considerada um vício de legitimidade e não de mérito. Tal vício pode ser levantado seja pelo Presidente da República (obviamente, somente nos casos mais evidentes), seja pela Corte Constitucional: não se deve, de fato, considerar mais em vigor a norma da Lei 100 de 1926 que reservava esta valoração às Câmaras, de forma exclusiva; nem mais se sustenta tratar-se de uma *political question*, dado que os requisitos de necessidade e urgência, contrariamente ao sustentado por Esposito, revestem-se de caráter objetivo e não subjetivo.

A Corte Constitucional italiana sinalizou a possibilidade de ampliar o controle dos pressupostos do *decreto-legge* para além dos estreitos limites do território do 'excesso de poder legislativo', de forma a estendê-lo ao momento da conversão em lei, tornando possível que a própria lei de conversão seja declarada inconstitucional por ausência dos pressupostos de necessidade e urgência para adoção do *decreto-legge*. Assim decidiu na Sentença (12 gennaio) 27 gennaio 1995 n. 29 – *Pres.* Casavola – *Red.* Baldassarre:

"Controle pela Corte Constitucional dos pressupostos de necessidade e urgência do decreto-lei. A preexistência de uma situação de fato que comporte a necessidade e urgência na utilização de um instrumento excepcional, como o decreto-lei, constitui um requisito de validade constitucional da ação deste ato, de modo que a eventual evidente ausência daquele pressuposto configura tanto um vício de legitimidade constitucional do decreto-lei, na hipótese adotado fora do âmbito de possibilidades de aplicação constitucionalmente previstas, quanto um vício *in procedendo* da própria lei de conversão, tendo esta última, no caso hipotetizado, valorado erroneamente a existência de pressupostos de validade, na realidade insubsistentes, convertendo em lei um ato que não podia ser legítimo objeto de conversão. Portanto, não existe nenhuma preclusão a fim de que a Corte Constitucional proceda ao exame do decreto-lei ou da lei de conversão sob o perfil do respeito dos requisitos de validade constitucional relativos à preexistência dos pressupostos de necessidade e urgência, na medida em que o correlato exame das Câmaras em sede de conversão comporta uma valoração de tipo diverso e, precisamente, de tipo nitidamente político seja com relação ao conteúdo da decisão, seja com relação aos efeitos da mesma".[19] (Tradução livre).

19. *Giurisprudenza Costituzionale*, n. 1, Milano, gennaio-febbraio 1995.

O Direito italiano, como se percebe, admite o controle sobre os pressupostos da decretação de necessidade, embora ainda limitado ao território do excesso de poder legislativo.[20] Todavia, o entendimento inaugurado com a *Sentenza* 29/95 não foi adotado nas decisões ulteriores da Corte, levando Roberto Romboli a observar, a esse respeito, que "a abertura operada por meio da Sentença 29/1995 resultou, pois, mais aparente do que real (...)".[21]

Com efeito, a Corte constitucional italiana sempre procurou adotar uma postura deferente frente à possibilidade de revisão dos pressupostos habilitadores da decretação de urgência, afirmando ser-lhe legítimo analisá-los, tão somente, quando sua falta fosse "evidente", "clara" ou "manifesta".[22] Tal entendimento, contudo, não apenas é resgatado para ser colocado em prática, como, também, assume novo matiz após a *Sentenza 9 maggio 2007 n. 171 – Pres.* Bile – *Red.* Amirante.

Na ocasião, tratou-se do exame de constitucionalidade de artigo de decreto-lei que excluía a hipótese de inelegibilidade ou perda de mandato quando sobre o candidato pesasse condenação pelo crime de peculato de uso. A decisão da *Sentenza* 171/2007 atesta não só a inconstitucionalidade do referido artigo, mas, igualmente, ressalta que o vício da medida não pode ser sanado pela lei de conversão. Com relação ao decreto-lei, em específico, mostra que o dispositivo atacado não guarda qualquer relação com o preâmbulo do decreto, tampouco

---

20. LAVAGNA, Carlo. 6. ed. Torino: UTET, 1993, p. 306. Ainda: PALADIN, *Commentario*..., p. 209. Este autor informa que o controle judicial das premissas justificativas do decreto-lei (necessidade e urgência) estava expressamente excluído no velho sistema da Lei de 31 de janeiro de 1926, n. 100, o que equivalia a excluir qualquer tipo de controle. Por este motivo, e sobretudo em vista do existente controle da Corte Constitucional sobre a legitimidade das leis e dos atos com força de lei, uma importante doutrina (A. Giugni, P. Biscaretti di Ruffia, Mortati) entende que hoje se deve admitir um controle jurisdicional sobre a subsistência das premissas justificativas do decreto-lei. Contra: G. Baschieri, L. Bianchi D'Espinosa, C. Giannattasio, G. Solazzi, U. Fragola, L. Preti.

21. ROMBOLI, Roberto. Decreto-legge e giurisprudenza della Corte costituzionale. In: SIMONCINI, Andrea (Org). *L'emergenza infinita*. La decretazione d'urgenza in Italia. Macerata: EUM, 2006, p. 114.

22. Nesse ponto, ROMBOLI (ibidem, p. 115-116) observa que, a partir do momento em que a Corte passa a exigir que a ausência de pressupostos seja "evidente", faz com que o decreto-lei possa sujeitar-se a dois tipos de vícios distintos: a ausência simples de pressupostos, tal qual previsto na Constituição, e a ausência "evidente" daqueles mesmos pressupostos. Este último caso, segundo Romboli, teria sido criado pela Corte justamente porque a verificação daquela ausência simples seria competência reservada do Parlamento; ao passo que, se evidente, a falta dos pressupostos poderia ser legitimamente controlada pela Corte Constitucional. Isso demonstra a postura deferente adotada pela Corte italiana após a sentença 29/1995.

com o restante do corpo normativo. Além disso, destaca que o dispositivo versa sobre matéria eleitoral, vedada ao âmbito da legislação de urgência, em face do previsto nos arts. 15, § 2.º, *b*, da Lei 400 de 1988, e 72, § 4.º, da Constituição Italiana. Por fim, reconhece que, de fato, o Judiciário não pode substituir-se ao Parlamento, ressalvando que, por terem os pressupostos habilitadores conteúdo elástico, a Corte sempre optou pela postura de autocontenção. Contudo, no caso em exame não restaram demonstrados os requisitos de extraordinária necessidade e urgência, de modo que "a utilização do decreto-lei (...) não pode sustentar-se na apodítica enunciação da existência das razões de necessidade e de urgência, nem pode exaurir-se na constatação da razoabilidade da disciplina que se está a introduzir."[23]

Já no que toca à ineficácia sanatória da lei de conversão, a Corte resgata o entendimento inaugurado na sentença 29/1995, que anunciou a possibilidade de controle jurisdicional dos pressupostos habilitadores, mesmo depois da conversão em lei, mas desde que sua falta fosse evidente, sob o argumento de que a lei de conversão seria eivada de vício formal, *in procedendo*. Nessa mesma linha, a sentença 171 de 2007 acrescentou que (i) afirmar que a lei de conversão sana, em qualquer caso, os vícios do decreto-lei, significaria atribuir ao legislador ordinário o poder de alterar a competência normativa primária estabelecida constitucionalmente entre Parlamento e Executivo; e (ii) a eficácia imediata do decreto-lei, inovando no mundo jurídico, condiciona não só o Governo, quanto à assunção de responsabilidade política, mas também o Parlamento, que deverá controlar os atos emanados de órgão que não possui, em regra, poder para legislar.

A recente sentença é paradigmática por ser a primeira vez que a Corte constitucional declara a inconstitucionalidade de dispositivo de decreto-lei pela ausência dos pressupostos constitucionais habilitadores,[24] dentre outros fundamentos. Merece destaque, contudo, a observação feita por um dos primeiros comentadores da decisão, Alfonso Celotto, no sentido de que o que mais intriga acerca do julgado é o fato de seus fundamentos não terem nada de excepcional, mas, simplesmente, atenderem a um postulado clássico do direito constitucional:

"(...) o poder normativo corresponde, em geral, ao Parlamento, para o qual o decreto-lei representa uma derrogação. Disso decorre que seja avaliado

23. Sentença 171/2007, disponível em http://www.cortecostituzionale.it. Acesso em: 04.08.2020.

24. Interessante observar, aqui, a distinção entre a declaração de inconstitucionalidade por ausência de pressupostos (inovação da sentença 171/2007) e a declaração de inconstitucionalidade por vício de reedição (sentença 360/1996).

com rigor o uso que o Governo faz desse seu poder. Não é, de fato, suficiente o controle inevitavelmente político operado em sede de conversão pelas Câmaras, enquanto, de qualquer forma, se ressalve a legitimidade da disciplina das fontes, o que se liga à tutela dos direitos fundamentais. Com relação ao caso em espécie, tratando-se, por outro lado, de norma intrusa, não subsiste uma correta alegação das razões de extraordinária necessidade e urgência, pelo que não se pode não considerar inconstitucional a medida governativa.

É de se refletir que uma motivação desse gênero poderia ter sustentado, sem qualquer problema, uma declaração de inconstitucionalidade de decreto-lei no ano de 1957, de 1977 ou de 1997."[25]

Nesses termos, o autor entende que as razões de decidir não se encontravam "nos parágrafos da decisão" e sim "no contexto institucional no qual a decretação de urgência tem-se desenvolvido". Isso porque, para Celotto, o abuso no manejo dos decretos-lei ao longo das décadas fez com que a Corte, finalmente, deixasse de ter uma posição "aquiescente" com os excessos do Poder Executivo, reinserindo, pois, o decreto-lei em seu "leito natural". Ressalta, por fim, que tal tarefa não resultará apenas do exercício do controle jurisdicional, mas deverá contar, também, com uma profunda reforma constitucional sobre o sistema bicameral.[26]

Na Espanha,[27] a Corte Constitucional, ocorrente abuso, não se nega a promover referido controle. Aceita que os pressupostos de habilitação constituem-se em autênticos limites jurídico-constitucionais da atividade governamental e, como tais, controláveis pela jurisdição constitucional.[28] Segundo Enrique

---

25. CELOTTO, Alfonso. *C'è sempre una prima volta...* (La Corte costituzionale annulla un decreto-legge per mancanza dei presupposti). Disponível em: <http://www.associazionedeicostituzionalisti.it>. Acesso em: 09.06.2008. Algumas reflexões em torno da sentença 171 também podem ser vistas em DICKMANN, Renzo. *Il decreto-legge come fonte del diritto e strumento di governo.* Disponível em: <http://www.federalismi.it>. Acesso em: 09.06.2008.

26. Idem.

27. Sobre isso, entre outros, García de Enterria, *Curso de direito administrativo.* São Paulo: Revista dos Tribunais, 1990 e MACHETTI, Pablo Santolaya. *El regimen constitucional de los decretos-leyes.* Madrid: Tecnos, 1988, p. 225.

28. O Tribunal Constitucional Espanhol decidiu em 31.05.1982, em recurso de inconstitucionalidade promovido contra o real decreto-lei de 19.06.1981, que "em princípio e com razoável margem de discricionariedade, é competência dos órgãos políticos determinar quando a situação, por considerações de extraordinária e urgente necessidade, requer o estabelecimento de uma norma por via de decreto-lei". Entretanto, admite sua competência para em "hipóteses de uso abusivo ou arbitrário, rejeitar a definição que os órgãos políticos façam de uma situação determinada como caso de extraordinária e urgente necessidade, de tal natureza que não possa ser atendida pela

Álvarez Conde, enquanto o Legislativo exerce um controle político e jurídico-constitucional, o Tribunal resolve baseando-se em critérios estritamente jurídico-constitucionais, "cimentados sobre a necessidade de determinar, de uma parte, se foram respeitados ou não os requisitos exigidos na Constituição para que o Governo possa exercer a potestade normativa excepcional de ditar decretos-leis e, de outra, se do conteúdo material da norma deriva-se ou não violação da Constituição (STC 31 de maio de 1982)".[29]

No Brasil, o controle jurisdicional dos pressupostos autorizadores da medida de urgência tem sido reclamado pelos juristas comprometidos com a efetividade da Constituição. Aliás, no regime presidencialista de governo (regime de separação dos poderes por excelência), o controle, como antes afirmado, deve ser ainda mais rigoroso do que aquele experimentado na Itália e Espanha,

---

via de procedimento legislativo de urgência, (...) as razões de extraordinária e urgente necessidade (...)."GARCÍA DE ENTERRIA, Eduardo; FERNÁNDEZ, Tomás-Ramón. *Curso de direito administrativo...*, p. 145.

29. CONDE, Enrique Álvarez. *Curso de derecho constitucional*: el estado constitucional. El sistema de fuentes. Los derechos y libertades. Madrid: Tecnos, 1994. vol. 1, p. 203. Para o autor, o controle jurisdicional dos decretos-lei parece englobar tanto os aspectos materiais como os formais. O Tribunal (STC 31 de maio de 1982) pronunciou-se no sentido de que "o peso que na apreciação do que se considera como extraordinária e urgente necessidade é forçoso conceder ao juízo puramente político dos órgãos aos quais incumbe a direção política do Estado, mas não pode ser obstáculo para estender também o exame sobre a circunstância habilitante para o conhecimento do Tribunal Constitucional, enquanto seja necessário para garantir um uso do decreto-lei adequado à Constituição" (tradução livre), de tal maneira que "o Tribunal poderá, em caso de uso abusivo ou arbitrário, repudiar a definição que os órgãos políticos façam de uma situação determinada como caso de extraordinária e urgente necessidade" (tradução livre). Ou seja, o Tribunal Constitucional afirma sua competência, ainda que reconheça o papel preponderante que corresponde aos órgãos políticos, Governo e Legislativo, assinalando na Sentença 111/1983 que "o Tribunal não poderia, sem ultrapassar as fronteiras de suas funções e de suas responsabilidades, imiscuir-se na decisão do Governo, pois se assim o fizesse restariam alterados os pressupostos da ordem constitucional democrática" (tradução livre). Javier Perez Royo (*Curso de Derecho Constitucional.* 9. ed. Madrid, Barcelona: Marcial Pons, 2003, p. 828) lembra que na Espanha, "Ainda que na doutrina tenha sido privilegiada uma interpretação restritiva do pressuposto de fato habilitante do art. 86.1, CE, o Tribunal Constitucional inclina-se desde o princípio por uma interpretação não restritiva do mesmo. A apreciação da urgência é uma faculdade discricionária do Governo, controlável politicamente pelo Congresso, mas não juridicamente pelo Tribunal Constitucional, exceto quando se faz um uso abusivo e arbitrário da mesma. Esta tem sido a doutrina constante do Tribunal Constitucional (STC 29/1982, 6/1983, 51/1983 e 111/1983)." (Tradução livre).

países que adotam o parlamentarismo.[30] Cumpre ao Judiciário, advoga-se, aceitar que os pressupostos autorizadores da medida provisória e sua valoração não substanciam questão política insuscetível, ou suscetível apenas em caráter excepcional, de apreciação jurisdicional.[31] Afinal, o princípio da inafastabilidade

30. Nesse sentido, conferir trecho do voto do Min. Carlos Velloso, na ADI/MC 526-DF (rel. Min. Sepúlveda Pertence, j. 12.12.1991, *RTJ* 145: 116):

"Deve-se ressaltar que a Constituição de 1988 se inspirou numa constituição parlamentarista, a Constituição Italiana de 1947, para a adoção da medida provisória. Chego a pensar que o art. 62, da Constituição de 1988, do modo como está, resultou de descuido da Assembleia Nacional Constituinte. É natural, no sistema parlamentar de governo, que o gabinete, que é o governo, da confiança do Parlamento, legisle mais livremente, em razão de delegação legislativa constitucional. É que o gabinete é praticamente o Parlamento. Assim, não deve ser, entretanto, num sistema de governo onde as duas funções eminentemente políticas – a função legislativa e a função executiva – estão nitidamente separadas, tal como ocorre no sistema presidencial e onde o chefe de governo não está sujeito a qualquer censura por parte do Parlamento. Por isso, sempre propugnei pela interpretação rigorosa dos dispositivos constitucionais autorizadores da delegação legislativa, para o fim de impor limites à ação do Poder Executivo, em termos de delegação legislativa."

Nesse sentido, o Ministro Sepúlveda Pertence, em voto na ADI 221-0/DF, *DJU* 22.10.1993, *LEX* 184:30), asseverou:

"As medidas provisórias são peças delicadíssimas, talvez as mais delicadas de todo o mecanismo de interdependência e harmonização dos Poderes da Constituição Federal de 88.

"Elas dão um poder excepcional ao Executivo no Brasil, mas do que na matriz italiana do instituto. No Brasil, dá-se esse poder excepcional num quadro de regime presidencialista; portanto, sem a agilidade do mecanismo parlamentar da responsabilidade política, que o governo joga na edição de cada medida provisória, enquanto no presidencialismo, sabemos todos, a responsabilidade do Executivo é uma ilusão constitucional. Restam, portanto – afastadas, em termos de eficácia política, a responsabilidade do Governo –, os contrapesos da rigidez temporal do controle legislativo e da eficácia fulminante e *ex tunc* da rejeição ou mesmo da simples falta de conversão da medida provisória, no prazo de decadência de 30 dias.

"Daí, a meu ver, que tudo o que puder frustrar ou cercear o exercício ou a plena eficácia do controle legislativo sobre as medidas provisórias, haja de ser recusado por inconstitucionalidade, porque desfaz esse sutil equilíbrio dos Poderes, essencial a evitar que o uso e o abuso da medida provisória se transformem num verdadeiro instrumento de ditadura constitucional."

31. À época dos antigos decretos-leis Geraldo Ataliba já defendia (op. cit., p. 28-29) que "A ausência destes pressupostos, alternativamente colocados pela Constituição, vicia o ato produzido, que é sujeito a ser declarado nulo pelos órgãos do Poder Judiciário. Este, em tal caso – por se tratar de exigência constitucional – pode e deve penetrar o mérito do ato e, sobretudo, estender sua indagação aos seus pressupostos de validade.

da apreciação judicial, expressamente referido pela Constituição, implica a plena sindicabilidade dos atos do Poder Público, especialmente quando violadores de direitos.[32] A definição de eventual questão como política não deve ser suficiente para imunizá-la do contraste judicial. Melhor seria que o Judiciário aceitasse os pressupostos de edição como conceitos jurídicos indeterminados.[33] A diferença fundamental entre o poder discricionário e o conceito jurídico indeterminado, no que se liga ao controle jurisdicional, alerta Almiro do Couto e Silva, "está em que, no primeiro o controle restringe-se aos aspectos formais, externos, do ato resultante do seu exercício, ou aos seus pressupostos de validade (competência do agente, forma, desvio de poder etc.), mas não entra na apreciação do juízo de conveniência ou oportunidade da medida (...). Todavia, no pertinente aos atos de aplicação de conceitos jurídicos indeterminados, o controle judicial é em princípio, total, só esbarrando na fronteira da impossibilidade cognitiva de declarar-se a aplicação correta ou equivocada".[34]

Antes de examinar materialmente o conteúdo do decreto-lei, *deve* o Judiciário – para determinar se estava na excepcional competência do Presidente da República produzi-lo – decidir sobre a existência de interesse público relevante que exigisse a medida extraordinária ou a procedência (avaliando os fatos invocados) da alegação de urgência. Em qualquer das duas hipóteses – verificando improcederem as razões alegadas na invocação da competência – declarará nulo o ato."

32. DINIZ, op. cit., p. 209-211. Assim também: REIS, Carlos David S. Aarão. Medida provisória: controle jurisdicional de seus pressupostos. *Revista Trimestral de Direito Público*, São Paulo, n. 8, p. 117, 1994. É sugestiva a afirmação de Antônio Francisco de Sousa (*Conceitos indeterminados no direito administrativo.* Coimbra: Almedina, 1994, p. 236): "Desconfie-se da Administração de prerrogativas, excluída do controlo jurisdicional, mas nunca da Administração que exerce a sua actividade num regime em que existe e funciona efectivamente um controlo jurisdicional independente e imparcial. O controlo jurisdicional, em vez de debilitar, fortalece a ação administrativa."
33. Antônio Francisco de Sousa (ibidem, p. 237-238) sugere, com absoluta felicidade: "O controlo dos conceitos indeterminados exige que o tribunal abandone a posição largamente estática que o tem caracterizado e se torne um órgão dinâmico, com iniciativa, com poder e vontade próprios, que em vez de se submeter à Administração seja ele que a submete à legalidade. Primeiro foi a fase da primazia do Legislativo sobre o Executivo e o Judicial, depois foi o equilíbrio do Executivo ao Legislativo com a secundarização do Judicial e agora é chegado o momento do Judicial se pôr em equilíbrio com os outros dois poderes para que finalmente se realize o jogo altamente civilizado do Estado de direito democrático." Note-se, porém, que o Supremo passou a definir os requisitos de relevância e urgência como conceitos jurídicos indeterminados (Supremo Tribunal Federal. ADC/MC 11-DF, rel. Min. Cezar Peluso. *DJU* 29.06.2007). Não obstante, permanece com uma postura mais contida na sua análise.
34. COUTO E SILVA, Almiro do. Poder discricionário no direito administrativo brasileiro. *Revista de Direito Administrativo*, Rio de Janeiro, n. 179-180, jan./jun. 1990,

Neste particular, propõe Celso Antônio Bandeira de Mello de modo singularmente acertado:

"O Judiciário não sai de seu campo próprio nem invade discrição administrativa quando verifica se pressupostos normativamente estabelecidos para delimitar uma dada competência, existem ou não existem. Uma vez que a Constituição só admite medidas provisórias em face de situação relevante e urgente, segue-se que ambos são, cumulativamente, requisitos indispensáveis para a irrupção da aludida competência. É dizer: sem eles inexistirá poder para editá-las. (...) Segue-se que têm de ser judicialmente controlados, sob pena de ignorar-se o balizamento constitucional da competência para editar medidas provisórias. Com efeito, se 'relevância e urgência' fossem noções só aferíveis concretamente pelo Presidente da República, em juízo discricionário seu, o delineamento e a extensão da competência para produzir tais medidas não decorreria da Constituição, pois teria o âmbito que o Chefe do Executivo lhe quisesse dar. (...) Do fato de 'relevância' e 'urgência' exprimirem noções vagas,

---

p. 59-60. Este autor conclui: "relativamente à diferença, quanto à sindicabilidade judicial, dos atos administrativos que aplicam conceitos jurídicos indeterminados e dos que envolvem exercício de poder discricionário é possível resumir do seguinte modo: (a) o exame judicial dos atos administrativos de aplicação de conceitos jurídicos indeterminados não está sujeito a um limite *a priori* estabelecido na lei. O próprio julgado, no instante de decidir, é que verificará se há um limite, ou não, ao controle judicial. Haverá limite se, em face da complexidade do caso, da diversidade de opiniões e pareceres, não podendo ver com clareza qual a melhor solução, não lhe couber outra alternativa senão a de pronunciar um *non liquet*, deixando intocada a decisão administrativa. (b) O exame judicial de atos administrativos que envolvem exercício do poder discricionário está, *a priori*, limitado pela lei, a qual fixou desde logo as linhas dentro das quais poderá a autoridade administrativa livremente tomar suas decisões. Dentro daquele espaço, qualquer uma delas será juridicamente incensurável e inexaminável pela autoridade judiciária.". Em sentido análogo, Eduardo Garcia de Enterría e Tomás-Ramón Fernández (op. cit., p. 145) observam que conceitos jurídicos indeterminados são "conceitos cujo alcance concreto não pode precisar-se *a priori*, mas sim caso a caso em função das circunstâncias concomitantes e, inclusive, posteriores (um atraso notável na publicação do Decreto-lei obviamente desmentiria a urgência de sua adoção) a sua aplicação e que, a vista destas, não admitem senão uma só solução justa (ou a necessidade existe e é realmente extraordinária e urgente ou não existe com características tais). A apreciação da existência do pressuposto de fato habilitante assim configurado é, obviamente, uma das questões que o órgão legislativo haverá de considerar ao revisar o Decreto-lei, mas, seja qual for a decisão de dito órgão, que, como é lógico, produzir-se-á com base em valorações políticas e não necessariamente jurídicas, não encerra nem limita de modo algum o controle final do Tribunal Constitucional, se a norma chegar a ser posta formalmente a sua apreciação". (Tradução livre).

de contornos indeterminados, resulta apenas que, efetivamente, muitas vezes por-se-ão situações duvidosas nas quais não se poderá dizer, como certeza, se retratam ou não hipóteses correspondentes à previsão abstrata do art. 62. De par com elas, entretanto, ocorrerão outras tantas em que será induvidoso inexistir relevância e urgência ou pelo contrário, induvidoso que existem. Logo, o Judiciário sempre poderá se pronunciar conclusivamente ante os casos de 'certeza negativa' ou 'positiva', tanto como reconhecer que o Presidente não excedeu os limites possíveis dos aludidos conceitos naquelas situações de irremissível dúvida, em que mais de uma intelecção seria razoável. Assim fulminará as medidas provisórias, por extravasamento dos pressupostos que a autorizariam, nos casos de 'certeza negativa' e reconhecer-lhes-á condições de válida irrupção nos demais".[35]

Em direção semelhante transita o ensinamento de Eros Roberto Grau que focaliza, especialmente, o conceito de urgência: "(...) o que ora desejo enfatizar, apenas, é que a declaração de urgência, sobretudo, pode ser questionada perante o Poder Judiciário, por quem se pretenda atingido, em interesse legítimo, pela adoção de medida provisória".[36]

A circunstância de o Congresso Nacional ter convertido a medida provisória em lei (embora sem a presença dos pressupostos habilitantes, embora tratando de matéria insuscetível de disciplina provisória, embora dispondo sobre este ou aquele tema de modo contrário à Constituição) não repele o exercício do controle jurisdicional,[37] como ensinam Marco Aurélio Greco, Eros Roberto Grau e Celso Antônio Bandeira de Mello. Para o primeiro, porque "se a medida

35. MELLO. Celso Antônio Bandeira de. *Curso de direito administrativo*. 25. ed. São Paulo: Malheiros, 2008, p. 133-134.

36. GRAU, Eros Roberto. Medidas provisórias na Constituição de 1988. *Revista dos Tribunais*, São Paulo, n. 658, p. 242, ago. 1990. Não obstante, o autor proferiu voto em sentido diverso no julgamento da ADI/MC 3090-DF, oportunidade em que afirmou que "o vício formal teria o condão de comprometer a medida provisória, não contaminando os efeitos prospectivos da lei de conversão. Vale dizer: a medida provisória teria existido como simples projeto de lei, sem produzir efeitos de nenhuma ordem. Convertido em lei, todos os seus efeitos, efeitos da lei, são produzidos, independentemente da circunstância de ter sido agravado pela medida provisória – o que ora admito somente para efeito de argumentação – o art. 246 da Constituição do Brasil".

37. Aliás, no contexto ainda da Constituição anterior, Geraldo Ataliba (op. cit., p. 29) sustentava que inexistentes os "pressupostos geradores da competência presidencial, a aprovação do Parlamento não tem a virtude de suprir esta insanável deficiência." O Supremo Tribunal Federal, ao que consta, pelo voto do relator do RE 62.739, admitiu que a "inconstitucionalidade não pode ser convalidada pelo Congresso (art. 58, parágrafo único), porque a matéria de segurança nacional não envolve conceito que o legislador possa discricionária e politicamente definir."

provisória é inconstitucional, padece de vício de nulidade que a atinge desde o momento da adoção. Destarte, a conversão ocorrerá tendo em conta algo em si mesmo nulo".[38] Para o segundo, porque: "(...) o processo legislativo consubstancia um procedimento. Nesse sentido, compreende uma sucessão de fases encadeadas, tendentes à realização de um determinado fim. No caso, à produção – criação, modificação ou revogação – de normas de caráter legislativo. O processo legislativo, assim, consubstancia um procedimento, sendo peculiar deste a contaminação dos atos subsequentes pela invalidade dos antecedentes. Assim, desnudado o vício, quando tenha sido tomado por urgente matéria que como tal não se caracterizava, entendo deva ser acionado o Poder Judiciário, a fim de que aprecie a questão. O vício, assim declarado pelo Poder Judiciário, contamina todos os atos subsequentes do procedimento, resultando ineficaz a sua pretendida convalidação, que se teria consumado no momento em que o Congresso Nacional tenha acatado a medida provisória".[39]

O último, por seu turno, está convencido – o que, aliás, demonstrou-se em capítulo anterior – de que a conversão em lei da medida provisória não percorre o mesmo procedimento de elaboração das leis ordinárias.[40] Segue um procedimento específico, abreviado, estipulado, por ora, na Resolução 01/2002 do CN que reduz drasticamente os prazos para estudo e deliberação. Justamente porque a lei de conversão não é lei ordinária, comum, e sim lei que resulta de medida provisória, não tem o condão de convalidar eventual vício presente nesta última. Se a medida provisória, com a presença ou não dos pressupostos, tratou de matéria reservada à lei ordinária insuscetível de tratamento por medida provisória, a sua conversão em lei não é suficiente para sanar o vício que a contamina. Este se mantém, podendo ser pelo Judiciário reconhecido a qualquer tempo.[41] Cumpre

---

38. GRECO, Marco Aurélio. *Medidas Provisórias*. São Paulo: Ed. RT, 1991, p. 48.

39. GRAU, Eros Roberto. Medidas Provisórias... cit., p. 242. Sobre essa posição, Machetti manifesta-se do seguinte modo (*El regimen constitucional de los decretos-leyes*. Madrid: Tecnos, 1988, p. 190): "é um tema polêmico na doutrina italiana se esta especial relação pode levar a considerar ambos os atos normativos como um único procedimento em sentido estrito, ou seja, que os decretos-leis seriam apenas a parte introdutória de um processo legislativo que necessariamente deve concluir, sob pena de inexistência jurídica, em uma lei, e ainda convém assinalar que no plano prático a não 'conversão' é cada dia um fenômeno relativamente mais normal, como consequência do abuso do instrumento (...). A ideia de um 'único procedimento' é sugestiva e pode explicar algumas das peculiaridades que surgem entre decretos-leis e suas respectivas leis de conversão (...)". (Tradução livre).

40. MELLO, Celso Antônio Bandeira de. *Curso*... cit., p. 130-131.

41. Em sentido contrário, posiciona-se o Tribunal Constitucional Espanhol, no sentido de que as limitações materiais que afetam o decreto-lei enquanto fonte do direito não afetam as leis das Cortes Gerais. Como consequência, as normas de um decreto-lei que

concordar, a um tempo, com os três notáveis publicistas.[42] Assim, aliás, com absoluto acerto, decidiu o Tribunal Regional Federal da 2.ª Região.[43] Contudo, o entendimento do Supremo Tribunal Federal é no sentido de que a conversão em lei supre os vícios da medida provisória, exceto aqueles de índole formal.[44]

---

poderiam ser inconstitucionais, não porque materialmente contrárias ao conteúdo da Constituição, mas porque estão contidas em um decreto-lei, deixariam de sê-lo a partir do momento que o decreto-lei fosse convertido em lei por sua tramitação como projeto de lei pelo procedimento de urgência (ar. 86.3, da CE). Na Sentença 182/97 declarou-se inconstitucional o art. 2 do Real Dec.-lei 5/92, mas se considerou constitucional o art. 2 da Lei 28/92. O teor dos artigos é o mesmo, mas um figurava em um decreto-lei e o outro em lei (ROYO, Javier Pérez., op. cit., p. 836).

42. Em sentido semelhante conferir: SANTOS, Brasilino Pereira dos. Incompatibilidade entre medida provisória, o direito processual e o direito penal. *Revista da Procuradoria Geral da República*, São Paulo, n. 1, p. 108-109, out.-dez. 1992: "A existência de lei de conversão não representa, no entanto, a sanação das inconstitucionalidades contidas na medida provisória original". Ainda: SOUZA, Wilson Alves de. Medida provisória em matéria processual: inconstitucionalidade. *Revista de Processo*, São Paulo, n. 65, jan.-mar. 1992; ÁVILA, Humberto Bergmann. *Medida provisória*... cit., p. 112-113 e REIS, Carlos David S. Aarão. Medida provisória: controle jurisdicional de seus pressupostos. *Revista Trimestral de Direito Público*, São Paulo, n. 8, p. 119, 1994. Também, observa Rosario Tur Ausina (*El controle parlamentario de los Decretos-leyes*. Madrid: Centro de Estúdios Políticos y Constitucionales, 2002, p. 154, 169) que "a relação entre o DL e a lei posterior constitui uma situação especial, com características próprias que se depreendem também da especial natureza do poder normativo do Executivo e de seu controle parlamentar, e que se diferencia da derrogação ordinária posto que, extinguindo o DL, deve subsistir a impugnação daquele perante o Tribunal Constitucional. E isso, tal como se demonstrará, não beneficia a quem sustenta os efeitos retroativos-sanatórios da lei, mas sim o contrário" (Tradução livre). A propósito, a autora aponta a evolução no entendimento do Tribunal Constitucional Espanhol que passou a admitir na Sentença 182/97 um controle de constitucionalidade do decreto-lei, não obstante sua conversão em lei. Assim, entende consolidada a distinção entre retroatividade e retroatividade sanatória da lei de conversão. Para a autora, a retroatividade que o Tribunal qualifica como "imprópria" é permitida e não constitui uma correção dos vícios do decreto-lei.

43. É a seguinte a ementa do julgado: "Contribuição Social: natureza não tributária. Medida Provisória 22, de 06.12.88, convertida na Lei 7.689, de 15.12.1988. Inconstitucionalidade e não apenas ineficácia no exercício de 1988: a) matéria de competência originária exclusiva do Congresso Nacional. Não convalidação pela ulterior conversão da MP em lei (...)". Diário de Justiça da União, 14.08.90, p. 17.655. No sentido da impossibilidade da convalidação, o autor deste estudo manifestou-se, ainda na qualidade de membro do Ministério Público Federal, em Parecer oferecido em *mandamus* impetrado contra o bloqueio dos cruzados novos (MP 168/90 e respectiva lei de conversão). O Parecer foi publicado na *RJB* 159:17-27.

44. O Supremo Tribunal Federal entende que a conversão da medida provisória em lei convalida os vícios da primeira, exceto aqueles de natureza formal, como a vedação constante

Recente doutrina italiana considera que a lei de conversão não tem o condão de sanar os vícios do procedimento de formação do *decreto-legge*. Alessandro Pizzorusso diz que este entendimento configura um dos remédios possíveis contra os múltiplos inconvenientes provocados sobre o sistema judiciário e a certeza do direito em face do abuso da decretação de urgência.[45] Alessandro Pace afirma que a lei de conversão deve ser considerada exercício não de uma atividade legislativa ordinária, mas de uma competência atípica, portanto, os pressupostos próprios do decreto-lei devem entender-se também pressupostos da lei de conversão, a qual, se aqueles são viciados, deveria ser considerada também ela ilegítima por desvio de poder (e, então, controlável por parte da Corte Constitucional).[46] Massimo Luciani defende, nesse sentido, que a conversão somente é possível se o decreto-lei é legítimo: não basta observar que a lei de conversão exprime o consenso das Câmaras sobre o comportamento do Governo, dado que a Constituição, como se costuma dizer, protege o Parlamento contra si mesmo.[47]

---

no art. 246 da Constituição Federal. Nesse sentido, decidiu no julgamento da ADI/MC 3090-DF (j. 11.10.2006, rel. Min. Gilmar Mendes. *DJ* 26.10.2007). No julgamento da ADI 3289-DF (j. 05.05.2005, rel. Min. Gilmar Mendes. *DJ* 03.02.2006), o Tribunal também afirmou a convalidação dos vícios referentes aos pressupostos de relevância e urgência. Contudo, os Ministros Marco Aurélio e Carlos Velloso, vencidos na ocasião, sustentaram que os vícios da medida provisória contaminam necessariamente a lei de conversão. Assim, assentou Marco Aurélio que "se a medida provisória é editada à margem do ordenamento constitucional, pouco importa que o Congresso venha a placitá-la, convertendo-a em lei. A apreciação do vício fica sempre submetida, uma vez provocado, ao Supremo Tribunal Federal." No mesmo sentido: ADI 1721-DF, j. 11.10.2006, rel. Min. Carlos Britto, *DJ* 29.06.2007; ADI 3.330, Relator Ministro Ayres Britto, Tribunal Pleno, *DJe* 22.3.2013; ARE 704.520, Relator Ministro Gilmar Mendes, Tribunal Pleno, *DJe* 2.12.2014; ADI 4.049-MC, Relator Ministro Carlos Britto, Tribunal Pleno, *DJe* 8.5.2009; Contudo, a ADI 4717, de Relatoria Min. Cármen Lúcia, j. 05.04.2018, parece ir além ao dizer que a "discussão, quanto à constitucionalidade, é jurídica basicamente em dois itens. Primeiro, sobre a parte formal, se medida provisória poderia ter sido utilizada para o cuidado dessa matéria e, em especial, se os pressupostos constitucionais – o Supremo Tribunal Federal tem determinado que pode e deve verificar urgência e relevância – estariam presentes e, mesmo que estivessem, se essa matéria poderia ter sido tratada pela medida provisória. E outro dado que, em grande parte, se vincula a esse é se, na medida provisória, teria sido observado o princípio da precaução – que já seria uma inconstitucionalidade também material, porque, como disse, atinge a matéria no que se refere à parte formal – e do princípio da proibição do retrocesso ambiental."

45. Un convegno sui decreti-legge non convertiti. *Rivista Trimestrale di Diritto Pubblico*, n. 1, p. 306-307, Milano, 1995.
46. Ibidem, p. 307-308.
47. Ibidem, p. 310.

Por outro lado, não se pode esquecer que o Supremo Tribunal Federal, ainda na vigência da Constituição de 1967, decidiu que os vícios materiais do decreto-lei (lembrando-se que as matérias, suscetíveis de serem objeto do decreto-lei, estavam expressamente previstas pela Constituição) não poderiam ser convalidados pela sua aprovação expressa ou tácita pelo Congresso Nacional. É o que se depreende da análise dos votos de Ministros do Supremo no julgamento do Recurso Extraordinário 62731-GB.

Segundo o Ministro Aliomar Baleeiro, "(...) a inconstitucionalidade não pode ser convalidada pelo Congresso (art. 58, parágrafo único), porque a matéria de segurança nacional não envolve conceito que o legislador possa discricionária e politicamente definir: ela está definida nos arts. 89 a 91 da Constituição. Nem o Congresso pode sanar a eiva contra o art. 150, § 3.º".[48]

O Ministro Gonçalves de Oliveira também sustentou que "se a matéria, evidentemente, pelo seu conteúdo, não diz respeito à segurança nacional, nem a finanças públicas, mas há aprovação implícita do Congresso Nacional, que não se manifestou no prazo de 60 dias sobre esse ato legislativo, fica o projeto convalidado? Então, não é apenas sobre segurança nacional e finanças públicas que pode legislar o Presidente da República. É sobre qualquer matéria. E isto é que o legislador constituinte não quis, deixando ao crivo do Judiciário, do Supremo Tribunal, apreciar o conteúdo dessa lei."[49]

Ainda, o voto do Ministro Lafayette de Andrada, para quem "a Constituição permite que se legisle por decretos-leis com aprovação *a posteriori* do Congresso tácita ou expressa, apenas em se tratando das duas matérias que ela, taxativamente, indica no art. 58: segurança nacional e finanças públicas. Se a matéria não for uma dessas duas, a Constituição não quer que se legisle por essa forma, e o Congresso não pode dizer o contrário, nem por lei, e, menos ainda, pelo silêncio".[50]

Espera-se que o Supremo Tribunal Federal venha a repetir o entendimento – no sentido de que a lei de conversão não convalida os vícios da medida provisória convertida – nas hipóteses em que foi editada sem a satisfação dos pressupostos constitucionalmente exigidos ou quando a Lei Fundamental designadamente veda de modo expresso ou implícito a legislação por esse tipo de espécie normativa.

---

48. RE 62731, j. 30.06.1967, rel. Min. Aliomar Baleeiro. *RTJ* 45:565.
49. Ibidem, p. 578.
50. Ibidem, p. 580.

11

Outros aspectos

11.1. Medidas provisórias nos Estados-membros e nos Municípios

A Constituição anterior proibia a adoção de decreto-lei pelos Estados-Membros e pelos Municípios. Quanto às medidas provisórias, a atual não reproduz idêntica vedação.[1] Aliás, em um caso, expressamente, autoriza sua utilização:

---

1. Quanto à possibilidade de os entes autonômicos ou regionais adotarem os decretos de necessidade, conferir, entre outros, na Espanha: CONDE, Enrique Álvarez. *Curso de derecho constitucional*: el estado constitucional. El sistema de fuentes. Los derechos y libertades. Madrid: Tecnos, 1994. v. I, p. 207. Na Itália: ZAGREBELSKY, Gustavo. *Manuale di diritto costituzionale*: il sistema delle fonti del diritto. Torino: UTET, 1993. v. I, p. 162, PALADIN, Decreto-legge. *Novissimo Digesto Italiano*, Milano, v. 5, 1960, p. 288 e SIMONCINI, Andrea. *Le funzioni del decreto-legge*. La decretazione d'urgenza dopo la sentenza n.º 360/1996 della Corte costituzionale. Milano: Giuffrè, 2003. p. 213-233. Alessandra Concaro situa o debate no contexto criado após a reforma do Título V da Constituição Italiana. Com efeito, aduz a autora que a lei constitucional nº 3/2001 promoveu alterações no art. 117 da Constituição, reconhecendo taxativamente o (reduzido) âmbito de competência do Estado, "deixando às Regiões a competência para legislar em via exclusiva sobre todo o âmbito não expressamente indicado." Destaca que, apesar da reforma ampliando a competência regional, apenas 1/3 dos decretos emanados após 2001 versavam sobre matérias de competência dos entes regionais. Acrescenta que não só a Constituição permite tal prática (pela "infeliz formulação do art. 120 da Constituição, que confere ao Governo o poder de substituir-se aos órgãos regionais no caso de falta de normas e tratados internacionais ou de normativa comunitária, de perigo grave à incolumidade e segurança pública, para a tutela dos níveis essenciais das prestações atinentes aos direitos civis e sociais, e 'quando assim requeira a tutela da unidade jurídica ou da unidade econômica', sem, no entanto, deixar claro se essa 'substituição' deve limitar-se apenas ao âmbito administrativo ou se pode operar também no âmbito legislativo"), como também a Corte constitucional já reconheceu que essa "substituição" do Estado pelos entes regionais é legítima quando for preciso fazer frente a situações de excepcional urgência e necessidade, independentemente da repartição de competências fixada no art. 117 (sentença nº 6/2004). A autora não advoga pela ilegitimidade desse poder normativo estatal, apenas ressalta a necessidade de que sejam identificados objetivamente os pressupostos habilitadores da decretação de urgência (tarefa esta da qual o Parlamento tem-se eximido), sob pena de o Estado retomar, aos poucos e implicitamente, poderes cuja exclusividade lhe fora subtraída

art. 167, § 3.º. Ainda, há a previsão implícita no art. 25, § 2.º, da Constituição Federal.[2] Inexistente vedação, os Estados-Membros e os Municípios poderão adotá-las, desde que suas respectivas Constituições e Leis Orgânicas as contemplem.[3] Com efeito, o Supremo Tribunal Federal considera constitucional

---

pela reforma constitucional de 2001. CONCARO, Alessandra. Decreto-legge e il nuovo Titolo V della Costituzione. In: SIMONCINI, op. *L'emergenza infinita*. La decretazione d'urgenza in Italia. Macerata: EUM, 2006, p. 137-148.

2. O dispositivo em questão foi inserido pela EC 05/95. A doutrina manifesta-se no sentido de que a normativa constitui uma afirmação da possibilidade de os Estados-membros editarem medidas provisórias. Nesse sentido: ABREU, Rogério Roberto Gonçalves de. Competência legislativa municipal: medidas provisórias. *Revista de Direito Constitucional e Internacional*, São Paulo, ano 12, abr./jun. 2004, n. 47, p. 261-266; FRANCO JÚNIOR, Raul de Mello. Medidas provisórias editadas por Estados, Distrito Federal e Municípios. In: SOUZA, Carlos Aurélio (Coord.), *Medidas provisórias e segurança jurídica*. São Paulo: Juarez de Oliveira, 2003, p. 243; NIEBUHR, Joel de Menezes. *O novo regime constitucional da medida provisória*. São Paulo: Dialética, 2001, p. 168; SZKLAROWSKY, *Medidas provisórias:* Instrumento de governabilidade. São Paulo: Nova Dimensão Jurídica, 2004, p. 160.
3. Nesse sentido, CARRAZZA, *Curso de direito constitucional tributário*. 25. ed. São Paulo: Malheiros, 2009, p. 284, n. 44; SLAIBI FILHO, *Anotações à Constituição de 1988*: aspectos fundamentais. Rio de Janeiro: Forense, 1989, p. 345; FERRARI, Regina Maria Macedo Nery. Medidas provisórias: Estados e Municípios. *Cadernos de Direito Constitucional e Ciência Política*, São Paulo, abr./jun. 1997, n. 19, p. 93-108; SZKLAROWSKY, *Medidas provisórias...*, p. 163; MORAES, Alexandre de. *Direito constitucional*. 11. ed. São Paulo: Atlas, 2002, p. 474; CHIESA, *Medidas provisórias*: regime jurídico-constitucional. 2. ed. Curitiba: Juruá, 2002, p. 140. ÁVILA, Humberto Bergmann. *Medida provisória na constituição de 1988*. Porto Alegre: Sergio Antonio Fabris, 1997, p. 77 e FERREIRA, Sérgio de Andréa. Medida provisória: natureza jurídica. *Revista Trimestral de Direito Público*, São Paulo, n. 1, 1993, p. l67; AMARAL JUNIOR, José Levi Mello do, *Medida provisória e a sua conversão em lei*: a Emenda Constitucional n. 32 e o papel do Congresso Nacional. 2. ed. São Paulo: Saraiva, 2012, p. 202-214; PEDRA, Adriano Sant'Ana. Possibilidade de edição de medidas provisórias pelos Municípios. *Interesse Público*, São Paulo, ano 2, n. 8, out./dez. 2000, p.97; TÁCITO, Caio. A medida provisória: ontem, hoje e amanhã. *Revista de Direito Administrativo,* Rio de Janeiro, n. 216, p. 01-08, abr./jun. de 1999. Contra: SILVA, José Afonso da. *Curso de Direito Constitucional Positivo*. 26. ed. São Paulo: Malheiros, 2006, p. 533; BRITTO, Carlos Ayres. *O perfil constitucional da licitação*. Curitiba: ZNT Editora, 1997, p. 96-97; ANTUNES ROCHA, Cármen Lúcia Antunes. Medidas provisórias e princípio da separação de poderes. In: MARTINS, Ives Gandra da Silva (Coord.). *Direito contemporâneo:* estudos em homenagem a Oscar Dias Corrêa. Rio de janeiro: Forense Universitária, 2001.p. 66 e TEMER, Michel. *Elementos de direito constitucional*. 22. ed. São Paulo: Malheiros, 2007., p. 154. O último reviu posição anterior sustentada até a 8ª edição da obra citada. Quanto ao primeiro, tendo revisto o entendimento a respeito, assim se expressa: "(...) podem as Constituições estaduais

a edição de medidas provisórias no âmbito estadual, desde que haja previsão expressa na respectiva Constituição Estadual e observância do disposto na Constituição Federal sobre o assunto.[4]

Todavia, desde o ponto de vista político, às Coletividades Federadas não é recomendável a utilização das providências emergenciais.[5] Deveras, as medidas (i) constituem mecanismos legislativos extraordinários que se prestam para regular questões emergenciais mais afetas à competência da União; depois (ii) porque a competência legislativa dos Estados-membros e dos Municípios, embora com a Constituição de 1988, é reduzida.[6] Com as medidas provisórias, os legislativos estaduais e municipais poderiam, sem um processo legislativo robusto, ter esvaziada a sua significação no quadro de poderes divididos. Cumpre lembrar, entretanto, que os constituintes estaduais e os legisladores orgânicos municipais não se deixaram seduzir pela inexistência de vedação à adoção da medida provisória. Tanto que, em geral, as Cartas Políticas estaduais e municipais evitaram adotá-la.[7]

---

instituí las? (as medidas provisórias). Na edição anterior, respondemos que nada justificava sua existência no âmbito estadual, mas não víamos proibição em que o fizesse. Até onde sabemos, os Estados (e também os Municípios) evitaram adotá-las. E hoje, *res melius propensa*, achamos ponderável o argumento de que sendo exceção ao princípio da divisão de poderes, só vale nos limites estritos em que foram elas previstas na Constituição Federal, não se legitimando seu acolhimento nem nos Estados nem nos Municípios."

4. No julgamento da ADI 425-5/TO (em 04.09.2002, sendo relator o Ministro Maurício Corrêa. *DJ* de 19.12.2003) o Supremo Tribunal Federal assentou, por maioria, a constitucionalidade das medidas provisórias no âmbito estadual. Restou vencido o então Ministro Carlos Velloso, que votou no sentido de que a delegação legislativa só é legítima quando expressamente autorizada pela Constituição, o que não ocorre quanto ao Executivo Estadual. Portanto, entendeu inconstitucional a adoção de medidas provisórias pelos Estados-membros. Contudo, a posição da Corte, reiterada em julgados posteriores (ADI 2391/SC, julgada em 16.08.2006, sendo relatora a Ministra Ellen Grace. *DJ* de 16.03.2007) é no sentido da possibilidade de edição de medidas provisórias pelos Estados-membros, desde que expressamente previsto na respectiva Constituição Estadual e, também, desde que sejam observados os princípios e as limitações impostas pelo modelo adotado pela Constituição Federal, tendo em vista a necessidade da observância simétrica do processo legislativo federal.
5. Nesse sentido: CASTRO, José Nilo de. *Direito municipal positivo.* Belo Horizonte: Del Rey, 1991. p. l04; MEIRELLES, Hely Lopes. *Direito municipal brasileiro.* São Paulo: Malheiros, l993. p. 484; NIEBUHR, op. cit., p. 168.
6. Sem contar que os Legislativos Estaduais e Municipais são unicamerais. Basta esse fato para possibilitar apreciação célere de qualquer projeto de interesse do Executivo.
7. Substanciam exceções as Constituições dos Estados de Santa Catarina, Tocantins, Piauí, Acre, Paraíba e Maranhão. No Paraná, há alguns Municípios que, por meio de

11.2. Possibilidade de regulamentação

Para regulamentar a edição das medidas provisórias, vários projetos de lei complementar foram apresentados na Câmara dos Deputados. Contudo, foram arquivados, o que revela a falta de interesse da maioria parlamentar e do Executivo em disciplinar a questão por meio de lei complementar.[8]

É possível, entretanto, tratar da matéria, já que a Constituição Federal traça apenas as linhas mestras do instituto. As medidas provisórias compõem o elenco das espécies legislativas referidas pelo art. 59 da CF. O parágrafo único do referido artigo, dispõe que "lei complementar disporá sobre a elaboração, redação, alteração e consolidação das leis." A medida provisória, como já sustentado, constitui ato legislativo, embora sujeita a regime próprio e a prazo definido de eficácia (salvo a hipótese de conversão). A sua disciplina poderia, então, ser objeto de lei complementar, uma vez observadas as balizas inscritas na Lei Fundamental. A própria Lei Complementar 95/1998 contém dispositivos aplicáveis à legislação de urgência e necessidade. O Congresso Nacional, todavia, tem preferido tratar do assunto, naquilo que diz respeito à sua competência, por meio de normativa interna (resoluções).

11.3. Propostas de emenda à Constituição

Não foram poucas as propostas de emenda à Constituição apresentadas com o propósito de alterar a redação do art. 62 da CF/88 para implementar novo regime jurídico aplicável às medidas provisórias.[9]

A PEC 511/2006, por exemplo, iniciada no Senado Federal, mas já arquivada, alterava do seguinte modo o regime da medida provisória: a sua eficácia estaria condicionada ao exame de admissibilidade mediante rito próprio; não poderia tratar de tributos, salvo quando se tratasse de redução ou extinção; a medida provisória perderia sua eficácia caso não fosse aprovada em cento e vinte dias ou se fosse considerada inadmitida; a Câmara teria sessenta dias, e o Senado quarenta e cinco, para a apreciação da medida; não sendo admitida,

---

suas Leis Orgânicas, instituíram a legislação emergencial de responsabilidade do Chefe do Executivo.

8. Sobre o andamento consultar: http://www2.camara.gov.br/proposicoes.
9. A presente análise tem como base o relatório apresentado pelo Deputado Leonardo Picciani à Comissão Especial, que analisa a proposta de Emenda 511/06. Disponível em: <http://www.camara.gov.br/sileg/Prop_Detalhe.asp?id=391047>. Acesso em: 05 jun. 2008.
10. Iniciada, tendo sido o primeiro subscritor o Senador José Sarney, no Senado como PEC 11/2011, na Câmara dos Deputados tramitou como PEC 70/2011, tendo aprovada no Senado, depois de onze anos, como PEC 91/2019.

a medida provisória seria transformada em projeto de lei em regime de urgência; transcorridos dois terços do referido prazo em cada Casa, a medida provisória entraria em regime de urgência com sobrestamento de pauta; transcorrido integralmente o prazo, a matéria seria encaminhada à outra Casa; esgotado o prazo da Casa Revisora sem apreciação, a medida provisória perderia a eficácia e passaria a tramitar como projeto de lei em regime de urgência; a distribuição da medida seria alternada entre Câmara e Senado; não seria permitida a inclusão, na medida provisória, de matérias que não guardem pertinência temática.

A PEC 91/2019[10], sobre a qual já houve referência neste texto, foi aprovada no ano passado e, desde então (12 de junho de 2019), na altura em que se prepara esta nova edição, aguarda a devida promulgação. Não foi ainda promulgada em função da existência de alguma discrepância entre os textos aprovados pelas Câmaras Alta e Baixa em função de emenda senatorial, o que implicaria necessidade de retorno à segunda. O impasse ainda não foi resolvido, considerando os senadores tratar-se de modificação decorrente de mera emenda de redação, compreensão essa que não é compartilhada por todos, particularmente os deputados. Enquanto a questão não é resolvida, com ou sem nova apreciação da Câmara Baixa, ficará, porque não promulgada, sem aplicação a proposta que modifica o especificado no art. 62 da Lei Fundamental do País.

Muitas das propostas que tramitam ou tramitaram no Congresso Nacional substanciam manifestações de uma doença que acomete o país: o emendismo constitucional. Ora, com defeitos e virtudes, tem-se, hoje, entre nós, um regime complexo para as medidas provisórias. Antes de mudá-lo de modo recorrente, o mais importante é experimentar a Constituição, reconstruindo o sentido de sua normatividade e definindo balizas mais precisas a partir da dinâmica democrática e da atuação da Suprema Corte. A virtude da sociedade aberta é permitir o constante aperfeiçoamento das instituições. A Constituição de 1988 oferece certo quadro normativo suficiente para autorizar a evolução no tratamento da matéria, compatibilizando o instituto com as exigências de uma democracia robusta e inclusiva.

Para concluir

No Estado Contemporâneo, o princípio da separação de poderes reclama renovada leitura. Nesse tipo de Estado, diante do crescimento das demandas políticas, sociais e econômicas, não se pode ignorar o fenômeno da legislação de emergência. Os Estados ocidentais têm procurado, de uma forma ou de outra, oferecer resposta a esse desafio. Os procedimentos legislativos têm sido abreviados, os Parlamentos têm admitido, em muitos casos, deliberar em comissão aliviando a sobrecarga do plenário e a doutrina constitucional vem aceitando, embora com rigorosos limites, a ação legiferante do Poder Executivo decorrente de delegação do Legislativo ou sustentada por competência própria excepcionalmente conferida pela Lei Fundamental.

Neste momento, é necessário reconhecer que o decreto-lei, a lei delegada e a medida provisória não são, necessariamente, incompatíveis com os postulados do Estado Democrático de Direito. O direito constitucional deve, entretanto, ao conceber o policentrismo da função legislativa, oferecer garantias de que o exercício da atividade normativa primária pelo Executivo não implicará a expropriação do poder de legislar do parlamento pela transformação do que é um modo extraordinário e excepcional em modalidade usual de introdução de normas primárias no ordenamento jurídico.

Coerente com a evolução do direito constitucional ocidental, a Constituição de 1988 adotou as medidas provisórias. Não obstante, o tempo tem demonstrado que o Executivo abusa da prerrogativa de editá-las. Porém, a despeito do número exagerado de medidas provisórias até agora adotadas pelo Presidente da República e do relativo dissenso doutrinário e jurisprudencial existente acerca de tão importante tema, é necessário insistir na viabilidade da dedução do próprio Texto Constitucional, mormente depois da promulgação da EC 32/2001, com todas as suas virtudes e defeitos, de uma adequada disciplina jurídica das medidas provisórias. Está-se referindo a uma disciplina sensível às exigências do Estado de Direito Democrático e ao regime de governo presidencialista. Na Constituição de 1988, uma interpretação menos apressada seria suficiente para desenhar, juridicamente, os limites das medidas provisórias, para circunscrever com um mínimo de objetividade os pressupostos de edição, para afirmar o território material passível de incidência, bem como para sustentar o inafastável controle parlamentar e, especialmente, jurisdicional das medidas provisórias e das respectivas leis de conversão.

Uma coisa é certa, porém: com a vigente Constituição, a democracia brasileira depende muito do Judiciário (como guardião dos direitos fundamentais e da constitucionalidade das leis) para se afirmar. Mas depende também da sociedade, porque na sociedade emancipada, formada por cidadãos livres e iguais, a Constituição, que não se resume ao texto, não se apresenta como algo pronto e acabado, substanciando, antes, um processo de construção de um edifício em contínua evolução. A adequada compreensão da Lei Fundamental não deve, portanto, é o que a melhor doutrina reivindica, ficar distante da experiência constitucional.

Bibliografia

ABREU, Rogério Roberto Gonçalves de. Competência legislativa municipal: medidas provisórias. *Revista de Direito Constitucional e Internacional*, ano 12, n. 47, p. 245-268, São Paulo, abr./jun. 2004.

AMARAL, Antônio Carlos Cintra do. Medidas provisórias. *Revista de Direito Público*, n. 91, São Paulo, jul./set. 1989.

AMARAL JÚNIOR, José Levi Mello do. *Medida provisória e a sua conversão em lei:* a Emenda Constitucional n. 32 e o papel do Congresso Nacional. São Paulo: Ed. RT, 2004.

______. *Medida provisória e sua conversão em lei*... 2ª. ed. São Paulo: Ed. Saraiva, 2012.

______. *Decreto autônomo:* questões polêmicas. Disponível em: [https://revistajuridica.presidencia.gov.br/index.php/saj/article/view/725/716]. Acesso em: 04. dez. 2020.

ARAGÃO, Alexandre Santos de. *Agências reguladoras e a evolução do direito administrativo econômico*. Rio de Janeiro: Forense, 2002.

ARANTES, Rogério Bastos. *Judiciário e politica no Brasil*. São Paulo: Fabesp, 1998.

ARAÚJO, Luiz Alberto David de; SERRANO JÚNIOR, Vidal. *Curso de direito constitucional*. 8. ed. São Paulo: Saraiva, 2004.

______. *Curso de direito constitucional*. 13ª ed. São Paulo: Saraiva, 2009.

ARDANT, Philippe; MATHIEU, Bertrand. *Institutions politiques et droit constitutionnel*. 22ª ed., LGDJ: Paris, 2010.

ATALIBA, Geraldo. *O decreto-lei na constituição de 1967*. São Paulo: Ed. RT, 1967.

AUSINA, Rosário Tur. *El control parlamentario de los Decretos-leyes*. Madrid: Centro de Estúdios Políticos y Constitucionales, 2002.

ÁVILA, Humberto Bergmann. *Medida provisória na constituição de 1988*. Porto Alegre: Sergio Antonio Fabris, 1997.

______. *Sistema constitucional tributário*. São Paulo: Saraiva, 2004.

BARILE, Paolo. *Corso di diritto costituzionale*. 2. ed. Padova: Cedam, 1964.

BARIONI, Danilo Mansano. *Medidas provisórias*. São Paulo. Pillares, 2004.

BARROS, Carolina Alves. Medidas provisórias: o *decretto-legge* nos países que adotaram o instituto. In: SOUZA, Carlos Aurélio (Coord.). *Medidas provisórias e segurança jurídica*. São Paulo: Juarez de Oliveira, 2003, p. 283-300.

BARROSO, Luis Roberto. *Interpretação e aplicação da constituição*. 6. ed. São Paulo: Saraiva, 2004.

______. *O direito constitucional e a efetividade de suas normas*. 3. ed. Rio de Janeiro: Renovar, 1996.

BARTOLOMEI, Franco. Ordinanza: diritto amministrativo. *Enciclopedia del diritto,* Milano, n. XXX, 1980.

BASTOS, Celso Ribeiro. *Curso de direito constitucional*. 22. ed. São Paulo: Saraiva, 2001.

_____. *Hermenêutica e interpretação constitucional.* 3. ed. São Paulo: Celso Bastos e IBDC, 2002.

_____; AYRES BRITTO, Carlos. *Interpretação e aplicabilidade das normas constitucionais.* São Paulo: Saraiva, 1982.

_____; MARTINS, Ives Gandra da Silva. *Comentários à Constituição do Brasil:* promulgada em 5 de outubro de 1988. 3. ed. São Paulo: Saraiva, 2002. vol. 4, t. I.

BAUDREZ, Maryse. Décrets-lois réitérés en Italie: l'exaspération mesurée de la Cour Constitutionnelle en 1996. *Revue Française de Droit Constitutionnel*, n. 32, 1997.

BERTI, Giorgio. *Manuale di interpretazione costituzionale.* 4. ed. Padova: Cedam, 2001.

BINENBOJM, Gustavo. *Uma teoria do direito administrativo*: direitos fundamentais, democracia e constitucionalização. Rio de Janeiro: Renovar, 2006.

BISCARETTI DI RUFFIA, Paolo. *Derecho constitucional.* Trad. Pablo Lucas Verdú. Madrid: Tecnos, 1982.

_____. *Diritto costituzionale*: istituzioni di diritto pubblico. 10. ed. Napoli: Jovene, 1974.

BORGES, José Souto Maior. Limitações temporais da medida provisória: a anterioridade tributária. *Revista de Direito Tributário*, n. 64, São Paulo, [1995?].

BOZZI, Aldo. *Istituzioni di diritto pubblico.* Milano: Giuffrè, 1965.

BRITTO, Carlos Ayres. *O perfil constitucional da licitação.* Curitiba: ZNT Editora, 1997.

BURDEAU, Georges. *Manuel de droit constitutionnel et institutions politiques.* 20. ed. Paris: LGDJ, 1984.

_____. *Manuel de droit constitutionnel.* 30. ed. Paris: LGDJ, 2007.

BÜLOW, Erico. La Legislación. In: Benda, Maihofer, Vogel, Hesse, Heyde (Orgs.), *Manual de Derecho Constitucional.* Madrid: Marcial Pons-Ediciones Jurídicas y Sociales, 2001.

CAGGIANO, Mônica Herman Salem. Emendas em medidas provisórias. *Revista de Direito Público*, n. 93, São Paulo, jan./mar. 1990.

CÂMARA, Heloísa Fernandes e MOREIRA, Egon Bockmann. Os controles de constitucionalidade de medidas provisórias. *JOTA*, 15 de junho de 2020. Disponível em: <https://www.jota.info/>. Acesso em 03 de ago. de 2020.

CANOTILHO, José Joaquim Gomes. *Constituição dirigente e vinculação do legislador.* Coimbra: Coimbra, 1982.

_____. *Direito constitucional.* 4. ed. Coimbra: Almedina, 1989.

_____. *Direito constitucional e teoria da constituição.* 7. ed. Coimbra: Almedina, 2003.

_____. Rever ou Romper com a Constituição Dirigente? Defesa de um Constitucionalismo Moralmente Reflexivo. *Revista dos Tribunais – Cadernos de Direito Constitucional e Ciência Política,* ano 4, n. 15, p. 07-17, São Paulo, abr./jun. 1996.

CARRAZZA, Roque Antônio. *Curso de direito constitucional tributário.* 25. ed. São Paulo: Malheiros, 2009.

_____. *O regulamento no direito tributário brasileiro.* São Paulo: Revista dos Tribunais, 1991.

CARVALHO, José Otávio Patrício. Aspectos salariais da medida provisória n.º 434/94. *Suplemento Trabalhista*, São Paulo, n. 73, 1994.

CARVALHO, Kildare Gonçalves. *Técnica Legislativa.* 4. ed. Belo Horizonte: Del Rey, 2007.

CARVALHO, Paulo de Barros. *Curso de direito tributário.* 21. ed. São Paulo: Saraiva, 2009.

_____. Medidas provisórias. *Revista de Direito Público*, n. 97, São Paulo, jan./mar. 1990.

CASTELLO, José Carlos Bruzzi. Incompatibilidades da medida provisória com as leis orçamentárias. *Advocacia Dinâmica*: Boletim Informativo Semanal, n. 9, mar. 1990.

CASTRO, Carlos Roberto de Siqueira. O devido processo legal e a razoabilidade das leis na nova Constituição do Brasil. 2. ed. Rio de Janeiro: Forense, 1990.

CASTRO, José Nilo de. *Direito municipal positivo*. Belo Horizonte: Del Rey, 1991.

CASTRO, Robison Gonçalves de. Considerações acerca da constitucionalidade na expedição de medidas provisórias versando matéria orçamentária pública. *Revista de Informação Legislativa*, n. 126, Brasília, abr./jun. 1995.

CAVALCANTI FILHO, João Trindade. *Processo legislativo constitucional*. 4ª ed. Salvador: Ed. JusPodivm, 2020.

CELOTTO, Alfonso. Decreto-legge e attività del Governo [nella XIV Legislatura]. In: SIMONCINI, Andrea (Org.). *L'emergenza infinita*. La decretazione d'urgenza in Italia. Macerata: EUM, 2006. p. 73-105.

______. *C'è sempre una prima volta*...(La Corte costituzionale annulla un decreto-legge per mancanza dei presupposti). Disponível em: [https://www.giurcost.org/] Acesso em: 04.12.2020.

CERETI, Carlo. *Corso di diritto costituzionale italiano*. 5. ed. Torino: G. Giappichelli Editore, 1958.

CERNICCHIARO, Luiz Vicente. Medida provisória. In: GOMES, Luiz Flávio (Coord.). *Responsabilidade penal da pessoa jurídica e medidas provisórias e direito penal*. São Paulo: Ed. RT, 1999. p. 264-267.

CERQUEIRA, Marcello. Medida provisória: a miséria da lei. *Revista Trimestral de Direito Público*, n. 11, São Paulo, 1995.

CHIESA, Clélio. *Medidas provisórias*: regime jurídico-constitucional. 2. ed. Curitiba: Juruá, 2002.

______. Medidas provisórias em matéria tributária – apontamentos sobre as inovações introduzidas pela EC nº 32/01. *Revista Dialética de Direito Tributário*, n. 85, p. 32-42, São Paulo, out. 2002.

CLARK, Giovani. Medidas provisórias. *Revista de Informação Legislativa*, Brasília, n. 113, jan./mar. 1992.

CLÈVE, Clèmerson Merlin. *A fiscalização abstrata da constitucionalidade no direito brasileiro*. 2. ed. São Paulo: Ed. RT, 2000.

______. *Atividade legislativa do poder executivo*. 3ª ed. São Paulo: RT, 2011.

______. A lei no estado contemporâneo. *Cadernos de Direito Constitucional e Ciência Política*, n. 21, São Paulo, out./dez. 1997.

______. As restrições à criação de novos cursos superiores e a sua aplicação às universidades reconhecidas e, especialmente, às Universidades Públicas Estaduais. Limites da atuação normativa da União em matéria de diretrizes e bases da educação nacional. Parecer. *Boletim de Direito Administrativo*, n. 11, a. XI, nov. 1995.

COELHO, Inocêncio Mártires. *Interpretação constitucional*. 3. ed. São Paulo: Saraiva, 2007.

COELHO, Sacha Calmon Navarro. *Comentários à Constituição de 1988*: sistema tributário. Rio de Janeiro: Forense, 2006.

COELHO, Silvia Regina Santos. *O excesso de medidas provisórias e o problema da autonomia e independência do Poder Legislativo*: impasses e dilemas. Brasília: BDJUR, 2007.

COMPARATO, Fábio Konder. A "questão política" nas medidas provisórias: um estudo de caso. *Revista Trimestral de Direito Público,* n. 31, p. 05-16, São Paulo, 2000.

CONCARO, Alessandra. *Il sindacato di costituzionalità sul decreto-legge*. Milano: Giuffrè, 2000.

______. Decreto-legge e il nuovo Titolo V della Costituzione. In: SIMONCINI, Andrea (org.). *L'emergenza infinita*. La decretazione d'urgenza in Italia. Macerata: EUM, 2006. p. 137-148.

CONCEIÇÃO, Márcia Dominguez Nigro. *Conceitos indeterminados na Constituição:* requisitos de relevância e urgência (art. 62 da CF). São Paulo: Celso Bastos, 1999.

CONDE, Enrique Álvarez. *Curso de derecho constitucional*: el estado constitucional. El sistema de fuentes. Los derechos y libertades. Madrid: Tecnos, 1994. vol. 1.

CONSULTORIA GERAL DA REPÚBLICA. Parecer SR92, 21.06.1989. Saulo Ramos. *Diário Oficial da União* de 23.06.1989.

CONTRERAS, Ana M. Carmona. *La configuración constitucional del decreto-ley*. Madrid: Centro de Estúdios Políticos e Constitucionales, 1997.

CORREIA, Juliana Nobre. Pressupostos das medidas provisórias. In: SOUZA, Carlos Aurélio (Coord.). *Medidas provisórias e segurança jurídica*. São Paulo: Juarez de Oliveira, 2003. p. 35-44.

COUTO E SILVA, Almiro do. Poder discricionário no direito administrativo brasileiro. *Revista de Direito Administrativo*, n. 179-180, Rio de Janeiro, jan./jun. 1990.

CRISAFULLI, Vezio. *Lezioni di diritto costituzionale*. 5. ed. Padova: Cedam, 1984.

CRUZ, Sidney Souza. Matéria tributária e medida provisória. *Revista de Direito Tributário*, n. 54, São Paulo, out./dez. 1990.

CUNHA, Sérgio Sérvulo da. A lei dos partidos políticos. In: VELLOSO, Carlos Mário da Silva e ROCHA, Carmem Lúcia (Coord.). *Direito eleitoral*. Belo Horizonte: Del Rey, 1996.

______. Anamnese da medida provisória. *Revista Trimestral de Direito Público*, n. 26, p. 77-114, São Paulo, 1999.

DALLAZEM, Dalton Luiz. As medidas provisórias, a EC 32 e o depósito recursal administrativo. *Revista Dialética de Direito Tributário,* n. 83, p. 19-27, São Paulo, ago. 2002.

______. As medidas provisórias e as relações jurídicas tributárias. *Advocacia Dinâmica*, n. 23, jun. 1995.

DAMÁSIO, Adriano. Limites das medidas provisórias. In: SOUZA, Carlos Aurélio (Coord.). *Medidas provisórias e segurança jurídica*. São Paulo: Juarez de Oliveira, 2003. p. 45-82.

DAMOUS, Wadih e DINO, Flávio. *Medidas Provisórias no Brasil:* origem, evolução e novo regime constitucional. Rio de Janeiro: Lumen Juris, 2005.

DANTAS, Francisco Wildo Lacerda. O estado-de-direito e as medidas provisórias. *RT 654*, São Paulo, abr. 1990.

DANTAS, Ivo. *Aspectos Jurídicos das Medidas Provisórias*. 3. ed. Brasília: Brasília Jurídica, 1997.

DERZI, Misabel Abreu Machado. Medidas Provisórias: sua absoluta inadequação à instituição e majoração de tributos. *Revista de Direito Tributário*, n. 45, São Paulo, jul./set. 1988.

______. Princípio da anterioridade – extinção e sobrevida por meio da emenda constitucional 32, de 11.9.2001. *Revista de Direito Tributário*, n. 90, p. 18-34, São Paulo, 2004.

DICKMANN, Renzo. *Il decreto-legge come fonte del diritto e strumento di governo*. Disponível em: [http://www.federalismi.it]. Acesso em: 03.03.2008.

DINIZ, Vânia Fernandes. Medidas provisórias: sua especificidade precária e a infringência de direitos adquiridos. *Revista de Informação Legislativa*, n. 136, Brasília, out./dez. 1997.

ESPOSITO, Carlo. Decreto-legge. *Enciclopedia dei diritto*. Milano: Giuffrè, 1958.

FERRARI, Regina Maria Macedo Nery. Medidas provisórias: Estados e Municípios. *Cadernos de Direito Constitucional e Ciência Política*, n. 19, São Paulo, abr./jun. 1997.

FERRAZ, Anna Candida da Cunha. Medidas provisórias e segurança jurídica: a inconstitucionalidade do art. 2º da Emenda Constitucional 32/2001. *Revista de Direito Constitucional e Internacional*, ano 14, n. 54, p. 07-27, São Paulo, jan./mar. 2006.

_____. *Processos informais de mudança da constituição*. São Paulo: Max Limonad, 1986.

FERRAZ, Sérgio Valladão. *Curso de Direito Constitucional:* teoria, jurisprudência e 1.000 questões. 2. ed. rev., ampl. e atual. até a EC nº 52/2006. Rio de Janeiro: Elsevier, 2006.

FERRAZ JÚNIOR, Tércio Sampaio. *Interpretação e estudo da Constituição 1988*. São Paulo: Atlas, 1990.

_____. O artigo 55 da constituição e a vigência e eficácia dos decretos-leis sobre a política salarial. *Revista de Direito Público*, n. 68, São Paulo.

FERREIRA, Sérgio de Andréa. Medida provisória: natureza jurídica. *Revista Trimestral de Direito Público*, n. 1, São Paulo, 1993.

FERREIRA FILHO, Manoel Gonçalves. A missão do Poder Executivo no Estado contemporâneo. *Revista de Direito Administrativo,* n. 117, p. 29-49, Rio de Janeiro, 1974.

_____. As Medidas Provisórias com força de lei. *Repertório IOB de Jurisprudência*: Tributário e Constitucional, n. 5, São Paulo, mar. 1989.

_____. As medidas provisórias como fonte de insegurança jurídica. In: MARTINS, Ives Gandra da Silva (Coord.). *Direito contemporâneo:* estudos em homenagem a Oscar Dias Corrêa. Rio de Janeiro: Forense Universitária, 2001. p. 214-219.

_____. *Do processo legislativo*. 6. ed. São Paulo: Saraiva, 2007.

FIGUEIREDO, Fran. As medidas provisórias no sistema jurídico constitucional brasileiro. *Revista de Informação Legislativa*, n. 110, Brasília, abr./jun. 1991.

FIGUEIREDO, Lucia Valle. Medida Provisória – novas reflexões. *Revista de Direito Administrativo,* n. 217, Rio de Janeiro, p. 31-38, jul./set. 1999.

FIGUEIREDO, Marcelo. *A medida provisória na constituição*. São Paulo: Atlas, 1991.

_____. Reflexões a respeito da medida provisória na Constituição. In: GRAU, Eros Roberto; CUNHA, Sérgio Sérvulo (Coord.). *Estudos de Direito Constitucional em homenagem a José Afonso da Silva*. São Paulo: Malheiros, 2003.

FIGUEIREDO FILHO, Jayme Peggi. *O Decreto-lei na Constituição Brasileira*. Rio de Janeiro: 1985. Dissertação de Mestrado, UFRJ.

FILOMENO, José Geraldo Brito. Infrações penais e medidas provisórias. *Revista dos Tribunais*, São Paulo, n. 659, set. 1990.

FORTES, Paulo Celso. Atividade legislativa do poder executivo. *Revista de Direito Administrativo*, n. 84, p. 352-355, Rio de Janeiro, 1966.

FRANCO, Alberto Silva. A medida provisória e o princípio da legalidade. *Revista dos Tribunais*, São Paulo, n. 648, out. 1989.

_____. A medida provisória em matéria penal e processual penal. *Revista de Jurisprudência do Tribunal de Justiça do Estado de São Paulo*, n. 125, São Paulo, mar./abr. 1990.

FRANCO, Ana Cristina de Paiva. Projeto de Emenda Constitucional n. 472-E e medidas provisórias: o exercício pelo Poder Executivo de função legislativa no Estado Democrático de Direito. In: SOUZA, Carlos Aurélio (Coord.). *Medidas provisórias e segurança jurídica.* São Paulo: Juarez de Oliveira, 2003. p. 355-369.

FRANCO JÚNIOR, Raul de Mello. Medidas provisórias editadas por Estados, Distrito Federal e Municípios. In: SOUZA, Carlos Aurélio (Coord.). *Medidas provisórias e segurança jurídica.* São Paulo: Juarez de Oliveira, 2003. p. 229-260.

FREITAS, Juarez. *A interpretação sistemática do direito.* 4. ed. São Paulo: Malheiros, 2004.

GALIANO, Leonardo de Faria. As medidas provisórias como veículo introdutor de normas tributárias. Brasília: Brasília Jurídica, 2006.

GARCÍA DE ENTERRIA, Eduardo; FERNÁNDEZ, Tomás-Ramón. *Curso de direito administrativo.* São Paulo: Revista dos Tribunais, 1990.

______. *Curso de derecho administrativo.* ed. argentina con notas de Agustín Gordillo. Buenos Aires: La Ley, 2006.

GARIBE, Maurício. Limite das medidas provisórias em matéria penal. In: SOUZA, Carlos Aurélio (Coord.). *Medidas provisórias e segurança jurídica.* São Paulo: Juarez de Oliveira, 2003. p. 97-102.

GIULIANI, Giuseppe. *Diritto tributario.* 2. ed. Milano: Giuffrè, 1996.

GOMES, Luiz Flávio. Princípio da legalidade (ou da reserva legal) e os limites das medidas provisórias em direito penal. In: GOMES, Luiz Flávio (Coord.). *Responsabilidade penal da pessoa jurídica e medidas provisórias e direito penal.* São Paulo: Revista dos Tribunais, 1999. p. 208-252.

GONÇALVES, Orestes Campos. A função legislativa do poder executivo: decreto-lei. *Revista de Direito Público,* n. 22, São Paulo, 1972.

GRAU, Eros Roberto. Medidas provisórias na Constituição de 1988. *Revista dos Tribunais,* São Paulo, n. 658, ago. 1990.

_____. *O direito posto e o direito pressuposto.* 6. ed. São Paulo: Malheiros, 2005.

_____. Poder Discricionário. *Revista de Direito Público*, n. 93, São Paulo, 1990.

GRECO, Marco Aurélio. *Medidas Provisórias.* São Paulo: Revista dos Tribunais, 1991.

_____. Reedição de medidas provisórias e abuso do poder de legislar. *Revista Dialética de Direito Tributário,* n. 66, mar. 2001, pp. 130-156.

GUERRA, Luis Lopez *et al. Derecho constitucional.* 3. ed. Valencia: Tirantlo Blanch, 1997.

GUNTHER, Gerald; SULLIVAN, Kathleen M. *Constitutional law.* University casebooks series, Nova York, 1997.

HORTA, Raul Machado. *Direito Constitucional.* 4. ed. Belo Horizonte: Del Rey, 2003.

_____. *Estudos de direito constitucional.* Belo Horizonte: Del Rey, 1995.

_____. Medidas Provisórias. *Revista de Informação Legislativa*, n. 107, Brasília, jul./set. 1990.

JESUS, Damásio de. Estatuto do desarmamento: medida provisória pode adiar o início da vigência da norma penal incriminadora? *Revista dos Tribunais,* São Paulo, n. 827, set.2004.

JUSTEN FILHO, Marçal. *Curso de Direito Administrativo.* São Paulo: Saraiva, 2005.

_____. *O direito das agências reguladoras independentes.* São Paulo: Dialética, 2002.

KADRI, Omar Francisco do Seixo. *O Executivo legislador:* o caso brasileiro. Coimbra: Coimbra, 2004.

LANGROD, Georges. *O processo legislativo na Europa ocidental.* Rio de Janeiro: Fundação Getúlio Vargas, 1954.

LAVAGNA, Carlo. *Istituzioni di dirittto pubblico.* 5. ed. Torino: UTET, 1982.

_____. 6. ed. Torino: UTET, 1993.

LEAL, Victor Nunes. Delegações legislativas. In: *Problemas de direito público.* Rio de Janeiro: Forense, 1960.

MACHADO, Antônio Pedro. O último dos 'jabutis'. *JOTA*, 27 de out. de 2015. Disponível em: <https://www.jota.info/>. Acesso em 03.08.2020.

MACHADO, Hugo de Brito. *Curso de direito tributário.* 30. ed. São Paulo: Malheiros, 2009.

_____. Efeitos de medida provisória rejeitada. *Revista dos Tribunais*, São Paulo, n. 700, fev. 1994.

_____. Princípio da legalidade tributária na constituição de 1988. *Revista de Direito Tributário*, n. 45, São Paulo, jul./set. 1988.

_____. Segurança jurídica. Regulamentação das relações jurídicas decorrentes de medidas provisórias. A questão da não-conversão em lei e a perda da eficácia. A derrogação de leis anteriores. *Boletim de Direito Administrativo*, n. 6, São Paulo, jun. 1997.

MACHETTI, Pablo Santolaya. *El regimen constitucional de los decretos-leyes.* Madrid: Tecnos, 1988.

MALUF, André Luiz. A inconstitucionalidade da devolução de medidas provisórias. *JOTA*, 29 de junho de 2020. Disponível em: <https://www.jota.info/>. Acesso em 03.08.2020.

MANEIRA, Eduardo. *Direito tributário*: princípio da não surpresa. Belo Horizonte: Del Rey, 1994.

MANZELLA, Andrea. *Il parlamento.* 3. ed. Bologna: Il Mulino, 2003.

MARINHO, Josaphat. Medidas provisórias e a Emenda Constitucional 32/2001. In: Associação Brasileira dos Constitucionalistas Democratas. *Cadernos de Soluções Constitucionais 1.* São Paulo: Malheiros, 2003. p. 113-122.

MARIOTTI, Alexandre. *Medidas Provisórias.* São Paulo: Saraiva, 1999.

MARIOTTI, Alexandre. *Medidas provisórias.* Porto Alegre, 1998. Dissertação (Mestrado em Direito), Programa de Pós-Graduação em Direito da Universidade Federal do Rio Grande do Sul.

MARRAFON, Marco Antônio e ROBL FILHO, Ilton Norberto. Controle de constitucionalidade no projeto de lei de conversão de medida provisória em face dos 'contrabandos legislativos': salvaguarda o Estado de Direito. In: Novelino, Marcelo. Fellet, André (Orgs.). *Constitucionalismo e democracia.* Salvador: Editora JusPodivm, 2013.

MARTINS, Ives Gandra da Silva. Medidas provisórias e o direito tributário. *Repertório IOB de jurisprudência:* Tributário e Constitucional, n. 19, São Paulo, out. 1990.

MARTINS, Ives Gandra. O Novo Regime Constitucional das Medidas Provisórias. In: ROCHA, Cármen Lúcia Antunes (Coord.). *Constituição e Segurança Jurídica:* Direito Adquirido, Ato Jurídico Perfeito e Coisa Julgada. Estudos em homenagem a José Paulo Sepúlveda Pertence. Belo Horizonte: Fórum, 2004.

MASSUDA, Janine Malta. *Medidas provisórias:* os fenômenos na reedição. Porto Alegre: Sergio Antonio Fabris, 2001.

MEDEIROS SILVA, Carlos. Atribuições constitucionais do poder executivo. *Revista de Direito Administrativo,* n. 31, Rio de Janeiro, p. 1-9, 1953.

MEIRELLES, Hely Lopes. *Direito municipal brasileiro.* São Paulo: Malheiros, 1993.

MÉLEGA, Luiz. Medida provisória: conversão em lei, promulgação e publicação. *Repertório IOB de Jurisprudência:* Tributário e Constitucional, n. 9, São Paulo, mai. 1992.

MELLO, Celso Antônio Bandeira de. *Curso de direito administrativo*. 25. ed. São Paulo: Malheiros, 2008.

_____. O decreto-lei no direito brasileiro. *Revista de Direito Público*, n. 72, São Paulo, out./dez. 1964.

_____. Perfil constitucional das medidas provisórias. *Revista de Direito Público*, São Paulo, n. 95, jul./set. 1990.

MELLO FILHO, José Celso de. Considerações sobre as medidas provisórias. *Revista da Procuradoria Geral do Estado de São Paulo*, São Paulo, n. 33, jun. 1990.

MENDES, Gilmar Ferreira; COELHO, Inocêncio Mártires; BRANCO, Paulo Gustavo Gonet. *Curso de direito constitucional*. São Paulo: Saraiva, 2007.

_____. *Jurisdição constitucional*. 5. ed. São Paulo: Saraiva, 2005.

_____. Nem tanto, nem tão pouco. *Revista Jurídica Consulex*, v. 1, n. 7, Brasília, jul. 1997.

MIDÓN, Mario A. R. *Decretos de necesidad y urgencia* – en la Constitución Nacional y los ordenamientos provinciales. Buenos Aires: La Ley, 2001.

MIRABETE, Julio Fabbrini. *Manual de Direito Penal*. São Paulo: Atlas, 1986. vol. 1.

MIRANDA, Jorge. *Manual de direito constitucional*. 3. ed. Coimbra: Coimbra, 2004. t. V.

MITA, Enrico de. *Appunti di Diritto Tributario*. Milano: Guiffrè, 1997.

MODENA, César Augusto. *A natureza jurídica da lei de conversão da medida provisória*. Curitiba, 2004. Tese (Doutorado em Direito), Programa de Pós-Graduação em Direito da Universidade Federal do Paraná.

MOHN, Paulo. Devolução de medida provisória não afasta por completo seus efeitos. *CONJUR*, 28 de junho de 2020. Disponível em: <https://www.conjur.com.br/>. Acesso em 03 de ago. de 2020.

MOLINA, Ramón Torres. *Absolutismo presidencial:* decretos de necesidad y urgência. Buenos Aires: Ediar, 2001.

MONTESQUIEU. *De L'espirit des lois*. Paris: Éditions Guarnier Frèris, 1956.

MORAES, Alexandre de. *Direito constitucional*. 11. ed. São Paulo: Atlas, 2002.

MORO, Sérgio Fernando. *Legislação Suspeita?* Curitiba: Juruá, l998.

MORTATI, Costantino. *Istituzioni di diritto pubblico*. Padova: Cedam, 1969.

MÜLLER, Friedrich. As medidas provisórias no Brasil diante do pano de fundo das experiências alemãs. In: GRAU, Eros Roberto; GUERRA FILHO, Willis Santiago (Orgs.). *Direito constitucional:* estudos em homenagem a Paulo Bonavides. São Paulo: Malheiros, 2001.

MUSSO, Enrico Spagna. *Diritto costituzionale*. 2. ed. Padova: Cedam, 1986.

NASCIMENTO, Rogério José Bento Soares do. *Abuso do poder de legislar:* controle judicial da legislação de urgência no Brasil e na Itália. Rio de Janeiro: Lumen Juris, 2004.

NASCIMENTO, Roberta Simões. A emenda 'supressiva de jabutis' e o devido processo legislativo. *CONJUR*, 06 de julho de 2020. Disponível em <https://www.conjur.com.br/>. Acesso em 03 de ago. de 2020.

_____. Sobre a constitucionalidade da 'devolução' de medidas provisórias. *JOTA*, 9 de junho de 2020. Disponível em: <https://www.jota.info/>. Acesso em 03 de ago. de 2020.

NICOLAU, Gustavo Rene. *Medidas Provisórias:* o Executivo que legisla. Evolução histórica no constitucionalismo brasileiro. São Paulo: Atlas, 2009.

NIEBUHR, Joel de Menezes. *O novo regime constitucional da medida provisória*. São Paulo: Dialética, 2001.

NOBRE JÚNIOR, Edílson Pereira. *Medidas provisórias:* controles legislativo e jurisdicional. Porto Alegre: Síntese, 2000.

NOBRE SOBRINHO, Samuel. Medidas provisórias: suas origens, deformação de seu uso e a nova regulamentação advinda da Emenda Constitucional n. 32/2001. In: SOUZA, Carlos Aurélio (Coord.). *Medidas provisórias e segurança jurídica.* São Paulo: Juarez de Oliveira, 2003. p. 319-339.

NOVAIS, Jorge Reis. *As restrições aos direitos fundamentais não expressamente autorizadas pela Constituição.* Coimbra: Coimbra, 2003.

OLIVEIRA, Karem. *A EC 32 e a criação ou majoração de tributos via medida provisória:* a "constitucionalização do equívoco". Curitiba, 2005. Dissertação (Mestrado em Direito), Programa de Pós-Graduação em Direito da Universidade Federal do Paraná.

PALADIN, Lívio. *Commentario della Costituzione*: la formazione delle leggi. Bologna: Zanichelli Editore, 1979. t. II.

_____. Decreto-legge. *Novissimo Digesto Italiano*, Milano, v. 5, 1960.

PALOTTI JÚNIOR, Osvaldo. Medida provisória e direito penal: uma convivência impossível. In: GOMES, Luiz Flávio (Coord.). *Responsabilidade penal da pessoa jurídica e medidas provisórias e direito penal.* São Paulo: Ed. RT, 1999. p. 268-278.

PAULO, Vicente; ALEXANDRINO, Marcelo. *Processo legislativo.* 2. ed. Niterói: Impetus, 2005.

PEDRA, Adriano Sant'Ana. Possibilidade de edição de medidas provisórias pelos Municípios. *Interesse Público*, ano 2, n. 8, p. 91-99, São Paulo, out./dez. 2000.

PEREIRA, Fábio Donisete. Medidas provisórias em matéria tributária. In: SOUZA, Carlos Aurélio (Coord.). *Medidas provisórias e segurança jurídica.* São Paulo: Juarez de Oliveira, 2003. p. 83-96.

PERGOLESI, Ferruccio. *Diritto Costituzionale.* Padova: Cedam, 1956.

PERRUD, Rogério José. Medida provisória: pressupostos para sua edição e inconstitucionalidade das reedições. *Revista Genesis de Direito Administrativo Aplicado*, n. 14, Curitiba, jul./set. 1997.

PIMENTA, Paulo Roberto Lyrio. As medidas provisórias em direito tributário: inovações da emenda constitucional nº 32/2001. *Revista Dialética de Direito Tributário,* n. 77, p. 100-108, São Paulo, fev. 2002.

PIZZORUSSO, Alessandro. Ripensando i controlli sui decreti legge alla luce dell'esperienza recente. *I Decreti-legge non convertiti.* Milano: Giuffrè, 1996.

PONTES DE MIRANDA, Francisco Cavalcanti. *Comentários à constituição de 1967 com a emenda n. 1, de 1969.* 2. ed. São Paulo: Ed. RT, 1979. t. III.

PORTES JÚNIOR, Hermínio de. Medidas provisórias – limitações materiais. In: SOUZA, Carlos Aurélio (Coord.). *Medidas provisórias e segurança jurídica.* São Paulo: Juarez de Oliveira, 2003. p. 415-427.

PRADE, Péricles. Medidas Provisórias: análise do substitutivo aos projetos de lei complementar. *Revista dos Tribunais*, São Paulo, n. 660, out. 1990.

RAMOS, Saulo. Medida Provisória. *A nova ordem constitucional.* Rio de Janeiro: Forense, 1990.

RANGEL, Leyla Castello Branco. O poder legislativo na França. *Revista de Informação Legislativa,* n. 9, Brasília, 1966.

_____. O poder legislativo na Itália. *Revista de Informação Legislativa*, n. 11, Brasília, 1966.

RAO, Vicente. *As delegações legislativas no parlamentarismo e no presidencialismo*. São Paulo: Max Limonad, 1966.

REALE, Miguel. *Parlamentarismo brasileiro*. São Paulo: Saraiva, 1962.

REIS, Carlos David S. Aarão. Medida provisória: controle jurisdicional de seus pressupostos. *Revista Trimestral de Direito Público*, n. 8, São Paulo, 1994.

ROCHA, Cármen Lúcia Antunes. *Constituição e medida provisória no direito brasileiro*. Pronunciamento na Câmara dos Deputados. Brasília, 1998.

_____. Medidas provisórias e princípio da separação de poderes. In: MARTINS, Ives Gandra da Silva (Coord.). *Direito contemporâneo:* estudos em homenagem a Oscar Dias Corrêa. Rio de janeiro: Forense Universitária, 2001. p. 44-69.

ROCHA, Fernando Luiz Ximenes. Medida provisória em matéria penal. In: GOMES, Luiz Flávio (Coord.). *Responsabilidade penal da pessoa jurídica e medidas provisórias e direito penal*. São Paulo: Ed. RT, 1999. p. 191-207.

RODRIGUES, Ana Cláudia Manso Sequeira Ovídio. *A medida provisória no controle abstrato de constitucionalidade:* a compreensão da força de lei, dos pressupostos de relevância e urgência e da apreciação parlamentar e a sua repercussão na ação direta de inconstitucionalidade de medida provisória. Brasília, 2001. Dissertação (Mestrado em Direito). Programa de Pós-Graduação em Direito da Universidade de Brasília.

RODRIGUEZ, Maria. Articolo 77. *Commentario breve allá Costituzione*. Dirigido por Vezio Crisafulli e Livio Paladin. Padova: Cedam, 1990.

ROMANO, Santi. *Princípios de direito constitucional geral*. São Paulo: Ed. RT, 1977.

ROMBOLI, Roberto. Decreto-legge e giurisprudenza della Corte costituzionale. In: SIMONCINI, Andrea (Org). *L'emergenza infinita*. La decretazione d'urgenza in Italia. Macerata: EUM, 2006. p. 107-134.

ROYO, Javier Pérez. *Curso de Derecho Constitucional*. 9. ed. Madrid, Barcelona: Marcial Pons, 2003.

ROTHENBURG, Walter. Medidas provisórias e suas necessárias limitações. *Revista dos Tribunais*, n. 690, São Paulo, abr. 1993.

_____. Reflexões sobre as medidas provisórias: inclusive em matéria criminal. *Revista da Procuradoria Geral do Estado do Paraná*, n. 3, Curitiba, jul. 1991.

RUFFIA, Paolo Biscaretti di. *Diritto costituzionale*: istituzioni di diritto pubblico. 10. ed. Napoli: Jovene, 1974.

SAMPAIO, Nelson de Sousa. *O processo legislativo*. 2. ed. Belo Horizonte: Del Rey, 1996.

SANDULLI, Aldo M. *Legge, forza di legge, valore di legge*. Scritti Giuridici in Memoria di Piero Calamandrei. Padova: Cedam, 1958.

SANTOS, Brasilino Pereira dos. *As medidas provisórias no direito comparado e no Brasil*. São Paulo: LTR, 1993.

_____. Incompatibilidade entre medida provisória, o direito processual e o direito penal. *Revista da Procuradoria Geral da República*, n. 1, São Paulo, out./dez. 1992.

SANTOS, Gilberto Pinto dos. Reedição de medidas provisórias. In: SOUZA, Carlos Aurélio (Coord.). *Medidas provisórias e segurança jurídica*. São Paulo: Juarez de Oliveira, 2003. p. 123-142.

SARTORI, Giovani. *Engenharia constitucional*: como mudam as constituições. Brasília: UNB, 1996.

SEABRA FAGUNDES, Miguel. *O controle dos atos administrativos pelo poder judiciário*. 6. ed. São Paulo: Saraiva, 1984.

SIERVO, Ugo de. [Introduzione]. In: SIMONCINI, Andrea (Org.). *L'emergenza infinita*. La decretazione d'urgenza in Italia. Macerata: EUM, 2006. p. 09-15.

SILVA, José Afonso da. *Curso de Direito Constitucional Positivo*. 26. ed. São Paulo: Malheiros, 2006.

_____. *Processo constitucional de formação das leis*. 2. ed. São Paulo: Malheiros, 2006.

SIQUEIRA CASTRO, Carlos Roberto de. *O Congresso e as delegações legislativas*. Rio de Janeiro: Forense, 1986.

_____. *O devido processo legal e a razoabilidade das leis na nova Constituição do Brasil*. 2 ed. Rio de Janeiro: Forense, 1990.

SIMONCINI, Andrea. *Le funzioni del decreto-legge*. La decretazione d'urgenza dopo la sentenza n.º 360/1996 della Corte costituzionale. Milano: Giuffrè, 2003.

_____. *Tendenze recente della decretazione d'urgenza in Italia e linee per una nuova riflessione*. In: SIMONCINI, Andrea (org). *L'emergenza infinita*. La decretazione d'urgenza in Italia. Macerata: EUM, 2006. p. 19-53.

SZKLAROWSKY, Leon Frejda. As medidas provisórias e a emenda constitucional nº 32/2001. In: QUARESMA, Regina; OLIVEIRA, Maria Lúcia de Paula (Coords.). *Direito constitucional brasileiro:* perspectivas e controvérsias contemporâneas. Rio de Janeiro: Forense, 2006. p. 553-582.

_____. *Medidas Provisórias:* instrumento de governabilidade. São Paulo: Nova Dimensão Jurídica, 2004.

SLAIBI FILHO, Nagib. *Anotações à Constituição de 1988*: aspectos fundamentais. Rio de Janeiro: Forense, 1989.

SOBRINHO, José Wilson Ferreira. Sobre a tributação dos proventos. *Repertório IOB de jurisprudência: Tributário, Constitucional e Administrativo*, n. 3, São Paulo, fev. 1997.

SORRENTINO, F. Spunti sul controlo della corte costituzionale sui decreti-legge e sulle legge di conversione. *Scritti in Onore di C. Mortati*. Milano: Giuffrè, 1977, vol. 4.

SOUSA, Antônio Francisco de. *Conceitos indeterminados no direito administrativo*. Coimbra: Almedina, 1994.

SOUZA, Wilson Alves de. Medida provisória em matéria processual: inconstitucionalidade. *Revista de Processo*, n. 65, São Paulo, jan./mar. 1992.

STEINMETZ, Wilson. O uso da medida provisória antes da Emenda Constitucional 32/2001 e o princípio democrático. *Revista de Direito Administrativo*, n. 237, p. 143 164, Rio de Janeiro, jul./set. 2004.

STRECK, Lenio Luiz. *Jurisdição constitucional e hermenêutica*: uma nova crítica do direito. Porto Alegre: Livraria do Advogado, 2002.

SUNSTEIN, Cass R. *Legal reasoning and political conflict*. Oxford University Press, 1996.

_____. Nondelegation Canons. *The University of Chicago Law Review*. Vol. 67, No. 2 (Spring, 2000), pp. 315-343.

TÁCITO, Caio. A medida provisória: ontem, hoje e amanhã. *Revista de Direito Administrativo*, n. 216, p. 01-08, Rio de Janeiro, abr./jun. de 1999.

_____. Medidas provisórias na constituição de 1988. *Revista de Direito Público*, n. 90, São Paulo, abr./jun. 1989.

TAVARES, Alexandre Macedo. Emenda Constitucional nº 32/01: a teratológica modalidade de medida provisória com eficácia diferida e o alcance do novel § 2º do art. 62 da Magna Carta de 1988. *Revista Dialética de Direito Tributário*, n. 83, p. 07-18, São Paulo, ago. 2002.

_____. *Medida provisória em matéria tributária:* uma análise à luz de marcos condicionantes de hermenêutica jurídica. Florianópolis: Momento Atual, 2005.

TAVARES, André Ramos. *Curso de direito constitucional*. São Paulo: Saraiva, 2002.

TEMER, Michel. *Elementos de direito constitucional*. 22. ed. São Paulo: Malheiros, 2007.

TESAURO, Alfonso. *Istituzioni di diritto pubblico*. 12. ed. Napoli: Jovene, 1957.

TRIBE, Laurence H. *American constitutional law*. Foundation Press: Nova York, 2000.

VALENTE, Manoel Adam Lacayo. Cláusula de convalidação em medidas provisórias. *Revista de Informação Legislativa*, n. 130, Brasília, abr./jun. 1996.

VALLE, Juliana Carla Freitas do. *Medidas provisórias:* o procedimento legislativo e seus efeitos jurídicos. Brasília: FDK, 2004.

VELLOSO, Carlos Mário da Silva. Delegação Legislativa: a legislação por associações. *Revista de Direito Público*, n. 92, São Paulo, 1989.

VERGOTTINI, Giuseppe de. *Diritto Costituzionale Comparato*. 7. ed. Padova: Cedam, 2007. vol. 1.

VIANNA, Rubens Raimundo Haddad. Inconstitucionalidade das leis de conversão de medidas provisórias, promulgadas pelo Presidente do Senado Federal e sem sanção do Presidente da República. *Lex – Jurisprudência do STJ e Tribunais Regionais Federais*, n. 30, São Paulo, fev. 1992.

VIEIRA, José Roberto. Legalidade tributária e medida provisória: mel e veneno. In: FISCHER, Octavio Campos (Org.). *Tributos e direitos fundamentais*. São Paulo: Dialética, 2004. p. 175-216.

_____. *Medidas provisórias em matéria tributária:* as catalinárias brasileiras. São Paulo, 1999. Tese (Doutorado em Direito), Programa de Pós-Graduação em Direito da Pontifícia Universidade Católica de São Paulo.

_____. Medidas provisórias em matéria tributária e segurança jurídica. *XVI Jornadas Latinoamericanas de Derecho Tributário*. Setiembre de 1993. t. I.

_____. et alii. Perfil Constitucional do Regulamento e Alguns Reflexos Tributários. In: *Revista da Academia Brasileira de Direito Constitucional*, Curitiba, n. 4, p. 175-233, 2003.

VILANOVA, Lourival. *O problema do objeto da teoria geral do estado*. Recife: Imprensa Oficial, 1953.

VIRGA, Pietro. *Diritto costituzionale*. 6. ed. Milano: Giuffrè, 1967.

_____. _____. 9. ed. Milano: Giuffrè, 1979.

WALD, Arnold. Privatização: Lei n.º 8031/90: medida provisória interpretativa: parecer. *Revista de Direito Administrativo*, n. 185, Rio de Janeiro, jul./set. 1991.

WEISS, Fernando Lemme. Medidas provisórias: reedição: responsabilidade do Executivo: recusa no processamento: descumprimento. *Revista de Direito Público*, n. 99, São Paulo, jul./set. 1991.

ZAGREBELSKY, Gustavo. *Manuale di diritto costituzionale*: il sistema delle fonti del diritto. Torino: UTET, 1993. vol. I.

Anexos

1. RESOLUÇÃO 1, DE 8 DE MAIO DE 2002, DO CONGRESSO NACIONAL – CN
2. DECRETO 9.191, DE 1º DE NOVEMBRO DE 2017
3. PEC 91/2019

Resolução 1, de 8 de maio de 2002, do Congresso Nacional – CN

Dispõe sobre a apreciação, pelo Congresso Nacional, das Medidas Provisórias a que se refere o art. 62 da Constituição Federal, e dá outras providências.

O Congresso Nacional resolve:

Art. 1º Esta Resolução é parte integrante do Regimento Comum e dispõe sobre a apreciação, pelo Congresso Nacional, de Medidas Provisórias adotadas pelo Presidente da República, com força de lei, nos termos do art. 62 da Constituição Federal.

Art. 2º Nas 48 (quarenta e oito) horas que se seguirem à publicação, no *Diário Oficial da União*, de Medida Provisória adotada pelo Presidente da República, a Presidência da Mesa do Congresso Nacional fará publicar e distribuir avulsos da matéria e designará Comissão Mista para emitir parecer sobre ela.

§ 1º No dia da publicação da Medida Provisória no *Diário Oficial da União*, o seu texto será enviado ao Congresso Nacional, acompanhado da respectiva Mensagem e de documento expondo a motivação do ato.

§ 2º A Comissão Mista será integrada por 12 Senadores e 12 Deputados e igual número de suplentes, indicados pelos respectivos Líderes, obedecida, tanto quanto possível, a proporcionalidade dos partidos ou blocos parlamentares em cada Casa.

§ 3º O número de membros da Comissão Mista estabelecido no § 2º é acrescido de mais uma vaga na composição destinada a cada uma das Casas do Congresso Nacional, que será preenchida em rodízio, exclusivamente, pelas bancadas minoritárias que não alcancem, no cálculo da proporcionalidade partidária, número suficiente para participar da Comissão (Res. 2, de 2000–CN).

§ 4º A indicação pelos Líderes deverá ser encaminhada à Presidência da Mesa do Congresso Nacional até as 12 horas do dia seguinte ao da publicação da Medida Provisória no *Diário Oficial da União*.

§ 5º Esgotado o prazo estabelecido no § 4º, sem a indicação, o Presidente da Mesa do Congresso Nacional fará a designação dos integrantes do respectivo partido ou bloco, recaindo essa sobre o Líder e, se for o caso, os Vice-Líderes.

§ 6º Quando se tratar de Medida Provisória que abra crédito extraordinário à lei orçamentária anual, conforme os arts. 62 e 167, § 3º, da Constituição Federal, o exame e o parecer serão realizados pela Comissão Mista prevista no art. 166, § 1º, da Constituição, observando-se os prazos e o rito estabelecidos nesta Resolução.

§ 7º A constituição da Comissão Mista e a fixação do calendário de tramitação da matéria poderão ser comunicadas em sessão do Senado Federal ou conjunta do Congresso Nacional, sendo, no primeiro caso, dado conhecimento à Câmara dos Deputados, por ofício, ao seu Presidente.

Art. 3º Uma vez designada, a Comissão terá o prazo de 24 (vinte e quatro) horas para sua instalação, quando serão eleitos o seu Presidente e o Vice-Presidente, bem como designados os Relatores para a matéria.

§ 1º Observar-se-á o critério de alternância entre as Casas para a Presidência das Comissões Mistas constituídas para apreciar Medidas Provisórias, devendo, em cada caso, o Relator ser designado pelo Presidente dentre os membros da Comissão pertencentes à Casa diversa da sua.

§ 2º O Presidente e o Vice-Presidente deverão pertencer a Casas diferentes.

§ 3º O Presidente designará também um Relator Revisor, pertencente à Casa diversa da do Relator e integrante, preferencialmente, do mesmo Partido deste.

§ 4º Compete ao Relator Revisor exercer as funções de relatoria na Casa diversa da do Relator da Medida Provisória.

§ 5º O Presidente designará outro membro da Comissão Mista para exercer a relatoria na hipótese de o Relator não oferecer o relatório no prazo estabelecido ou se ele não estiver presente à reunião programada para a discussão e votação do parecer, devendo a escolha recair sobre Parlamentar pertencente à mesma Casa do Relator e também ao mesmo Partido deste, se houver presente na reunião da Comissão outro integrante da mesma bancada partidária.

§ 6º Quando a Medida Provisória estiver tramitando na Câmara dos Deputados ou no Senado Federal, a substituição de Relator ou Relator Revisor, na hipótese de ausência, ou a designação desses, no caso de a Comissão Mista não haver exercido a prerrogativa de fazê-lo, será efetuada de acordo com as normas regimentais de cada Casa.

Art. 4º Nos seis primeiros dias que se seguirem à publicação da Medida Provisória no *Diário Oficial da União*, poderão a ela ser oferecidas emendas, que deverão ser protocolizadas na Secretaria-Geral da Mesa do Senado Federal.

§ 1º Somente poderão ser oferecidas emendas às Medidas Provisórias perante a Comissão Mista, na forma deste artigo.

§ 2º No prazo de oferecimento de emendas, o autor de projeto sob exame de qualquer das Casas do Congresso Nacional poderá solicitar à Comissão que ele tramite, sob a forma de emenda, em conjunto com a Medida Provisória.

§ 3º O projeto que, nos termos do § 2º, tramitar na forma de emenda à Medida Provisória, ao final da apreciação desta, será declarado prejudicado e arquivado, exceto se a Medida Provisória for rejeitada por ser inconstitucional, hipótese em que o projeto retornará ao seu curso normal.

§ 4º É vedada a apresentação de emendas que versem sobre matéria estranha àquela tratada na Medida Provisória, cabendo ao Presidente da Comissão o seu indeferimento liminar.

§ 5º O autor da emenda não aceita poderá recorrer, com o apoio de três membros da Comissão, da decisão da Presidência para o Plenário desta, que decidirá, definitivamente, por maioria simples, sem discussão ou encaminhamento de votação.

§ 6º Os trabalhos da Comissão Mista serão iniciados com a presença, no mínimo, de 1/3 (um terço) dos membros de cada uma das Casas, aferida mediante assinatura no livro de presenças, e as deliberações serão tomadas por maioria de votos, presente a maioria absoluta dos membros de cada uma das Casas.

~~**Art. 5º** A Comissão terá o prazo improrrogável de 14 (quatorze) dias, contado da publicação da Medida Provisória no *Diário Oficial da União* para emitir parecer único, manifestando-se sobre a matéria, em itens separados, quanto aos aspectos constitucional, inclusive sobre os pressupostos de relevância e urgência, de mérito, de adequação financeira e orçamentária e sobre o cumprimento da exigência prevista no § 1º do art. 2º~~. *(Declarado inconstitucional pelo Supremo Tribunal Federal no Acórdão da Ação Direta de Inconstitucionalidade nº 4.029, de 08/03/2012).*

§ 1º O exame de compatibilidade e adequação orçamentária e financeira das Medidas Provisórias abrange a análise da repercussão sobre a receita ou a despesa pública da União e da implicação quanto ao atendimento das normas orçamentárias e financeiras vigentes, em especial a conformidade com a Lei Complementar 101, de 4 de maio de 2000, a lei do plano plurianual, a lei de diretrizes orçamentárias e a lei orçamentária da União.

§ 2º Ainda que se manifeste pelo não atendimento dos requisitos constitucionais ou pela inadequação financeira ou orçamentária, a Comissão deverá pronunciar-se sobre o mérito da Medida Provisória.

§ 3º Havendo emenda saneadora da inconstitucionalidade ou injuridicidade e da inadequação ou incompatibilidade orçamentária ou financeira, a votação far-se-á primeiro sobre ela.

§ 4º Quanto ao mérito, a Comissão poderá emitir parecer pela aprovação total ou parcial ou alteração da Medida Provisória ou pela sua rejeição; e, ainda, pela aprovação ou rejeição de emenda a ela apresentada, devendo concluir, quando resolver por qualquer alteração de seu texto:

I – pela apresentação de projeto de lei de conversão relativo à matéria; e

II – pela apresentação de projeto de decreto legislativo, disciplinando as relações jurídicas decorrentes da vigência dos textos suprimidos ou alterados, o qual terá sua tramitação iniciada pela Câmara dos Deputados.

§ 5º Aprovado o parecer, será este encaminhado à Câmara dos Deputados, acompanhado do processo e, se for o caso, do projeto de lei de conversão e do projeto de decreto legislativo mencionados no § 4º.

~~**Art. 6º** A Câmara dos Deputados fará publicar em avulsos e no Diário da Câmara dos Deputados o parecer da Comissão Mista e, a seguir, dispensado o interstício de publicação, a Medida Provisória será examinada por aquela Casa, que, para concluir os seus trabalhos, terá até o 28º dia de vigência da Medida Provisória, contado da sua publicação no *Diário Oficial da União*.~~ *(Declarado inconstitucional pelo Supremo Tribunal Federal no Acórdão da Ação Direta de Inconstitucionalidade nº 4.029, de 08/03/2012).*

~~§ 1º Esgotado o prazo previsto no *caput* do art. 5º, o processo será encaminhado à Câmara dos Deputados, que passará a examinar a Medida Provisória.~~ *(Declarado inconstitucional pelo Supremo Tribunal Federal no Acórdão da Ação Direta de Inconstitucionalidade nº 4.029, de 08/03/2012).*

~~§ 2º Na hipótese do § 1º, a Comissão Mista, se for o caso, proferirá, pelo Relator ou Relator Revisor designados, o parecer no Plenário da Câmara dos Deputados, podendo estes, se necessário, solicitar para isso prazo até a sessão ordinária seguinte.~~ *(Declarado inconstitucional pelo Supremo Tribunal Federal no Acórdão da Ação Direta de Inconstitucionalidade nº 4.029, de 08/03/2012).*

§ 3º Na hipótese do § 2º, se o parecer de Plenário concluir pela apresentação de Projeto de Lei de Conversão, poderá, mediante requerimento de Líder e independentemente de deliberação do Plenário, ser concedido prazo até a sessão ordinária seguinte para a votação da matéria.

Art. 7º Aprovada na Câmara dos Deputados, a matéria será encaminhada ao Senado Federal, que, para apreciá-la, terá até o 42º dia de vigência da Medida Provisória, contado da sua publicação no *Diário Oficial da União*.

§ 1º O texto aprovado pela Câmara dos Deputados será encaminhado ao Senado Federal em autógrafos, acompanhado do respectivo processo, que incluirá matéria eventualmente rejeitada naquela Casa.

§ 2º Esgotado o prazo previsto no *caput* do art. 6º, sem que a Câmara dos Deputados haja concluída a votação da matéria, o Senado Federal poderá iniciar a discussão dessa, devendo votá-la somente após finalizada a sua deliberação naquela Casa (CF, art. 62, § 8º).

§ 3º Havendo modificação no Senado Federal, ainda que decorrente de restabelecimento de matéria ou emenda rejeitada na Câmara dos Deputados, ou de destaque supressivo, será esta encaminhada para exame na Casa iniciadora, sob a forma de emenda, a ser apreciada em turno único, vedadas quaisquer novas alterações.

§ 4º O prazo para que a Câmara dos Deputados aprecie as modificações do Senado Federal é de 3 (três) dias.

§ 5º Aprovada pelo Senado Federal Medida Provisória, em decorrência de preferência sobre projeto de lei de conversão aprovado pela Câmara dos Deputados, o processo retornará à esta Casa, que deliberará, exclusivamente, sobre a Medida Provisória ou o projeto de lei de conversão oferecido a esta pelo Senado Federal.

§ 6º Aprovado pelo Senado Federal, com emendas, projeto de lei de conversão oferecido pela Câmara dos Deputados, o processo retornará à Câmara dos Deputados, que deliberará sobre as emendas, vedada, neste caso, a apresentação, pelo Senado Federal, de projeto de lei de conversão.

§ 7º Aplicam-se, no que couber, os demais procedimentos de votação previstos nos Regimentos Internos de cada Casa.

Art. 8º O Plenário de cada uma das Casas do Congresso Nacional decidirá, em apreciação preliminar, o atendimento ou não dos pressupostos constitucionais de relevância e urgência de Medida Provisória ou de sua inadequação financeira ou orçamentária, antes do exame de mérito, sem a necessidade de interposição de recurso, para, ato contínuo, se for o caso, deliberar sobre o mérito.

Parágrafo único. Se o Plenário da Câmara dos Deputados ou do Senado Federal decidir no sentido do não atendimento dos pressupostos constitucionais ou da inadequação financeira ou orçamentária da Medida Provisória, esta será arquivada.

Art. 9º Se a Medida Provisória não for apreciada em até 45 (quarenta e cinco) dias contados de sua publicação no *Diário Oficial da União*, entrará em regime de urgência, subseqüentemente, em cada uma das Casas do Congresso Nacional, ficando sobrestadas, até que se ultime a votação, todas as demais deliberações legislativas do Plenário da Casa em que estiver tramitando.

Art. 10. Se a Medida Provisória não tiver sua votação encerrada nas duas Casas do Congresso Nacional, no prazo de 60 (sessenta) dias de sua publicação no *Diário Oficial da União*, estará automaticamente prorrogada uma única vez a sua vigência por igual período.

§ 1º A prorrogação do prazo de vigência de Medida Provisória será comunicada em Ato do Presidente da Mesa do Congresso Nacional publicado no *Diário Oficial da União*.

§ 2º A prorrogação do prazo de vigência de Medida Provisória não restaura os prazos da Casa do Congresso Nacional que estiver em atraso, prevalecendo a seqüência e os prazos estabelecidos nos arts. 5º, 6º e 7º.

Art. 11. Finalizado o prazo de vigência da Medida Provisória, inclusive o seu prazo de prorrogação, sem a conclusão da votação pelas duas Casas do Congresso Nacional, ou aprovado projeto de lei de conversão com redação diferente da proposta pela Comissão Mista em seu parecer, ou ainda se a Medida Provisória for rejeitada, a Comissão Mista reunir-se-á para elaborar projeto de decreto legislativo que discipline as relações jurídicas decorrentes da vigência de Medida Provisória.

§ 1º Caso a Comissão Mista ou o relator designado não apresente projeto de decreto legislativo regulando as relações jurídicas decorrentes de Medida Provisória não apreciada, modificada ou rejeitada no prazo de 15 (quinze) dias, contado da decisão ou perda de sua vigência, poderá qualquer Deputado ou Senador oferecê-lo perante sua Casa respectiva, que o submeterá à Comissão Mista, para que esta apresente o parecer correspondente.

§ 2º Não editado o decreto legislativo até 60 (sessenta) dias após a rejeição ou a perda de eficácia de Medida Provisória, as relações jurídicas constituídas e decorrentes de atos praticados durante sua vigência conservar-se-ão por ela regidas.

§ 3º A Comissão Mista somente será extinta após a publicação do decreto legislativo ou o transcurso do prazo de que trata o § 2º.

Art. 12. Aprovada Medida Provisória, sem alteração de mérito, será o seu texto promulgado pelo Presidente da Mesa do Congresso Nacional para publicação, como lei, no *Diário Oficial da União*.

Art. 13. Aprovado projeto de lei de conversão será ele enviado, pela Casa onde houver sido concluída a votação, à sanção do Presidente da República.

Art. 14. Rejeitada Medida Provisória por qualquer das Casas, o Presidente da Casa que assim se pronunciar comunicará o fato imediatamente ao Presidente da República, fazendo publicar no *Diário Oficial da União* ato declaratório de rejeição de Medida Provisória.

Parágrafo único. Quando expirar o prazo integral de vigência de Medida Provisória, incluída a prorrogação de que tratam os §§ 3º e 7º do art. 62 da Constituição Federal, com a redação dada pela Emenda Constitucional n. 32, de 2001, o Presidente da Mesa do Congresso Nacional comunicará o fato ao Presidente da República, fazendo publicar no *Diário Oficial da União* ato declaratório de encerramento do prazo de vigência de Medida Provisória.

Art. 15. A alternância prevista no § 1º do art. 3º terá início, na primeira Comissão a ser constituída, após a publicação desta Resolução, com a Presidência de Senador e Relatoria de Deputado.

Art. 16. A Câmara dos Deputados e o Senado Federal adaptarão os seus Regimentos Internos com vistas à apreciação de Medidas Provisórias pelos respectivos Plenários de acordo com as disposições e os prazos previstos nesta Resolução.

Art. 17. Norma específica disporá sobre o funcionamento das Comissões Mistas de que tratam os arts. 2º a 5º desta Resolução.

Art. 18. Os prazos previstos nesta Resolução serão suspensos durante o recesso do Congresso Nacional, sem prejuízo da plena eficácia de Medida Provisória.

Parágrafo único. Se for editada Medida Provisória durante o período de recesso do Congresso Nacional, a contagem dos prazos ficará suspensa, iniciando-se no primeiro dia da sessão legislativa ordinária ou extraordinária que se seguir à publicação de Medida Provisória.

Art. 19. O órgão de consultoria e assessoramento orçamentário da Casa a que pertencer o Relator de Medida Provisória encaminhará aos Relatores e à Comissão, no prazo de 5 (cinco) dias de sua publicação, nota técnica com subsídios acerca da adequação financeira e orçamentária de Medida Provisória.

Art. 20. Às Medidas Provisórias em vigor na data da publicação da Emenda Constitucional n. 32, de 2001, aplicar-se-ão os procedimentos previstos na Resolução 1, de 1989-CN.

§ 1º São mantidas em pleno funcionamento as Comissões Mistas já constituídas, preservados os seus respectivos Presidentes, Vice-Presidentes e Relatores, e designados Relatores Revisores, resguardada aos Líderes a prerrogativa prevista no art. 5º do Regimento Comum.

§ 2º São convalidadas todas as emendas apresentadas às edições anteriores de Medida Provisória.

§ 3º São convalidados os pareceres já aprovados por Comissão Mista.

Art. 21. Ao disposto nesta Resolução não se aplica o art. 142 do Regimento Comum.

Art. 22. Revoga-se a Resolução 1, de 1989-CN, prorrogando-se a sua vigência apenas para os efeitos de que trata o art. 20.

Art. 23. Esta Resolução entra em vigor na data de sua publicação.

Congresso Nacional, em 8 de maio de 2002.

Senador Ramez Tebet

Presidente do Senado Federal

Decreto 9.191, de 1º de novembro de 2017

Estabelece as normas e as diretrizes para elaboração, redação, alteração, consolidação e encaminhamento de propostas de atos normativos ao Presidente da República pelos Ministros de Estado.

O Presidente da República, no uso das atribuições que lhe confere o art. 84, **caput**, incisos IV e VI, alínea *a*, da Constituição, e tendo em vista o disposto na Lei Complementar 95, de 26 de fevereiro de 1998, decreta:

CAPÍTULO I
DISPOSIÇÕES PRELIMINARES

Objeto e Âmbito de Aplicação

Art. 1º Este Decreto estabelece as normas e as diretrizes para elaboração, redação, alteração, consolidação e encaminhamento de propostas de atos normativos ao Presidente da República pelos Ministros de Estado.

CAPÍTULO II
NUMERAÇÃO DOS ATOS NORMATIVOS

Leis

Art. 2º As leis complementares, ordinárias e delegadas terão numeração sequencial em continuidade às séries iniciadas em 1946.

Medidas Provisórias

Art. 3º As medidas provisórias terão numeração sequencial, iniciada a partir da data de entrada em vigor da Emenda Constitucional n. 32, de 11 de setembro de 2001.

Decretos

Art. 4º Os decretos terão numeração sequencial em continuidade à série iniciada em 1991.

Parágrafo único. Os decretos pessoais não serão numerados e não conterão ementa.

CAPÍTULO III
ELABORAÇÃO, REDAÇÃO, ARTICULAÇÃO E ALTERAÇÃO DE ATOS NORMATIVOS

Estrutura dos atos normativos

Art. 5º O ato normativo será estruturado em três partes básicas:

I – parte preliminar, com:

a) a ementa; e

b) o preâmbulo, com:

1. a autoria;

2. o fundamento de validade; e

3. quando couber, a ordem de execução, o enunciado do objeto e a indicação do âmbito de aplicação da norma;

II – parte normativa, que conterá as normas que regulam o objeto; e

III – parte final, com:

a) as disposições sobre medidas necessárias à implementação das normas constantes da parte normativa;

b) as disposições transitórias;

c) a cláusula de revogação, quando couber; e

d) a cláusula de vigência.

Ementa

Art. 6º A ementa explicitará, de modo conciso, o objeto do ato normativo.

Parágrafo único. A expressão "e dá outras providências" poderá ser utilizada para substituir a menção expressa a temas do ato normativo apenas:

I - em atos normativos de excepcional extensão e com multiplicidade de temas; e

II – se a questão não expressa for pouco relevante e estiver relacionada com os demais temas explícitos na ementa.

Objeto e Assunto

Art. 7º O primeiro artigo do texto do ato normativo indicará, quando necessário, o seu objeto e o seu âmbito de aplicação.

§ 1º O âmbito de aplicação do ato normativo delimitará as hipóteses abrangidas e as relações jurídicas às quais o ato se aplica.

§ 2º O ato normativo não conterá matéria:

I – estranha ao objeto ao qual visa disciplinar; e

II – não vinculada a ele por afinidade, pertinência ou conexão.

Art. 8º Matérias idênticas não serão disciplinadas por mais de um ato normativo da mesma espécie, exceto quando um se destinar, por remissão expressa, a complementar o outro, considerado básico.

Art. 9º Ato normativo de caráter independente será evitado quando existir ato normativo em vigor que trate da mesma matéria

Parágrafo único. Na hipótese de que trata o **caput**, os novos dispositivos serão incluídos no texto do ato normativo em vigor.

Lei Penal

Art. 10. O projeto de lei penal manterá a harmonia da legislação em vigor sobre a matéria, mediante:

I – a compatibilização das novas penas com aquelas já existentes, tendo em vista os bens jurídicos protegidos e a semelhança dos tipos penais descritos; e

II – a definição clara e objetiva dos crimes.

Parágrafo único. A formulação de normas penais em branco deverá ser evitada.

Lei Tributária

Art. 11. No projeto de lei ou de medida provisória que institua ou majore tributo, serão observados os princípios da irretroatividade e da anterioridade tributárias, estabelecidos no inciso III do *caput* do art. 150 e no § 6º do art. 195 da Constituição, ressalvado o disposto no § 1º do art. 150 da Constituição.

Decreto autônomo

Art. 12. Serão disciplinadas por decreto:

I – a extinção de funções ou cargos públicos, quando vagos; e

II – a organização e o funcionamento da administração pública federal, quando não implicar aumento de despesa nem a criação ou a extinção de órgãos públicos.

Parágrafo único. O decreto que dispuser sobre a extinção de função ou cargo público, quando vago, não disciplinará nenhuma outra matéria.

Redação dos atos normativos

Art. 13. A elaboração de atos normativos observará o disposto no Anexo.

Art. 14. As disposições normativas serão redigidas com clareza, precisão e ordem lógica, e observarão o seguinte:

I – para obtenção da clareza:

a) usar as palavras e as expressões em seu sentido comum, exceto quando a norma versar sobre assunto técnico, hipótese em que se pode empregar a nomenclatura própria da área sobre a qual se está legislando;

b) usar frases curtas e concisas;

c) construir as orações na ordem direta;

d) evitar preciosismo, neologismo e adjetivação; e

e) buscar a uniformidade do tempo verbal no texto da norma legal e usar, preferencialmente, o presente ou o futuro simples do presente do modo indicativo;

II – para obtenção da precisão:

a) articular a linguagem, comum ou técnica, mais adequada à compreensão do objetivo, do conteúdo e do alcance do ato normativo;

b) expressar a ideia, quando repetida ao longo do texto, por meio das mesmas palavras, e evitar o emprego de sinonímia;

c) evitar o emprego de expressão ou palavra que confira duplo sentido ao texto;

d) escolher termos que tenham o mesmo significado na maior parte do território nacional, de modo a evitar o uso de expressões locais ou regionais;

e) quanto ao uso de sigla ou acrônimo:

1. não utilizar para designar órgãos da administração pública direta;

2. para entidades da administração pública indireta, utilizar apenas se previsto em lei;

3. não utilizar para designar ato normativo;

4. usar apenas se consagrado pelo uso geral e não apenas no âmbito de setor da administração pública ou de grupo social específico; e

5. na primeira menção, utilizar acompanhado da explicitação de seu significado;

f) indicar, expressamente, o dispositivo objeto de remissão, por meio do emprego da abreviatura "art.", seguida do número correspondente, ordinal ou cardinal;

g) utilizar as conjunções "e" ou "ou" no penúltimo inciso, alínea ou item, conforme a sequência de dispositivos seja, respectivamente, cumulativa ou disjuntiva;

h) grafar por extenso as referências a números e percentuais, exceto data, número de ato normativo e nos casos em que houver prejuízo para a compreensão do texto;

i) expressar valores monetários em algarismos arábicos, seguidos de sua indicação por extenso entre parênteses;

j) grafar as datas das seguintes formas:

1. "4 de março de 1998"; e

2. "1º de maio de 1998";

k) grafar a remissão aos atos normativos das seguintes formas:

1. "Lei nº 8.112, de 11 de dezembro de 1990", na ementa, no preâmbulo e na primeira remissão no corpo da norma; e

2. "Lei nº 8.112, de 1990", nos demais casos;

l) grafar a indicação do ano sem o ponto entre as casas do milhar e da centena; e

III – para a obtenção da ordem lógica:

a) reunir sob as categorias de agregação – livro, título, capítulo, seção e subseção – apenas as disposições relacionadas com a matéria nelas especificada;

b) restringir o conteúdo de cada artigo a um único assunto ou princípio;

c) expressar, por meio dos parágrafos, os aspectos complementares à norma enunciada no *caput* do artigo e as exceções à regra por esse estabelecida; e

d) promover as discriminações e as enumerações por meio dos incisos, das alíneas e dos itens.

Articulação e formatação

Art. 15. O texto da proposta de ato normativo observará as seguintes regras:

I – a unidade básica de articulação é o artigo, indicado pela abreviatura "Art.", seguida de numeração ordinal até o nono e cardinal, acompanhada de ponto, a partir do décimo;

II – a numeração do artigo é separada do texto por dois espaços em branco, sem traços ou outros sinais;

III – o texto do artigo inicia-se com letra maiúscula e termina com ponto ou, nos casos em que se desdobrar em incisos, com dois-pontos;

IV – o artigo desdobra-se em parágrafos ou em incisos e o parágrafo, em incisos;

V – o parágrafo único é indicado pela expressão "Parágrafo único", seguida de ponto e separada do texto normativo por dois espaços em branco;

VI – os parágrafos são indicados pelo símbolo "§", seguido de numeração ordinal até o nono e cardinal, acompanhada de ponto, a partir do décimo;

VII – a numeração do parágrafo é separada do texto por dois espaços em branco, sem traços ou outros sinais;

VIII – o texto do parágrafo único e dos parágrafos inicia-se com letra maiúscula e termina com ponto ou, nos casos em que se desdobrar em incisos, com dois-pontos;

IX – os incisos são indicados por algarismos romanos seguidos de hífen, separado do algarismo e do texto por um espaço em branco;

X – o texto do inciso inicia-se com letra minúscula, exceto quando se tratar de nome próprio, e termina com:

a) ponto-e-vírgula;

b) dois pontos, quando se desdobrar em alíneas; ou

c) ponto, caso seja o último;

XI – o inciso desdobra-se em alíneas, indicadas com letra minúscula na sequência do alfabeto e acompanhada de parêntese, separado do texto por um espaço em branco;

XII – o texto da alínea inicia-se com letra minúscula, exceto quando se tratar de nome próprio, e termina com:

a) ponto-e-vírgula;

b) dois-pontos, quando se desdobrar em itens; ou

c) ponto, caso seja a última e anteceda artigo ou parágrafo;

XIII – a alínea desdobra-se em itens, indicados por algarismos arábicos, seguidos de ponto e separados do texto por um espaço em branco;

XIV – o texto do item inicia-se com letra minúscula, exceto quando se tratar de nome próprio, e termina com:

a) ponto-e-vírgula; ou

b) ponto, caso seja o último e anteceda artigo ou parágrafo;

XV – os artigos podem ser agrupados em capítulos;

XVI – os capítulos podem ser subdivididos em seções, e as seções em subseções;

XVII – no caso de códigos, os capítulos podem ser agrupados em títulos, os títulos em livros, e os livros em partes;

XVIII – os capítulos, os títulos, os livros e as partes são grafados em letras maiúsculas e identificados por algarismos romanos;

XIX – a parte pode ser subdividida em parte geral e em parte especial, ou em partes expressas em numeral ordinal, por extenso;

XX – as subseções e as seções são indicadas por algarismos romanos, grafadas em letras minúsculas e em negrito;

XXI – os agrupamentos a que se refere o inciso XV podem ser subdivididos em "Disposições Preliminares", "Disposições Gerais", "Disposições Finais" e "Disposições Transitórias";

XXII – na formatação do texto do ato normativo, utiliza-se:

a) fonte Calibri, corpo 12;

b) margem lateral esquerda de dois centímetros de largura;

c) margem lateral direita de um centímetro de largura; e

d) espaçamento simples entre linhas e de seis pontos após cada parágrafo, com uma linha em branco acrescida antes de cada parte, livro, título ou capítulo;

XXIII – na formatação do texto do ato normativo não se utiliza texto em itálico, sublinhado, tachado ou qualquer forma de caracteres ou símbolos não imprimíveis;

XXIV – os arquivos eletrônicos dos atos normativos são configurados para o tamanho A4 (duzentos e noventa e sete milímetros de altura por duzentos e dez milímetros de largura);

XXV – as palavras e as expressões em latim ou em língua estrangeira são grafadas em negrito;

XXVI – a epígrafe, formada pelo título designativo da espécie normativa e pela data de promulgação, é grafada em letras maiúsculas, sem negrito, de forma centralizada; e

XXVII – a ementa é alinhada à direita da página, com nove centímetros de largura.

Parágrafo único. Poderá ser adotada a especificação temática do conteúdo de grupo de artigos ou de um artigo mediante denominação que preceda o dispositivo, grafada em letras minúsculas em negrito, alinhada à esquerda, sem numeração.

Alteração de atos normativos

Art. 16. A alteração de ato normativo será realizada por meio:

I – de reprodução integral em um só texto, quando se tratar de alteração considerável;

II – de revogação parcial; ou

III – de substituição, supressão ou acréscimo de dispositivo.

§ 1º A Alteração de dispositivo de medida provisória editada anteriormente à Emenda Constitucional nº 32, de 11 de setembro de 2001, será realizada por meio da edição de novo ato e da revogação dos dispositivos relacionados ao tema que constem da referida medida provisória.

§ 2º Não será realizada alteração de dispositivo de medida provisória editada posteriormente à Emenda Constitucional nº 32, de 2001.

Art. 17. Na alteração de ato normativo, as seguintes regras serão observadas:

I – o texto de cada artigo acrescido ou alterado será transcrito entre aspas, seguido da indicação de nova redação, representada pela expressão "(NR)";

II – a expressão "revogado", ou outra equivalente, não será incluída no corpo da nova redação;

III – a renumeração de parágrafo ou de unidades superiores a parágrafo é vedada;

IV – a renumeração de incisos e de unidades inferiores a incisos é permitida se for inconveniente o acréscimo da nova unidade ao final da sequência;

V – o aproveitamento de número ou de letra de dispositivo revogado, vetado, declarado inconstitucional pelo Supremo Tribunal Federal ou cuja execução tenha sido suspensa pelo Senado Federal, nos termos do art. 52, *caput*, inciso X, da Constituição, é vedado; e

VI – nas hipóteses previstas no inciso III do *caput* do art. 16:

a) o ato normativo a ser alterado deverá ser mencionado pelo título designativo da espécie normativa e pela sua data de promulgação, seguidos da expressão "passa a vigorar com as seguintes alterações", sem especificação dos artigos ou subdivisões de artigo a serem acrescidos ou alterados;

b) na alteração parcial de artigo, os dispositivos que não terão o seu texto alterado serão substituídos por linha pontilhada; e

c) a utilização de linha pontilhada será obrigatória para indicar a manutenção de dispositivo em vigor e observará o seguinte:

1. no caso de manutenção do texto do *caput*, a linha pontilhada empregada será precedida da indicação do artigo a que se refere;

2. no caso de manutenção do texto do *caput* e do dispositivo subsequente, duas linhas pontilhadas serão empregadas e a primeira linha será precedida da indicação do artigo a que se refere;

3. no caso de alteração do texto de unidade inferior dentro de unidade superior do artigo, a linha pontilhada empregada será precedida da indicação do dispositivo a que se refere; e

4. a inexistência de linha pontilhada não dispensará a revogação expressa de parágrafo.

Parágrafo único. Nas hipóteses dos incisos III e IV do *caput*, caso seja necessária a inserção de novos dispositivos no ato normativo, será utilizado, separados por hífen, o número ou a letra do dispositivo imediatamente anterior acrescido de letras maiúsculas, em ordem alfabética, tantas quantas forem necessárias para identificar os acréscimos.

Cláusula de revogação

Art. 18. A cláusula de revogação relacionará, de forma expressa, todas as disposições que serão revogadas.

§ 1º A expressão "revogam-se as disposições em contrário" não será utilizada.

§ 2º No caso de normas anteriormente alteradas, a revogação expressa incluirá os dispositivos modificados e os dispositivos da norma alteradora.

§ 3º A cláusula de revogação será subdividida em incisos quando se tratar:

I – de mais de um ato normativo; ou

II – de dispositivos não sucessivos de um mesmo ato normativo.

Vigência e *vacatio legis*

Art. 19. O texto da proposta indicará, de forma expressa, a vigência do ato normativo.

Art. 20. A *vacatio legis* ou a postergação da produção de efeitos será prevista nos atos normativos:

I – de maior repercussão;

II – que demandem tempo para esclarecimentos ou exijam medidas de adaptação pela população;

III – que exijam medidas administrativas prévias para a aplicação de modo ordenado; ou

IV – em que não convenha a produção de efeitos antes da edição de ato normativo inferior ainda não publicado.

Art. 21. Na hipótese de *vacatio legis*, a cláusula de vigência terá a seguinte redação:

I – "Esta Lei entra em vigor [número cardinal por extenso] dias após a data de sua publicação";

II – "Esta Lei entra em vigor no [número ordinal por extenso] dia do [número ordinal por extenso] mês após a data de sua publicação"; ou

III – "Este Decreto entra em vigor em [data por extenso]".

§ 1º Para estabelecer a *vacatio legis*, serão considerados:

I – o prazo necessário para amplo conhecimento pelos destinatários;

II – o tempo necessário à adaptação da administração pública e dos particulares aos novos procedimentos, regras e exigências; e

III – o período do mês, do ano ou da semana mais adequado para a adaptação às novas regras.

§ 2º Nas hipóteses previstas nos incisos II e III do *caput*, o primeiro dia do mês será utilizado, preferencialmente, como data de entrada em vigor de atos normativos.

§ 3º Para a data de entrada em vigor de atos normativos que tratem de organização administrativa, serão priorizados os dias úteis.

CAPÍTULO IV
COMPETÊNCIA PARA PROPOR E EXAMINAR PROPOSTAS DE ATOS NORMATIVOS

Competência para propor

Art. 22. Incumbe aos Ministros de Estado a proposição de atos normativos, conforme as áreas de competências dos órgãos.

Casa Civil da Presidência da República

~~Art. 23. Compete à Casa Civil da Presidência da República:~~(Revogado pelo Decreto nº 10.420, de 2020).

~~I – examinar a constitucionalidade, a legalidade, o mérito, a oportunidade e a conveniência política das propostas de ato normativo;~~ (Revogado pelo Decreto nº 10.420, de 2020).

~~II – verificar se os Ministros de Estado aos quais está afeta a matéria da proposta de ato normativo referendaram ou, conforme o caso, foram ouvidos sobre o ato submetido ao Presidente da República; e~~ (Revogado pelo Decreto nº 10.420, de 2020).

~~III – zelar pela observância do disposto neste Decreto, admitida a devolução das propostas de ato normativo em desacordo com as normas nele previstas aos órgãos de origem.~~ (Revogado pelo Decreto nº 10.420, de 2020).

Casa Civil e Secretaria-Geral da Presidência da República

Art. 23-A. Compete à Casa Civil e à Secretaria-Geral da Presidência da República: (Incluído pelo Decreto nº 10.420, de 2020).

I – verificar se os Ministros de Estado aos quais está afeta a matéria da proposta de ato normativo referendaram ou, conforme o caso, foram ouvidos sobre o ato submetido ao Presidente da República; e (Incluído pelo Decreto nº 10.420, de 2020).

II – zelar pela observância ao disposto neste Decreto, admitida a devolução das propostas de ato normativo em desacordo com as normas nele previstas aos órgãos de origem. (Incluído pelo Decreto nº 10.420, de 2020).

Análise de mérito

Art. 24. Compete à Subchefia de Análise e Acompanhamento de Políticas Governamentais da Casa Civil da Presidência da República:

I – examinar as propostas de ato normativo quanto ao mérito, à oportunidade, à conveniência e à compatibilização da matéria neles tratada com as políticas e as diretrizes do Governo;

II – articular-se com os órgãos interessados para efetuar os ajustes necessários nas propostas de atos normativos;

~~III – solicitar informações, quando julgar conveniente, aos órgãos da administração pública federal, para instruir o exame dos atos normativos sujeitos à apreciação do Presidente da República; e~~

III – quando julgar conveniente: (Redação dada pelo Decreto nº 10.420, de 2020.)

a) solicitar aos órgãos da administração pública federal informações para instruir o exame dos atos normativos sujeitos à apreciação do Presidente da República; (Incluído pelo Decreto nº 10.420, de 2020.

b) requerer ao órgão proponente a análise prévia de impacto da proposta de ato normativo; e (Incluído pelo Decreto nº 10.420, de 2020.

c) estabelecer a metodologia a ser utilizada para a análise prévia de impacto da proposta de ato normativo de que trata a alínea "b"; e (Incluído pelo Decreto nº 10.420, de 2020).

IV – disponibilizar orientações de apoio à elaboração dos pareceres de mérito.

Parágrafo único. Na hipótese prevista no inciso III do *caput*, os órgãos da administração pública federal que não participaram da elaboração da proposta de ato normativo deverão examinar a matéria objeto da consulta no prazo fixado pela Subchefia de Análise e Acompanhamento de Políticas Governamentais, sob pena de se presumir concordância com a proposta de ato normativo.

Análise jurídica

~~Art. 25. Compete à Subchefia para Assuntos Jurídicos da Casa Civil da Presidência da República:~~

Art. 25. Compete à Subchefia para Assuntos Jurídicos da Secretaria-Geral da Presidência da República: (Redação dada pelo Decreto nº 10.420, de 2020).

~~I – proceder à revisão final da redação e da técnica legislativa da proposta de ato normativo, inclusive retificando incorreções de técnica legislativa, inadequações de linguagem, imprecisões e lapsos manifestos;~~

I – proceder à revisão final da redação e da técnica legislativa da proposta de ato normativo, inclusive para retificar incorreções de técnica legislativa, inadequações de linguagem, imprecisões e lapsos manifestos;(Redação dada pelo Decreto nº 10.420, de 2020).

II – coordenar as atividades de elaboração, de redação e de tramitação de atos normativos a serem encaminhados ao Presidente da República;

III – articular-se com os órgãos proponentes, e com suas unidades jurídicas, sobre assuntos de natureza jurídica que envolvam atos presidenciais;

III-A – solicitar aos órgãos da administração pública federal as informações que julgar convenientes para instruir o exame de projeto de lei enviados pelo Congresso Nacional ao Presidente da República para sanção; (Incluído pelo Decreto nº 10.420, de 2020).

IV – emitir parecer final sobre a constitucionalidade, a legalidade, a compatibilidade com o ordenamento jurídico e a boa técnica legislativa das propostas de ato normativo, observadas as atribuições do Advogado-Geral da União previstas no art. 4º da Lei Complementar nº 73, de 10 de fevereiro de 1993; e

V – preparar o despacho presidencial e submetê-lo ao Presidente da República.

Parágrafo único. Exceto quando houver determinação em contrário, os órgãos da administração pública federal enviarão as informações solicitadas na forma prevista no inciso III-A do *caput* no prazo de dez dias, contado da data da solicitação. (Incluído pelo Decreto nº 10.420, de 2020.

CAPÍTULO V
ENCAMINHAMENTO E EXAME DE PROPOSTAS DE ATOS NORMATIVOS

Encaminhamento de propostas de ato normativo

~~Art. 26. As propostas de ato normativo serão encaminhadas à Casa Civil da Presidência da República por meio eletrônico, atendidos os requisitos de autenticidade, integridade, validade jurídica e interoperabilidade da Infraestrutura de Chaves Públicas Brasileira – ICP-Brasil, por meio de exposição de motivos do titular do órgão proponente.~~

Art. 26. As propostas de ato normativo serão encaminhadas à Casa Civil da Presidência da República e à Secretaria-Geral da Presidência da República por meio eletrônico, atendidos os requisitos de autenticidade, integridade, validade jurídica e interoperabilidade da Infraestrutura de Chaves Públicas Brasileira – ICP-Brasil, por meio de exposição de motivos do titular do órgão proponente. (Redação dada pelo Decreto nº 10.420, de 2020).

Parágrafo único. Excepcionalmente, o Subchefe para Assuntos Jurídicos da Secretaria-Geral da Presidência da República poderá autorizar a remessa da proposta de ato normativo e dos documentos que a acompanham em papel, assinada em meio físico. (Incluído pelo Decreto nº 10.420, de 2020).

Exposição de motivos

Art. 27. A exposição de motivos deverá:

~~I – justificar e fundamentar, de forma clara e objetiva a edição do ato normativo, com:~~

I – justificar e fundamentar, de forma clara e objetiva, a edição do ato normativo, com: (Redação dada pelo Decreto nº 10.420, de 2020).

a) a síntese do problema cuja proposição do ato normativo visa a solucionar;

b) a justificativa para a edição do ato normativo na forma proposta; e

c) a identificação dos atingidos pela norma;

II – na hipótese de a proposta de ato normativo gerar despesas, diretas ou indiretas, ou gerar diminuição de receita para o ente público, demonstrar o atendimento ao disposto nos art. 14, art. 16 e art. 17 da Lei Complementar nº 101, de 4 de maio de 2000, e no art. 107 do Ato das Disposições Constitucionais Transitórias;

III – no caso de proposta de medida provisória, demonstrar, objetivamente, a relevância e a urgência; e

IV – ser assinada pelo Ministro de Estado proponente.

Referenda ministerial

Art. 28. Compete aos Ministros de Estado, na sua área de sua competência, referendar os atos assinados pelo Presidente da República.

§ 1º A referenda ministerial das propostas de atos normativos formulados por órgãos subordinados diretamente ao Presidente da República cujo titular não seja Ministro de Estado é da competência do Ministro de Estado Chefe da Casa Civil da Presidência da República.

§ 2º A referenda ministerial das propostas de atos normativos de matérias não afetas a nenhum outro órgão é do Ministro de Estado da Justiça e Segurança Pública.

Exposição de motivos interministerial

Art. 29. A proposta de ato normativo que tratar de matéria relacionada a dois ou mais órgãos será elaborada conjuntamente.

Parágrafo único. Na hipótese prevista no *caput*, os Ministros de Estado titulares dos órgãos envolvidos assinarão conjuntamente a exposição de motivos, à qual serão anexados os pareceres de mérito e jurídicos do Ministério autor e dos Ministérios coautores.

Documentos que acompanham a exposição de motivos

Art. 30. Serão enviados juntamente à exposição de motivos, além de outros documentos necessários à sua análise:

I – a proposta do ato normativo;

II – o parecer jurídico;

III – o parecer de mérito; e

~~IV – os pareceres e as manifestações para os quais os documentos dos incisos II e III façam remissão~~

IV – os pareceres e as manifestações aos quais os documentos de que tratam os incisos II e III façam remissão. (Redação dada pelo Decreto nº 10.420, de 2020).

Parecer jurídico

Art. 31. A análise contida no parecer jurídico abrangerá:

I – os dispositivos constitucionais ou legais nos quais está fundada a validade do ato normativo proposto;

II – as consequências jurídicas dos principais pontos da proposta de ato normativo;

III – as controvérsias jurídicas que envolvam a matéria; e

IV – a conclusão a respeito da constitucionalidade, da legalidade e do atendimento à técnica legislativa.

Parecer de mérito

Art. 32. O parecer de mérito conterá:

I – a análise do problema que o ato normativo visa a solucionar;

II – os objetivos que se pretende alcançar;

III – a identificação dos atingidos pelo ato normativo;

IV – quando couber, a estratégia e o prazo para implementação;

V – na hipótese de a proposta implicar renúncia de receita, criação, aperfeiçoamento ou expansão da ação governamental, ou aumento de despesas:

a) a estimativa do impacto orçamentário-financeiro no exercício em que entrar em vigor e nos dois subsequentes, da qual deverá constar, de forma clara e detalhada, as premissas e as metodologias de cálculo utilizadas, e indicará:

1. se a medida proposta foi considerada nas metas de resultados fiscais previstas na lei de diretrizes orçamentárias; e

2. a simulação que demonstre o impacto da despesa com a medida proposta; e

b) a declaração de que a medida apresenta:

1. adequação orçamentária e financeira com a lei orçamentária anual; e

~~2. compatibilidade com o plano plurianual, com a lei de diretrizes orçamentárias e com o art. 107 do Ato das Disposições Constitucionais Transitórias;~~

2. compatibilidade com o plano plurianual, com a lei de diretrizes orçamentárias e com o art. 107 do Ato das Disposições Constitucionais Transitórias; e (Redação dada pelo Decreto nº 9.588, de 2018)

c) a criação ou a prorrogação de benefícios de natureza tributária, da qual decorra renúncia de receita, deverá conter exposição justificada sobre o atendimento às condições previstas no art. 14 da Lei Complementar nº 101, de 2000; (Incluído pelo Decreto nº 9.588, de 2018)

VI – quando couber, a análise do impacto da medida:

a) sobre o meio ambiente; e

~~b) sobre outras políticas públicas, inclusive quanto à interação ou à sobreposição; e~~

b) sobre outras políticas públicas, inclusive quanto à interação ou à sobreposição; (Redação dada pelo Decreto nº 9.588, de 2018)

~~VII – no caso de medida provisória ou de projeto de lei em regime de urgência, a análise das consequências do uso do processo legislativo regular.~~

VII – na hipótese de medida provisória ou de projeto de lei em regime de urgência, a análise das consequências do uso do processo legislativo regular; e (Redação dada pelo Decreto nº 9.588, de 2018)

VIII – na hipótese de políticas públicas financiadas por benefícios de natureza tributária, financeira e creditícia previstos no § 6º do art. 165 da Constituição, as proposições deverão conter: (Incluído pelo Decreto nº 9.588, de 2018)

a) objetivos, metas e indicadores para acompanhamento e avaliação dos resultados alcançados; e (Incluído pelo Decreto nº 9.588, de 2018)

b) indicação do órgão responsável e do eventual corresponsável pela gestão da política. (Incluído pelo Decreto nº 9.588, de 2018)

Propostas legislativas urgentes

Art. 33. As propostas de projeto de lei com adoção do procedimento legislativo de urgência previsto no art. 64, § 1º, da Constituição poderão ser encaminhadas à Presidência da República com pedido de exame da possibilidade de serem transformadas em medida provisória.

Parágrafo único. Caso se verifique demora na apreciação de projetos de lei de iniciativa do Poder Executivo federal, o órgão proponente poderá, configuradas a relevância e a urgência, propor a edição de medida provisória.

Art. 34. As propostas de medida provisória serão convertidas pela Presidência da República em propostas de projeto de lei quando não demonstrada a relevância, a urgência e a impossibilidade de aprovação por meio de procedimento legislativo de urgência.

Vedação ao uso de Medida Provisória

Art. 35. Não será disciplinada por medida provisória matéria:

I – relativa a:

a) nacionalidade, cidadania, direitos políticos, partidos políticos e direito eleitoral;

b) direito penal, processual penal e processual civil;

c) organização do Poder Judiciário e do Ministério Público, a carreira e a garantia de seus membros;

d) planos plurianuais, diretrizes orçamentárias, orçamento e créditos adicionais, ressalvada a hipótese de abertura de crédito extraordinário prevista no art. 167, § 3º, da Constituição; e

e) regulamentação de artigo da Constituição cuja redação tenha sido alterada por meio de emenda promulgada de 1º de janeiro de 1995 a 11 de setembro de 2001;

II – que vise à detenção ou ao sequestro de bens, de poupança popular ou de qualquer outro ativo financeiro;

III – reservada a lei complementar;

IV – já disciplinada em projeto de lei aprovado pelo Congresso Nacional e pendente de sanção ou veto do Presidente da República; e

V – que possa ser aprovada sem dano para o interesse público nos prazos estabelecidos pelo procedimento legislativo de urgência previsto na Constituição.

Criação de colegiados

Art. 36. O ato normativo que criar comissão, comitê, grupo de trabalho ou outra forma de colegiado indicará:

I – as competências do colegiado;

II – a composição do colegiado e a autoridade encarregada de presidir ou coordenar os trabalhos;

III – o quórum de reunião e de votação;

~~IV – a periodicidade das reuniões ordinárias e a forma de convocação das reuniões extraordinárias;~~

~~III – o órgão encarregado de prestar apoio administrativo;~~

~~IV – quando necessário, a forma de elaboração e aprovação do regimento interno;~~

IV – a periodicidade das reuniões ordinárias e a forma de convocação das reuniões extraordinárias; (Redação dada pelo Decreto nº 10.420, de 2020).

~~V – quando os membros não forem natos, a forma de indicação dos membros e a autoridade responsável pelos atos de designação;~~

V – o órgão encarregado de prestar apoio administrativo; (Redação dada pelo Decreto nº 10.420, de 2020).

~~VI – quando o colegiado for temporário, o termo de conclusão dos trabalhos;~~

VI – quando necessário, a forma de elaboração e aprovação do regimento interno; (Redação dada pelo Decreto nº 10.420, de 2020).

~~VII – quando for o caso, a necessidade de relatórios periódicos e de relatório final e a autoridade a quem serão encaminhados.~~

VII – quando os membros não forem natos, a forma de indicação dos membros e a autoridade responsável pelos atos de designação; (Redação dada pelo Decreto nº 10.420, de 2020).

VIII – quando o colegiado for temporário, o termo de conclusão dos trabalhos; (Incluído pelo Decreto nº 10.420, de 2020)

IX – quando for o caso, a necessidade de relatórios periódicos e de relatório final e a autoridade a quem serão encaminhados. (Incluído pelo Decreto nº 10.420, de 2020).

§ 1º É vedada a divulgação de discussões em curso sem a prévia anuência do titular do órgão ao qual o colegiado esteja vinculado.

§ 2º É obrigatória a participação da Advocacia-Geral da União nos colegiados criados com a finalidade de elaborar sugestões ou propostas de atos normativos de competência ou iniciativa do Presidente da República.

§ 3º A participação na elaboração de propostas de atos normativos terminará com a apresentação dos trabalhos à autoridade responsável, os quais serão recebidos como sugestões e poderão ser aceitos, no todo ou em parte, alterados ou não considerados pela autoridade ou pelos seus superiores, independentemente de notificação ou consulta aos seus autores.

§ 4º A participação dos membros dos colegiados referidos neste artigo será considerada prestação de serviço público relevante, não remunerada.

Art. 37. É vedada a criação de colegiados por meio de portaria interministerial.

Art. 38. A proposta de criação ou ampliação de colegiados interministeriais será acompanhada, além dos documentos previstos no art. 30, de:

I – esclarecimento sobre a necessidade de o colegiado ser permanente, caso não haja indicação de termo final para as atividades;

II – estimativa dos custos com:

a) deslocamentos dos membros do colegiado; e

b) custo homem/hora dos agentes públicos membros do colegiado.

Rejeição de proposta de atos normativos

~~Art. 39. A proposta de ato normativo objeto de parecer contrário da Casa Civil da Presidência da República quanto à legalidade, à constitucionalidade ou ao mérito será devolvida ao órgão de origem com a justificativa para o não seguimento.~~

Art. 39. A proposta de ato normativo objeto de manifestação contrária da Casa Civil da Presidência da República ou da Secretaria-Geral da Presidência da República poderá ser devolvida ao órgão de origem com a justificativa para o não seguimento. (Redação dada pelo Decreto nº 10.420, de 2020).

CAPÍTULO IV
CONSULTA PÚBLICA

Competência para aprovar a consulta pública

Art. 40. A proposta de ato normativo a ser submetida a consulta pública será encaminhada pelo titular do órgão ao qual está afeta a matéria, por meio de aviso dirigido ao Ministro de Estado Chefe da Casa Civil da Presidência da República, acompanhada da documentação referida no art. 30.

Procedimento da consulta pública

Art. 41. Na hipótese de a Casa Civil da Presidência da República concluir pela adequação, conveniência e oportunidade da proposta de ato normativo:

I – a íntegra da proposta e os termos da consulta serão publicados no Diário Oficial da União pela Casa Civil da Presidência da República; e

II – a consulta pública será disponibilizada no sítio eletrônico da Presidência da República e, caso se entenda conveniente, adicionalmente, no sítio eletrônico do órgão proponente.

Processamento das sugestões

Art. 42. As sugestões à consulta pública serão recebidas pela Casa Civil da Presidência da República e analisadas em conjunto com o órgão proponente.

Resultado da consulta pública

Art. 43. No prazo de três meses após o término do recebimento das sugestões, o órgão proponente deverá encaminhar à Casa Civil da Presidência da República:

I – exposição de motivos com a proposta final de ato normativo; ou

II – justificativa da desistência da proposta.

CAPÍTULO VII
SANÇÃO E VETO DE PROJETO DE LEI

~~Consulta pela Subchefia de Assuntos Parlamentares~~

~~**Art. 44.** Na apreciação de projetos de lei enviados pelo Congresso Nacional ao Presidente da República para sanção, compete à Subchefia de Assuntos Parlamentares da Secretaria de Governo da Presidência da República solicitar aos Ministérios e aos demais órgãos da administração pública federal as informações que julgar convenientes para instruir o exame do projeto de lei.~~ (Revogado pelo Decreto nº 10.420, de 2020).

~~**Parágrafo único.** Exceto quando houver determinação em contrário, os Ministérios e os demais órgãos da administração pública federal enviarão as informações solicitadas no prazo de dez dias.~~ (Revogado pelo Decreto nº 10.420, de 2020).

CAPÍTULO VIII
CONSOLIDAÇÃO DE ATOS NORMATIVOS

Definição de consolidação da legislação federal

Art. 45. As leis federais serão reunidas em codificações e consolidações, compostas por volumes com as matérias conexas ou afins, de maneira a constituir a Consolidação da Legislação Federal.

Parágrafo único. A Consolidação a que se refere o *caput* consistirá na reunião das leis pertinentes a determinada matéria em um único diploma legal, com a revogação formal das leis incorporadas à consolidação e sem modificação do alcance nem interrupção da força normativa dos dispositivos consolidados.

Alterações admitidas

Art. 46. Preservado o conteúdo normativo original dos dispositivos consolidados, os projetos de lei de consolidação conterão apenas as seguintes alterações:

I – introdução de novas divisões do texto legal básico;

II – diferente colocação e numeração dos artigos consolidados;

III – fusão de dispositivos repetitivos ou de valor normativo idêntico;

IV – atualização da denominação de órgãos e de entidades da administração pública federal;

V – atualização de termos e de linguagem antiquados;

VI – atualização do valor de multas e de penas pecuniárias, com base em indexador padrão;

VII – eliminação de ambiguidades decorrentes do mau uso do vernáculo;

VIII – homogeneização terminológica do texto;

IX – supressão de dispositivos declarados inconstitucionais pelo Supremo Tribunal Federal, observada, no que couber, a suspensão pelo Senado Federal de execução de dispositivos, na forma estabelecida pelo art. 52, *caput*, inciso X, da Constituição;

X – supressão de dispositivos não recepcionados pela Constituição em vigor;

XI – declaração expressa de revogação de dispositivos implicitamente revogados por leis posteriores; e

XII – declaração expressa de revogação de dispositivos de leis temporárias cuja vigência tenha expirado ou cujos efeitos tenham se exaurido no tempo.

§ 1º As providências a que se referem os incisos IX, X, XI e XII do *caput* serão expressamente fundamentadas, com a indicação precisa das fontes de informação que lhes serviram de embasamento.

§ 2º Os dispositivos de leis temporárias vigentes à época da consolidação serão incluídos na parte das disposições transitórias.

Art. 47. Será admitido projeto de lei de consolidação destinado exclusivamente à:

I – declaração de revogação de leis e de dispositivos implicitamente revogados ou cuja eficácia ou validade encontre-se completamente prejudicada; ou

II – inclusão de dispositivos ou diplomas esparsos em leis preexistentes, hipótese em que as disposições consolidadas nos termos do parágrafo único do art. 45 serão revogadas.

Matriz de consolidação

Art. 48. Considera-se matriz de consolidação a lei geral básica, à qual se integrarão os demais atos normativos de caráter extravagante que disponham sobre matérias conexas ou afins àquela disciplinada na matriz.

Art. 49. Leis complementares e leis ordinárias não poderão ser consolidadas em uma mesma matriz.

Medidas provisórias

Art. 50. As medidas provisórias não convertidas em lei não serão objeto de consolidação.

Decretos

Art. 51. O disposto nos art. 46 e art. 47 se aplica à consolidação de decretos.

CAPÍTULO IX
DISPOSIÇÕES FINAIS

Base de legislação

~~Art. 52. Compete à Subchefia para Assuntos Jurídicos da Casa Civil da Presidência da República manter atualizados os textos da Constituição, das emendas constitucionais e dos atos normativos subscritos pelo Presidente da República no sítio eletrônico da Presidência da República.~~

Art. 52. Compete à Subchefia para Assuntos Jurídicos da Secretaria-Geral da Presidência da República manter na internet: (Redação dada pelo Decreto nº 10.420, de 2020)

I – os textos da Constituição, das emendas à Constituição, das leis, dos atos normativos subscritos pelo Presidente da República, com as alterações posteriores incorporadas ao texto, e dos decretos legislativos de que trata o inciso I do *caput* do art. 49 da Constituição; (Incluído pelo Decreto nº 10.420, de 2020)

II – as propostas de emendas à Constituição e de projetos de lei submetidas ao Congresso Nacional pelo Poder Executivo federal; e (Incluído pelo Decreto nº 10.420, de 2020)

III – as propostas de decretos legislativos submetidas ao Congresso Nacional para os fins do disposto no inciso VIII do *caput* do art. 84 da Constituição. (Incluído pelo Decreto nº 10.420, de 2020)

Base de propostas encaminhadas pelo Poder Executivo federal

~~Art. 53. Compete à Subchefia de Assuntos Parlamentares da Secretaria de Governo da Presidência da República manter atualizadas as propostas de emenda constitucional, de projeto de lei e de decreto-legislativo encaminhadas pelo Poder Executivo federal para o Congresso Nacional no sítio eletrônico da Presidência da República.~~(Revogado pelo Decreto nº 10.420, de 2020)

Republicação

Art. 54. O ato publicado no Diário Oficial da União com incorreção em relação ao original será objeto de republicação.

Parágrafo único. A republicação poderá abranger somente o trecho do ato que contenha a incorreção.

Retificação

Art. 55. O ato publicado no Diário Oficial da União com lapso manifesto será objeto de retificação.

§ 1º A retificação abrangerá apenas o trecho que contenha o lapso manifesto.

§ 2º A retificação será assinada pelos Ministros de Estado que referendaram o ato originário e pelo Presidente da República.

Apostila

Art. 56. A correção de erro material que não afete a substância do ato singular de caráter pessoal e os atos relativos à vacância ou ao provimento, quando decorrentes de alteração de estrutura de órgão, autarquia ou fundação, será realizada por meio de apostila.

~~Parágrafo único. A apostila é da competência do setor de recurso humanos do órgão, autarquia ou fundação.~~

Parágrafo único. A apostila é da competência do setor de recursos humanos do órgão, da autarquia ou da fundação. (Redação dada pelo Decreto nº 10.420, de 2020)

Elaboração dos demais atos normativos do Poder Executivo federal

Art. 57. As disposições deste Decreto aplicam-se subsidiariamente à elaboração dos demais atos normativos de competência dos órgãos do Poder Executivo federal.

Manual de Redação da Presidência da República

Art. 58. As regras do Manual de Redação da Presidência da República, aprovado pelo Ministro de Estado Chefe da Casa Civil da Presidência da República, aplicam-se à elaboração dos atos normativos de que trata este Decreto.

Revogação

Art. 59. Fica revogado o Decreto nº 4.176, de 28 de março de 2002.

Revogação

Art. 60. Este Decreto entra em vigor em 1º de fevereiro de 2018.

Brasília, 1º de novembro de 2017; 196º da Independência e 129º da República.

Michel Temer

ANEXO
QUESTÕES A SEREM ANALISADAS QUANDO DA ELABORAÇÃO DE ATOS NORMATIVOS NO ÂMBITO DO PODER EXECUTIVO FEDERAL

Diagnóstico

1. Alguma providência deve ser tomada?

1.1. Qual é o objetivo pretendido?

1.2. Quais foram as razões que determinaram a iniciativa?

1.3. Neste momento, como se apresenta a situação no plano fático e no plano jurídico?

1.4. Que falhas ou distorções foram identificadas?

1.5. Que repercussões tem o problema que se apresenta no âmbito da economia, da ciência, da técnica e da jurisprudência?

1.6. Qual é o conjunto de destinatários alcançados pelo problema e qual é o número de casos a resolver?

1.7. O que poderá acontecer se nada for feito? (Exemplo: o problema se agravará? Permanecerá estável? Poderá ser superado pela própria dinâmica social, sem a intervenção do Estado? Com que consequências?)

Alternativas

2. Quais são as alternativas disponíveis?

2.1. Qual foi o resultado da análise do problema? Onde se situam as causas do problema? Sobre quais causas pode incidir a ação que se pretende executar?

2.2. Quais são os instrumentos da ação que parecem adequados para alcançar os objetivos pretendidos, no todo ou em parte? (Exemplo: medidas destinadas à aplicação e à execução de dispositivos já existentes; trabalhos junto à opinião pública; amplo entendimento; acordos; investimentos; programas de incentivo; auxílio para que os próprios destinatários alcançados pelo problema envidem esforços que contribuam para sua resolução; instauração de processo judicial com vistas à resolução do problema.)

2.3. Quais instrumentos de ação parecem adequados, considerando-se os seguintes aspectos:

2.3.1. desgastes e encargos para os cidadãos e a economia;

2.3.2. eficácia (precisão, grau de probabilidade de consecução do objetivo pretendido);

2.3.3. custos e despesas para o orçamento público;

2.3.4. efeitos sobre o ordenamento jurídico e sobre as metas já estabelecidas;

2.3.5. efeitos colaterais e outras consequências;

2.3.6. entendimento e aceitação por parte dos interessados e dos responsáveis pela execução; e

2.3.7. possibilidade de impugnação no Poder Judiciário.

Competência legislativa

3. A União deve tomar alguma providência? A União dispõe de competência constitucional ou legal para fazê-lo?

3.1. Trata-se de competência privativa?

3.2. Trata-se de caso de competência concorrente?

3.3. Na hipótese de competência concorrente, a proposta está formulada de modo que assegure a competência substancial do Estado-membro?

3.4. A proposta não apresenta formulação extremamente detalhada que acaba por exaurir a competência estadual?

3.5. A matéria é de fato de iniciativa do Poder Executivo federal? Ou estaria ela afeta à iniciativa exclusiva do Supremo Tribunal Federal, dos Tribunais Superiores, do Procurador-Geral da República ou do Defensor-Geral da União?

Necessidade de lei

4. Deve ser proposta edição de lei?

4.1. A matéria a ser regulada está submetida ao princípio da reserva legal?

4.2. Por que a matéria deve ser submetida ao Congresso Nacional?

4.3. Se não for o caso de se propor edição de lei, a matéria deve ser disciplinada por decreto? Por que não seria suficiente portaria?

4.4. Existe fundamento legal suficiente para a edição de ato normativo secundário? Qual?

Reserva legal

5. Estão sendo utilizadas fórmulas legais excessivamente genéricas?

5.1. Configura-se violação ao princípio da legalidade?

5.2. Há conteúdo abdicatório ou demissionário na norma proposta?

5.3. Configura-se violação ao princípio da legalidade?

5.4. Está havendo indevida delegação legislativa?

Norma temporária

6. A norma deve ter prazo de vigência limitado?

6.1. Seria o caso de editar norma temporária?

Medida provisória

7. Deve ser proposta a edição de medida provisória?

7.1. O que acontecerá se nada for feito de imediato?

7.2. A proposta pode ser submetida ao Congresso Nacional sob a forma de projeto de lei em regime de urgência (art. 64, § 1º, da Constituição)?

7.3. Trata-se de matéria que pode ser objeto de medida provisória, tendo em vista as vedações estabelecidas no § 1º do art. 62 e no art. 246 da Constituição?

7.4. Estão caracterizadas a relevância e a urgência necessárias?

7.5. Em se tratando da abertura de crédito extraordinário, está atendido o requisito da imprevisibilidade?

Oportunidade do ato normativo

8. O momento é oportuno?

8.1. Quais são as situações-problema e os outros contextos correlatos que devem ainda ser considerados e pesquisados? Por que, então, deve ser tomada alguma providência neste momento?

8.2. Por que não podem ser aguardadas outras alterações necessárias, que se possam prever, para que sejam contempladas em um mesmo ato normativo?

Densidade do ato normativo

9. A densidade que se pretende conferir ao ato normativo é a apropriada?

9.1. A proposta de ato normativo está isenta de disposições programáticas, simbólicas, discursivas ou expletivas?

9.2. É possível e conveniente que a densidade da norma (diferenciação e detalhamento) seja flexibilizada por fórmulas genéricas (tipificação e utilização de conceitos jurídicos indeterminados ou atribuição de competência discricionária)?

9.3. Os detalhes ou eventuais alterações podem ser confiados ao poder regulamentar da União ou de outros entes federativos?

9.4. A matéria já não teria sido regulada em outras disposições de hierarquia superior (regras redundantes que poderiam ser evitadas)? Por exemplo, em:

9.4.1. tratado aprovado pelo Congresso Nacional;

9.4.2. lei federal, em relação a regulamento; ou

9.4.3. regulamento, em relação a portaria.

9.5. Quais são as regras já existentes que serão afetadas pela disposição pretendida? São regras dispensáveis?

Direitos fundamentais

10. As regras propostas afetam direitos fundamentais? As regras propostas afetam garantias constitucionais?

10.1. Os direitos de liberdade podem ser afetados?

10.1.1. Direitos fundamentais especiais podem ser afetados?

10.1.2. Qual é o âmbito de proteção do direito fundamental afetado?

10.1.3. O âmbito de proteção sofre restrição?

10.1.4. A proposta preserva o núcleo essencial dos direitos fundamentais afetados?

10.1.5. Cuida-se de direito individual submetido a simples reserva legal?

10.1.6. Cuida-se de direito individual submetido a reserva legal qualificada?

10.1.7. Qual seria o outro fundamento constitucional para a aprovação da lei? (Exemplo: regulação de colisão de direitos.)

10.1.8. A proposta não abusa de formulações genéricas? (Exemplo: conceitos jurídicos indeterminados.)

10.1.9. A fórmula proposta não se afigura extremamente casuística?

10.1.10. Observou-se o princípio da proporcionalidade ou do devido processo legal substantivo?

10.1.11. Pode o cidadão prever e aferir as limitações ou os encargos que lhe poderão advir?

10.1.12. As normas previstas preservam o direito aos princípios do contraditório e da ampla defesa no processo judicial e administrativo?

10.2. Os direitos de igualdade foram afetados?

10.2.1. Observaram-se os direitos de igualdade especiais? (Exemplo: proibição absoluta de diferenciação)

10.2.2. O princípio geral de igualdade foi observado?

10.2.3. Quais são os pares de comparação?

10.2.4. Os iguais foram tratados de forma igual e os desiguais de forma desigual?

10.2.5. Existem razões que justifiquem as diferenças decorrentes ou da natureza das coisas ou de outros fundamentos de índole objetiva?

10.2.6. As diferenças existentes justificam o tratamento diferenciado? Os pontos em comum legitimam o tratamento igualitário?

10.3. A proposta pode afetar situações consolidadas? Há ameaça de ruptura ao princípio de segurança jurídica?

10.3.1. Observou-se o princípio que determina a preservação de direito adquirido?

10.3.2. A proposta pode afetar ato jurídico perfeito?

10.3.3. A proposta contém possível afronta à coisa julgada?

10.3.4. Trata-se de situação jurídica suscetível de mudança? (Exemplos: institutos jurídicos, situações estatutárias, garantias institucionais.)

10.3.5. Seria recomendável a adoção de cláusula de transição entre o regime vigente e o regime proposto?

Norma penal

11.1. Trata-se de norma de caráter penal?

11.1.1. O tipo penal está definido de forma clara e objetiva?

11.1.2. A norma penal é necessária? Não seria mais adequado e eficaz a previsão da conduta apenas como ilícito administrativo?

11.1.3. A proposta respeita a irretroatividade?

11.1.4. A pena proposta é compatível com outras figuras penais existentes no ordenamento jurídico?

11.1.5. Tem-se agravamento ou melhoria da situação do destinatário da norma?

11.1.6. Trata-se de pena mais grave?

11.1.7. Trata-se de norma que gera a despenalização da conduta?

11.1.8. Eleva-se ou reduz-se o prazo de prescrição do crime?

Norma tributária

12. Pretende-se instituir ou aumentar tributo? Qual é o fundamento constitucional?

12.1. Está sendo respeitado a estrita legalidade tributária de que trata o art. 150, *caput*, inciso I, da Constituição?

12.2. Há definição clara de todos os elementos da obrigação tributária? Qual a hipótese de incidência, a base de cálculo, o sujeito passivo e as consequências no caso de não pagamento ou de pagamento em atraso?

12.3. A lei afeta fatos geradores ocorridos antes de sua vigência (lei retroativa)?

12.4. A cobrança de tributos será realizada no mesmo exercício financeiro da publicação da lei?

12.5. O princípio da imunidade recíproca está sendo observado?

12.6. As demais imunidades tributárias foram observadas?

12.7. Há disposição que assegure o princípio da anterioridade (cobrança somente a partir do exercício financeiro seguinte ao da publicação) e o princípio da anterioridade especial (cobrança apenas após noventa dias, contados da data da publicação)?

12.8. No caso de imposto instituído ou majorado por medida provisória, foi observado que o ato só produzirá efeitos no exercício financeiro seguinte se aprovada a medida provisória até o último dia daquele exercício em que foi editada?

12.9. O tributo que se pretende instituir tem caráter confiscatório?

12.10. No caso de taxa, cuida-se de exação a ser cobrada em razão do exercício de poder de polícia ou da prestação de serviço público específico e divisível prestados ou postos à disposição do contribuinte? Há equivalência razoável entre o custo da atividade estatal e a prestação cobrada?

Norma de regulação profissional

13. Existe necessidade social da regulação profissional?

13.1. Quais danos concretos para a vida, a saúde ou a ordem social podem advir da ausência de regulação profissional?

13.2. A limitação para o "livre exercício de qualquer trabalho, ofício ou profissão" (art. 5º, inciso XIII, da Constituição), é realmente necessária?

13.3. As exigências de qualificação profissional ou de registro em conselho profissional decorrem de necessidade da sociedade ou são tentativa de fechar o mercado?

13.4. É necessária a inscrição em conselho profissional?

13.4.1. Precisa-se criar novo conselho profissional? Não bastaria aproveitar a estrutura de conselho profissional já existente?

13.4.2. O conselho profissional exercerá efetiva fiscalização do trabalho prestado pelos inscritos ou se limitará ao controle formal do registro?

13.5. Há clareza na delimitação da área de atuação privativa da profissão regulamentada? Não se está incluindo atividades que podem ser exercidas por outras profissões regulamentadas ou por qualquer pessoa?

13.6. Com quais outras profissões, regulamentadas ou não, há possibilidade de conflito de área de atuação? Esse conflito poderá causar dano ao restante da sociedade?

Compreensão do ato normativo

14. O ato normativo corresponde às expectativas dos cidadãos e é inteligível para todos?

14.1. O ato normativo proposto será entendido e aceito pelos cidadãos?

14.2. Os destinatários da norma podem entender o vocabulário utilizado, a organização e a extensão das frases e das disposições, a sistemática, a lógica e a abstração?

Exequibilidade

15. O ato normativo é exequível?

15.1. Por que não se renuncia a novo sistema de controle por parte da administração pública federal?

15.2. As disposições podem ser aplicadas diretamente?

15.3. As disposições administrativas que estabelecem normas de conduta ou proíbem determinadas práticas podem ser aplicadas com os meios existentes?

15.4. É necessário incluir disposições sobre proteção jurídica? Por que as disposições gerais não são suficientes?

15.5. Por que não podem ser dispensadas:

15.5.1. as regras sobre competência e organização;

15.5.2. a criação de novos órgãos e comissões consultivas;

15.5.3. a intervenção da autoridade;

15.5.4. as exigências relativas à elaboração de relatórios; ou

15.5.5. outras exigências burocráticas?

15.6. Quais órgãos ou instituições devem assumir a responsabilidade pela execução das medidas?

15.7. Quais conflitos de interesse o executor da medida terá de administrar?

15.8. O executor das medidas dispõe da necessária discricionariedade?

15.9. Qual é a opinião das autoridades incumbidas de executar as medidas quanto à clareza dos objetivos pretendidos e à possibilidade de sua execução?

15.10. A regra pretendida foi submetida a testes sobre a possibilidade de sua execução com a participação das autoridades encarregadas de aplicá-la? Por que não? A que conclusão se chegou?

Análise de custos envolvidos

16. Existe relação equilibrada entre custos e benefícios? Procedeu-se a análise?

16.1. Qual o ônus a ser imposto aos destinatários da norma?

16.1.1. Que gastos diretos terão os destinatários?

16.1.2. Que gastos com procedimentos burocráticos serão acrescidos? (Exemplo: calcular, ou, ao menos, avaliar os gastos diretos e os gastos com procedimentos burocráticos, incluindo verificação do tempo despendido pelo destinatário com atendimento das exigências formais)

16.2. Os destinatários da norma, em particular as pessoas naturais, as microempresas e as empresas de pequeno porte, podem suportar esses custos adicionais?

16.3. As medidas pretendidas impõem despesas adicionais ao orçamento da União, dos Estados, do Distrito Federal e dos Municípios? Quais são as possibilidades existentes para enfrentarem esses custos adicionais?

16.4. Quais são as despesas indiretas dos entes públicos com a medida? Quantos servidores públicos terão de ser alocados para atender as novas exigências e qual é o custo estimado com eles? Qual o acréscimo previsto para a despesa de custeio?

16.5. Os gastos previstos podem ser aumentados por força de controvérsias judiciais ou administrativas? Qual é o custo potencial com condenações judiciais e com a estrutura administrativa necessária para fazer face ao contencioso judicial e ao contencioso administrativo?

16.6. Há previsão orçamentária suficiente e específica para a despesa? É necessária a alteração prévia da legislação orçamentária?

16.7. Há compatibilidade entre a proposta e os limites individualizados para as despesas primárias de que trata o art. 107 do Ato das Disposições Constitucionais Transitórias?

Simplificação administrativa

17. O ato normativo implicará redução ou ampliação das exigências procedimentais?

17.1. Em que medida os requisitos necessários à formulação de pedidos perante autoridades podem ser simplificados?

17.2. Qual a necessidade das exigências formuladas? Qual o dano concreto no caso da dispensa?

17.3. Quais os custos que os atingidos pelo ato normativo terão com as exigências formuladas?

17.4. Qual será o tempo despendido pelos particulares com as exigências formuladas? O que pode ser feito para reduzir o tempo despendido?

17.5. As exigências formuladas são facilmente compreensíveis pelos atingidos?

17.6. Foram observadas as garantias legais de:

17.6.1. não reconhecer firma e não autenticar documentos em cartório (art. 22 da Lei nº 9.784, de 29 de janeiro de 1999)?

17.6.2. não apresentar prova de vida, residência, pobreza, dependência econômica, homonímia ou bons antecedentes (Lei nº 7.115, de 29 de agosto de 1983)?

17.6.3. não apresentar documentos já existentes no âmbito da administração pública federal ou apresentar nova prova sobre fato já comprovado perante o ente público (art. 37 da Lei nº 9.784, de 1999, e inciso XV do *caput* do art. 5º da Lei nº 13.460, de 26 de junho de 2017)?

17.7. obter decisão final a respeito do requerimento no prazo de trinta dias (art. 49 da Lei nº 9.784, de 1999)?

17.8. O interessado poderá cumprir as exigências por meio eletrônico?

17.8.1. Os sistemas eletrônicos utilizados atendem os requisitos de autenticidade, integridade, validade jurídica e interoperabilidade da ICP-Brasil?

17.8.2. Na hipótese de dificuldade no uso ou de os meios eletrônicos não atenderem os requisitos da ICP-Brasil, está garantida a possibilidade de realização das formalidades por meio físico?

Prazo de vigência e de adaptação

18. Há necessidade de *vacatio legis* ou de prazo para adaptação da administração e dos particulares?

18.1. Qual o prazo necessário para:

18.1.1. os destinatários tomarem conhecimento da norma e analisarem os seus efeitos?

18.1.2. a edição dos atos normativos complementares essenciais para a aplicação da norma?

18.1.3. a administração pública adaptar-se às medidas?

18.1.4. a adequação das estruturas econômicas de produção ou de fornecimento dos produtos ou serviços que serão atingidos?

18.1.5. a adaptação dos sistemas de informática utilizados pela administração pública ou por particulares?

18.2. Qual a redução de custos possível para a administração pública e para os particulares se os prazos de adaptação forem ampliados?

18.3. Qual é o período do mês, do ano ou da semana mais adequado para o início da aplicação das novas regras?

18.4. Para o cumprimento da nova obrigação, foi especificado tratamento diferenciado, simplificado e favorecido ou prazo especial para as microempresas e empresas de pequeno porte, observado o disposto nos § 3º ao § 6º do art. 1º da Lei Complementar nº 123, de 14 de dezembro de 2006?

Avaliação de resultados

19. Como serão avaliados os efeitos do ato normativo?

19.1. Qual a periodicidade da avaliação de resultados do ato normativo?

19.2. Como ocorrerá a reversão das medidas em caso de resultados negativos ou insuficientes?

PEC 91 /2019

As Mesas da Câmara dos Deputados e do Senado Federal, nos termos do § 3º do art. 60 da Constituição Federal, promulgam a seguinte Emenda ao texto constitucional:

Art. 1º O art. 62 da Constituição Federal passa a vigorar com as seguintes alterações:

"Art. 62. ....

§ 3º As medidas provisórias, ressalvado o disposto nos §§ 11 e 12 deste artigo, perderão eficácia, desde a edição, devendo o Congresso Nacional disciplinar, por decreto legislativo, as relações jurídicas delas decorrentes, se não forem:

I – aprovadas pela Câmara dos Deputados no prazo de quarenta dias, contado do decurso do prazo previsto no § 9º ou do segundo dia útil seguinte ao recebimento do parecer da comissão mista;

II – aprovadas pelo Senado Federal no prazo de trinta dias, contado do segundo dia útil seguinte à aprovação pela Câmara dos Deputados;

III – apreciadas pela Câmara dos Deputados eventuais emendas do Senado Federal à medida provisória ou ao projeto de lei de conversão, no prazo de dez dias, contado do segundo dia útil seguinte à aprovação pelo Senado Federal.

§ 4º Os prazos a que se referem os §§ 3º e 9º suspendem-se durante os períodos de recesso do Congresso Nacional.

....

§ 6º A medida provisória entrará em regime de urgência, sobrestando todas as demais deliberações legislativas da respectiva Casa, com exceção das que tenham prazo constitucional determinado e das proposições que veiculem matéria vedada a medida provisória, nas seguintes hipóteses:

I – a partir do trigésimo dia do prazo a que se refere o inciso I do § 3º;

II – a partir do vigésimo dia do prazo a que se refere o inciso II do § 3º; e

III – durante todo o prazo a que se refere o inciso III do § 3º.

§ 7º (Revogado)

....

§ 9º As medidas provisórias serão apreciadas, em sessão separada, pelo plenário de cada uma das Casas do Congresso Nacional, após a emissão de parecer, indispensável, por comissão mista de Deputados e Senadores, que deverá ser proferido no prazo de quarenta dias, contado do segundo dia útil seguinte à sua edição.

§ 10. É vedada a reedição de matéria constante de medida provisória na mesma sessão legislativa em que tenha sido rejeitada ou perdido sua eficácia por decurso de prazo

....

§ 13. A medida provisória e o projeto de lei de conversão não conterão matéria estranha a seu objeto ou a este não vinculada por afinidade, pertinência ou conexão." (NR)

Art. 2º Revoga-se o § 7º do art. 62 da Constituição Federal.

Art. 3º Esta Emenda Constitucional entra em vigor na data de sua publicação e não se aplica a medidas provisórias em tramitação no Congresso Nacional ou em suas Casas.

Senado Federal, 12 de junho de 2019.

A.S. L10103